Simon Pellegrini

KREOL BEDUÏN + TRANS

ISBN 978-3-938647-10-3

SIMON PELLEGRINI

KREOL BEDUÏN + TRANS

Drehbücher zu drei Fernsehspielen

VERLAG <ORPHEUS UND SÖHNE>

Umschlag   dreistmedia / Alexander Beitz

unter Verwendung von Fotos

aus dem Archiv Nohng Noh (3)
und eines Fregattvogels von NaturFoto-Online / Wolfgang Bittmann

"Wir haben ja um Gottes Willen nichts zu eilen! ... meine gemachte Musique liegt und schläft gut."

Wolfgang Amadeus Mozart, 28,
am 10. Februar 1784 aus Wien an seinen Vater

"Tu eine gute Tat, und wirf sie mitten in den Fluß. Wenn er ausgetrocknet ist, wirst du sie finden."

Altägyptisches Sprichwort

Die Deutsche Bibliothek verzeichnet diese Publikation
in der Deutschen Nationalbibliografie;
detaillierte bibliografische Daten
sind im Internet über <http://dnb.ddb.de> abrufbar.

© Verlag >ORPHEUS UND SÖHNE<
Alle Rechte vorbehalten
Hersteller: Books on Demand GmbH, Norderstedt
Verlag >ORPHEUS und SÖHNE< Hamburg 2007
ISBN 978-3-938647-10-3

DER INHALT

Vorwort des Verlages   8

Safety first   11

Maktub oder Das Gesetz der Wüste   157

Eine Feldstudie   263
    Erster Teil   267
    Zweiter Teil   369

Vorwort

Simon oder urkundlich Simone Pellegrini (1960-1991) wurde im Tessin geboren und wuchs in Hessen auf. Also sprach und schrieb er Deutsch.

Als Kind einer Bildschirm-Generation faszinierte ihn schon früh die damals erblühende Gattung des Fernsehspiels. Aber als er 22jährig das Glück hatte, schon mit seinen ersten pseudonymen Versuchen auf diesem Gebiete von den öffentlich-rechtlichen Fernseh-Anstalten entdeckt, produziert und ausgestrahlt zu werden, sah er die Resultate auf dem Monitor nur mit Enttäuschung. Wo ihm Kunstwerke dieses neuen Genres vorschwebten, wurde inzwischen kommerziell und industrialisiert eine Fließband- und Massenware hergestellt.

Also verweigerte Pellegrini sich fortan einem Medium, das er für veruntreut hielt.

Trotzdem schrieb er fortgesetzt Fernsehspiele, deren künstlerische Möglichkeiten er weiter auszubauen trachtete. Ihre Chancen auf deutschen Monitoren verlegte er in eine utopische Zukunft. Dann aber, träumte er, sollten eines fernen Tages verwertbare Drehbücher fertig vorzufinden sein.

Doch als Produzenten, auch im Auftrage von Fernseh-Redakteuren, diesen neuen Drehbuchautor nach weiteren Arbeiten fragten, zitierte er gern hinhaltend aus einem Mozart-Briefe jenen Satz, den wir auch diesem Sammelbande als bezeichnendes Motto vorangestellt haben: *"Wir haben ja um Gottes Willen nichts zu eilen! ... meine gemachte Musique liegt und schläft gut."*

Aber 31jährig kam Pellegrini bei einer Studienreise in die Karibik unter rätselhaft gebliebenen Umständen auf der Insel Saint Lucia ums Leben.

Aus seinem halbvergessenen Nachlaß veröffentlichen wir nun erstmals drei Fernsehspiele, die wir für seine besten halten. Alle drei wurden in den 1980er Jahren geschrieben, aber zeigen auf verblüffend hellsichtige und meist satirische Weise schon gesellschaftliche Fehlentwicklungen der folgenden Jahrzehnte auf.

"Safety first" (1986/87) konfrontiert das manisch materialistische Profit- und Sicherheitsdenken einer Yuppie-, Spaß- und Wohlstandsgesellschaft mit dem exotischen Widerpart eines musizierenden Paragliders von den Seychellen, dessen kreolisch naïves Schöpfungsvertrauen (*"wie Vögel unter dem Himmel"*) alle Kalkulationen der Zivilisation hier komödienhaft *ad absurdum* führt.

"Maktub oder Das Gesetz der Wüste" (1989) wurde dem Autor als Idee jenes russischen Filmproduzenten Nathan Jariv angetragen, der gute persönliche Kontakte zu Beduïnen nicht nur selbst besaß, sondern auch vermitteln konnte. Also war Pellegrini eine archaïsch bemessene Besuchszeit lang zu Gast bei jenen Nomaden im Negev.

Aber das vorgeschlagene Sujet eines mörderischen Rassismus auch bei Wüstenbewohnern noch des späten 20. Jahrhunderts griff er nur mit der Maßgabe auf, es mit vergleichbaren Mißständen im kultivierten Deutschland in Beziehung zu setzen. So entstand dieses seinerzeit visionäre Drehbuch über rechtsradikalen Fundamentalismus wo und wann auch immer.

"Eine Feldstudie" (1982/83) schließlich macht mit den vorgefundenen Berichten klinisch Verstorbener und mit deren verführerischen Nahtod-Erlebnissen Ernst, indem es die hieraus resultierende Tod- und Angstlosigkeit eines medizinisch Wiederbelebten mit den Deformationen einer großstädtisch "aufgeklärten" Hochhaus-Gesellschaft komisch kollidieren läßt.

In der Gestalt des befreiten Trans- und Wiedergängers Jakob, der jenen vogelfrommen Kreolen Yunas des späteren Stückes schon plausibel vorwegnimmt, schließt sich der Kreis auch einer kulturellen Botschaft dieses Autors.

Sie eben kann nun zu einer Zeit, die mit modischen Hörbüchern ein *crossing over* der Gattungen zu begünstigen liebt, auch in Gestalt jener wiederentdeckten Lese-Dramen aus kultivierteren Epochen eine mühelos lustvolle Lektüre sein.

VERLAG >ORPHEUS UND SÖHNE<

SAFETY FIRST

1986/87

Die Personen

Yunas, Bootsvermieter und Musiker
Matthieu Payet, Telefonist in einem Ministerium der Seychellen
Marcel, ein Maler

Nicole Brennecke, Werbefilmerin
Oliver Beckmann, Jungunternehmer (Immobilien, Importe)
Claus Winkelmann, Journalist

Dr. Bruno Micheelsen, Industriëller
Gesine Micheelsen, seine Frau und Kunstsammlerin
Leo Liebedanz, Ethnologe
Wolfgang Gattowski, Marketing-Manager
Werner Dahlström, Versicherungsvertreter und Privatdetektiv
Susanne Scheerbohm, Olivers Ferienfreundin aus Berlin
Andreas Kolka, Jungunternehmer
Stefan Semmler, Jungunternehmer
Thomas Büb, Jungunternehmer
Michael, Werbefilm-Produzent
Torsten, Werbefilmer
Karsten, Werbetexter
Martina, Werbefilm-Assistentin

Karl-Heinz Naumann, Präsident eines Rotary-Clubs
Dom-Schweizer
Weihnachtsmann
Rundfunk-Reporter
Nachbarin
Rentner
Butler (stumm)

Zwei Kinder
Musiker
Stimmen

1. Seychellen. La Digue, Mahé, Bird Island　　　Außen / Tag

      Yunas (*off*, singt ein Lied in kreolischer Sprache.)

Collage aus diversen Partien paradiesisch anmutender tropischer Landschaft auf den Inseln La Digue und Mahé.

Überblendungen von Palmenwäldern, Stränden, Granitfelsen, Korallenbänken ...

Dann Überblendung auf die gewaltigen fliegenden Vogelschwärme am Himmel über Bird Island.

Hierüber läuft der Vorspann.

Nach dem Vorspann Fortsetzung der Landschafts-Collage.

      Ton: Telefonklingeln, hartnäckig.
      Schließlich wird der Hörer abgenommen.

      Nicole (*off*)
      Ja: Nicole Brennecke?

Schnitt.

2. Hamburg. Villa. Vestibül　　　Innen / Tag

Nicole Brennecke telefoniert.

      Nicole (ins Telefon)
      ... Wer? ... Der Oliver? Nein, tut mir leid, der ist nicht da ... Nein, der ist auf den Seychellen ... Auf den Seychellen ... Nein, ganz woanders: zwischen Afrika und Indien ... Nein, der ist geschäftlich da –

Schnitt.

3.   Seychellen. Praslin. Vallée de Mai   Außen / Tag

Scheinbare Fortsetzung der Landschafts-Collage im archaïschen Coco-de-mer-Wald der Vallée de Mai.

Kameraschwenk über die menschenleere Urlandschaft.

> Oliver (*off*, nach einer Weile, von Weitem näherkommend, die erste Hälfte noch unverständlich)
> ... müssen wir erst mal aus diesem Minuswachstum raus – aber ums Verrecken. Bloß wie? Ein total neues Problemlösungsverhalten – das müßte jetzt entwickelt werden ... Und was bedeutet das? Das bedeutet zunächst mal Marktimpulse, die wirklich umsatzfähig sind – sei es als Pilotprojekte –

Oliver wandert mit seiner Freundin Susanne ins Bild: sie gehen spazieren.

> Oliver (*on*)
> – oder eben total innovative Wettbewerbsideen – warum nicht. Aber das heißt im Klartext: Neue Märkte müssen her – solange es noch welche gibt. Ums Verrecken.

> Gesine (*off*: lacht laut auf.)

> Oliver (ohne darauf zu achten)
> Also, das nächste Weihnachtsgeschäft, das sag ich dir: da muß für die Firma eine Umsatzsteigerung drin sein von mindestens, sagen wir –

> Susanne
> Du, Oliver? Laufen wir noch lange?

Oliver
Das ist berühmt hier. Guck dir die Bäume an, die sind tausend Jahre alt. Nee, was ich sagen wollte: wir sind hier nicht in Deutschland, wir sind im Urwald – hier läuft alles über den Staat. Und darum müßte man erst mal –

Gesine (*off*: lacht wieder laut auf.)

Oliver (stehenbleibend
Das gibt es nicht.

Gesine (*off*, lachend)
Oh, Matthieu – it is so funny ...

Schnitt auf Gesine Micheelsen, die mit Matthieu, einem farbigen Seychellois, unter einem Coco-de-mer-Baum steht. Matthieu zeigt auf den Baum.

Matthieu
Look.

Schnitt auf eine Kokosnuß, die einem weiblichen Becken verblüffend ähnlich sieht.

Matthieu (*off*)
Female.

Gesine und Matthieu (*off*, lachen.)

Matthieu (*off*)
And now look over there.

Schwenk auf einen Blütenstand derselben Coco de mer. Er sieht verblüffend phallisch aus.

Gesine (*off*)
Ach!

Schnitt auf Gesine, wie sie den Palmen-Phallos anstarrt. Dabei hat sie Matthieus Arm gefaßt.

<u>Gesine (ohne zu lachen)</u>
Oh, it's wonderful, Matthieu.

<u>Oliver</u> (*off*)
Tach, Frau Micheelsen.

Sie fährt herum und steht vor Oliver und Susanne.

<u>Gesine</u>
— Ach nee. Das is ja 'n Ding.

Sie reicht ihm die Hand.

Tach, Herr Beckmann. Das ist ja nett.

<u>Oliver</u>
Ja, die Welt ist klein. Das ist Susanne Scheerbohm.

<u>Gesine</u>
Tach, Frau Scheerbohm.

Sie reicht ihr die Hand.

<u>Susanne</u>
Halloh.

<u>Gesine</u>
Machen Sie etwa Urlaub hier?

<u>Oliver</u>
Ach wo, ich bin geschäftlich hier.

<u>Gesine</u>
Übrigens, das hier ist Mr. Payet, vom Ministerium für culture and education – Matthieu, that's a German friend from Hamburg –

<u>Matthieu</u>
Guten Tag, wie geht es Ihnen?

Er reicht den beiden die Hand.

<u>Oliver</u>
Danke, hervorragend ... So, Sie arbeiten hier im Ministerium –

Gesine
Herr Beckmann ist ein erfolgreicher Geschäftsmann in Hamburg – ehrlich gesagt: ich weiß gar nicht, was Sie eigentlich machen, so genau –

Oliver (lachend)
Na, so Verschiedenes. Hier zum Beispiel Import-Export –

Susanne
Entschuldigung, weiß jemand, wo es hier Toiletten gibt?

Gesine
Nee. Also, ich bin ja eigentlich auf Mauritius und mach' hier bloß schnell mal ein Island Hopping, wegen der Maler hier, für meine Sammlung –

Oliver (zu Susanne)
Frau Micheelsen hat eine sehr berühmte Kunstsammlung in Hamburg –

Gesine
Nein, ich versuche einfach, die Post-Naïven der Dritten Welt ein kleines bißchen zu konzentrieren – und Matthieu ist mir dabei behilflich. Aber Entschuldigung, ich glaube, wir müssen zu unserm Flieger. Sorry, Matthieu, mais je crois, qu'il nous faut retourner maintenant á l'aéroport, n'est-ce pas? Wir fliegen nämlich gleich weiter nach Denis Island –

Susanne
Wir wollen noch nach Frégate –

Gesine
In Frégate gibt es bloß Schildkröten. Also, schönen Urlaub noch –

Sie verabschiedet sich mit Handschlag.

Es war schön, Sie kennenzulernen, Frau Scheerbach.

> Oliver (zu Matthieu)
> Vielleicht sieht man sich ja noch mal –
>
> Gesine
> Kommen Sie doch beide zu meiner Vernissage: so long!

Beide Paare gehen, in entgegengesetzten Richtungen, aus dem Bild.

Still und archaïsch liegt die Vallée de Mai wieder da.

Überblendung.

4. Seychellen. La Digue   Außen / Tag

Ganz kurze Fortsetzung der Landschafts-Collage.

Überblendung.

5. Seychellen. Mahé. Beau Vallon. Strandbar   Außen / Tag

Paragliding über dem Meer.

> Oliver (*off*, nach einer Weile)
> Jetzt kommt er nicht mehr: ist schon vierzig Minuten drüber.
>
> Susanne (*off*, nach einer Weile)
> Sieht ja toll aus ...
>
> Oliver (*off*)
> Einer unzuverlässiger als der andre, hier: schlurf-schlurf. Aber so kann man keine Geschäfte machen ...

Der Paraglider breitet beide Arme aus.

> Susanne (*off*)
> Wie ein Vogel ...
>
> Oliver (*off*)
> Wenn die Micheelsen jetzt hier wäre, mit ihrem Kerl ...
> An so'n Regierungstypen müßte man rankommen ...
>
> Susanne (*off*)
> Würde ich auch gern mal machen ...
>
> Oliver (*off*)
> Was?

Schnitt auf Oliver und Susanne an der Strandbar.

> Oliver (*on*)
> Was hast du grade gesagt?
>
> Susanne
> Na, da so fliegen: das muß toll sein.
>
> Oliver
> Nee, du – das ist viel zu unsicher. Wenn da was passiert, da zahlt dir keine Versicherung auch nur einen dreckigen Rupie –
>
> Susanne
> Guck mal die Fischer da drüben –

Gegenschnitt auf den nahen Strand, wo eine Gruppe von Fischern an zwei "kilometerlangen" Seilen Handgriff um Handgriff ihr Netz aus dem Meer zieht.

Hinter ihnen versammeln sich schaulustige Touristen und kauflustige Einheimische.

> Susanne (*off*)
> Du, die haben das Netz gleich draußen – Interessiert dich gar nicht ... ?

Schnitt zurück auf Oliver und Susanne.

Oliver schaut auf seine Rolex.

> Susanne (*on*)
> Also, Regierungstypen sind hier immer noch keine zu sehen – fallen auch keine vom Himmel ...

> Oliver
> Nerv-nerv.

Er erhebt sich.

> Na gut. Dann komm aber auch. Los!

Sie gehen beide aus dem Bild in Richtung Fischer.

Schnitt.

6.   Seychellen. Mahé. Beau Vallon. Strand   Außen / Tag

Die Fischer ziehen das Netz aus dem Wasser, sortieren den Fang und werfen kleine und ungenießbare Fische ins Meer zurück.

Es herrscht eine wortkarge Spannung.

Auch die Zuschauer sprechen wenig, starren nur auf die Beute.

Die Kamera zeigt abwechselnd die Fische, die arbeitenden Fischer und die Gesichter der Zuschauer: Touristen wie auch Einheimische.

> Susanne (*off*)
> Du, Oliver? Guck mal, die lassen ja viele wieder frei –

> Oliver (*off*)
> Da siehst du mal, wie gut es denen hier geht.

Schnitt auf Oliver und Susanne am Rande der Fischerszene.

Yunas kauft gerade einen Fisch.

> Oliver (*on, zu einem Fischer*)
> Entschuldigung, wie heißen diese Fische, die sie da wegschmeißen?

Der Fischer versteht ihn nicht.

> Fish? Name?
>
> <u>Yunas (greift vermittelnd ein)</u>
> Pakol. Pakol-Fish.
>
> <u>Oliver</u>
> Kenn ich nicht. Aber die könnte man doch noch verwerten: im Katzenfutter – oder als Köder –
>
> <u>Yunas</u>
> Giftig.
>
> <u>Susanne</u>
> Entschuldigung, Sie sind doch der, der diese Fallschirme vermietet, oder?
>
> <u>Yunas</u>
> Paragliding, ja. Wollen Sie machen?
>
> <u>Susanne</u>
> Ist das sehr gefährlich?
>
> <u>Yunas (lacht)</u>
> Non.
>
> <u>Oliver</u>
> Und wenn was passiert – wer haftet dann?

Yunas versteht nicht.

> Ich meine, versicherungsmäßig – ist das überhaupt erfaßt, als Unfallursache anerkannt?
>
> <u>Yunas</u>
> Aber passiert nix.
>
> <u>Oliver</u>
> Ja, das sagt ihr so. Aber wir sagen: Safety first.
>
> <u>Yunas</u>
> Ja, oder Surfing – oder Water-Scooter, oder Glass Bottom Boat –

<u>Susanne</u>
Nee, Paragliding.

<u>Oliver</u>
Na, mal sehen ... Wir sind ja noch paar Tage hier ...

<u>Yunas</u>
Oder wollen Musik hören? Ja?

<u>Susanne</u>
Wieso Musik? Was will der?

<u>Yunas</u>
Morgen abend: ich mach Musik, Hotel – Beau Vallon Bay Hotel – Sega – Musique Seychelloise –

Ton, off: Piep-Geräusch.

Schnitt.

7.   Hamburg. Villa. Vestibül   Innen / Nacht

Ton, noch: Piependes Signal eines Ascon Signal-Warngeräts 220

Herr Gattowski hält ein piependes *Ascon Signal-Warngerät 220* demonstrativ in der Hand.

Claus Winkelmann hält sich die Ohren zu.

<u>Claus</u>
Hören Sie auf! Das genügt, hören Sie auf!

<u>Gattowski (lachend)</u>
Gut. Drück' ich einfach auf den weißen Knopf ...

Gattowski stellt das Geräusch ab.

> Claus
> Das ist ja ein fürchterliches Geräusch!
>
> Gattowski
> Ja, muß ja. Da braucht der Einbrecher bloß die Tür zu öffnen: schon hört er dies Geräusch und ist weg. Passen Sie auf, Herr Winkelmann: ich geh mal eben raus und spiel die Rolle des Einbrechers –
>
> Claus
> Nein, Moment mal, Herr Gattowski –
>
> Gattowski
> Ja, Moment, Herr Winkelmann. Ich klingel gleich und gebe Ihnen dann weitere Anweisungen von draußen. Bis gleich.

Gattowski geht durch die Eingangstür hinaus und schließt sie.

> *Ton: Klingel von der Gartenpforte.*

Claus betätigt die Bildsprechanlage.

> Claus (in die Sprechanlage)
> Ja, bitte?

Auf dem Bildschirm der Sprechanlage ist Herr Dahlström zu sehen.

> Dahlström (durch die Sprechanlage)
> Safety First Versicherungen, guten Tag. Ich möchte zu Frau Brennecke.
>
> Claus (in die Sprechanlage)
> Frau Brennecke ist nicht da.
>
> Dahlström (durch die Sprechanlage)
> Wir sind aber verabredet: für 19 Uhr 15.

> Claus (in die Sprechanlage)
> Ach so ... ja –

Ton: Klingel Haustür

> Moment, bitte.

Claus drückt auf eine Taste der Sprechanlage: auf dem Bildschirm wird Gattowski sichtbar.

> Moment, Herr Gattowski, ich spreche grade mit der Gartenpforte.

Claus wechselt die Taste: auf dem Bildschirm wird Dahlström sichtbar.

> Hören Sie noch?

> Dahlström (durch die Sprechanlage)
> Ja, natürlich.

> Claus (in die Sprechanlage)
> Ja ... Also, gut: ich öffne Ihnen erst mal die Gartenpforte, aber an der Haustür müssen Sie dann noch mal klingeln, ja?

> Dahlström (durch die Sprechanlage)
> Ja, alles klar.

Claus betätigt den Türöffner.

> Claus (in die Sprechanlage)
> Halt, Moment noch! An der Haustür klingeln Sie bitte dreimal, dann weiß ich Bescheid –

Dahlströms Bild ist verschwunden.

Ton: Telefonklingeln.

Claus hebt den Hörer des in der Nähe befindlichen schnurlosen Telefons ab.

Claus (ins Telefon)
Claus Winkelmann. ... Doch, aber die ist nicht da. ... Doch, sie müßte bald kommen. Kann ich ihr denn was ausrichten? ...

Ton: Klingel Haustür 1 x

Daß Sie heute nicht können? Gut, Sie kommen heute nicht, sehr schön. Und wie war noch Ihr Name?

Ton: Klingel Haustür 3 x

Moment, jetzt klingelt es hier auch noch Sturm – das muß ich mir aufschreiben – aber ich muß erst mal die Tür aufmachen, einen Augenblick, bitte –

Er ist mit dem Telefon zur Haustür gegangen und öffnet sie jetzt.

Ton: Das Signal-Warngerät piept sofort.

Dahlström tritt durch die geöffnete Haustür ins Vestibül und grüßt mit gezogenem Hut.

Dahlström
Guten Abend.

Hinter ihm steht Gattowski heftig gestikulierend in der offenen Tür.

Gattowski
Sie sollten doch nicht die Tür aufmachen! Drücken Sie jetzt den weißen Knopf!

Gattowski kommt herein, geht zum piependen Signalgerät und stellt es ab.

Claus (ins Telefon)
Moment mal, bitte.

Dahlström
Ja, ich habe Zeit.

Ton: Das Piepen des Gerätes hört auf.

Gattowski
So, wir versuchen's noch mal, Herr Winkelmann: ich geh noch mal raus und klingel. Aber nicht die Tür aufmachen!

Gattowski geht wieder hinaus und schließt die Haustür.

Claus (zu Dahlström)
Bitte, nehmen Sie Platz ...

Dahlström
Vielen Dank.

Er setzt sich.

Claus (ins Telefon)
Nein, nicht Sie, natürlich – ich habe hier grade Besuch bekommen. Also, wie war Ihr Name? ... Oh. Würden Sie das bitte buchstabieren? ...

Ton: Klingel Haustür 3 x

Jetzt klingelt es hier schon wieder!

Claus wendet sich an Dahlström:

Ach, könnten Sie vielleicht eben die Tür –

Dahlström erhebt sich.

Nein, um Gottes Willen, dann piept es wieder!

Ins Telefon:

Kleinen Moment, bitte. ich muß mir erst was zu schreiben holen ...

Er setzt das Telefon ab.

Ton: Klingel Haustür 3 x

Claus tritt zur Sprechanlage.

> Claus (zu Dahlström)
> Da ist auch was zu lesen.
>
> Dahlström
> Danke schön.

Dahlström greift sich eine Autozeitschrift und blättert darin.

Claus drückt auf eine Taste der Sprechanlage: auf dem Bildschirm erscheint Gattowski.

> Claus (in die Sprechanlage)
> Ja, da bin ich.
>
> Gattowski
> Na, wunderbar. So, Herr Winkelmann: jetzt holen Sie bitte die Stehlampe.
>
> Claus (in die Sprechanlage)
> Die Stehlampe? Also, wissen Sie, Herr Gattowski: ich bin zur Zeit allein zu Hause. Mein Miteinwohner ist auf den Seychellen –
>
> Gattowski (durch die Sprechanlage)
> Ja, aber die Stehlampe steht doch neben Ihnen –

Claus blickt zur Stehlampe: Schwenk auf die Stehlampe.

> Gattowski (*off,* durch die Sprechanlage)
> – und der Stecker der Stehlampe, der muß in die Steckdose des Signal-Warngeräts ...

Schnitt auf den ratlosen Claus.

> So – wollen Sie das mal ausführen?
>
> Claus (in die Sprechanlage)
> Kleinen Moment, bitte.

Claus greift zum Telefonhörer.

> Claus (ins Telefon)
> Hören Sie noch? ... Ja, können wir Sie zurückrufen? Ich
> – ... Ach, aus der Telefonzelle – ja, kleinen Moment
> noch, ich finde nirgends was zum Schreiben –

Dahlström zückt hilfsbereit einen Kugelschreiber, aber Claus winkt ab und legt den Hörer neben das Telefon.

> Claus
> Also Namen haben die Leute!

Claus stellt die Stehlampe zum Signal-Warngerät und steckt ihren Stecker in dessen Steckdose.

Dann tritt er zur Sprechanlage und drückt auf eine Taste. Gattowski wird wieder auf dem Bildschirm sichtbar.

> Claus (in die Sprechanlage)
> So, die Lampe ist angeschlossen, und jetzt?

> Gattowski (durch die Sprechanlage)
> Jetzt drücken Sie erst mal den roten Knopf am Signal-Warngerät – und dann machen Sie das Licht aus: es muß stockdunkel bei Ihnen sein. Halt! Und dann drük-ken Sie auf den Türöffner, damit ich rein kann – ich meine, der Einbrecher –

> Claus (in die Sprechanlage)
> Ich soll dem Einbrecher selbst die – Ach so. Na, gut.

Claus drückt auf den roten Knopf des Signal-Warngeräts, dann macht er das Licht aus. Es ist stockdunkel.

> Dahlström
> Nanu? Ein Kurzschluß in der Lampe?

> Claus
> Nein, das gehört zur Demonstration –

Im Dunkeln stößt er gegen das Telefon: es fällt zu Boden.

> Scheiße! Das war das Telefon!

> Dahlström
> Warten Sie, ich hebe es auf.
>
> Claus
> Wo ist denn jetzt dieser Türöffner ...

Claus tastet sich zum Türöffner durch und betätigt ihn.

> *Ton: Summen des Türöffners*

Gattowski öffnet von außen die Haustür. Im selben Moment geht das Licht der Stehlampe an.

Dahlström sucht auf dem Fußboden nach dem Telefon.

> Gattowski
> Na? Ist das nichts?
>
> Claus
> Wieso?
>
> Gattowski
> Na, der Einbrecher macht die Tür auf, und schon geht das Licht an.

Dahlström hebt das Telefon auf und reicht es Claus.

> Claus
> Danke schön. Entschuldigung, das Telefon war runtergefallen.

Ins Telefon:

> Hallo, hören Sie noch?
>
> Gattowski
> Aber dies Gerät kann noch mehr.
>
> Claus
> Nee, jetzt ist es kaputt.
>
> Gattowski
> Nee, das ist funkelnagelneu.

<u>Claus</u>
Nee, ich meinte das Gespräch.

<u>Gattowski</u>
Nee, jetzt kommt erst der Knüller, passen Sie auf.

Claus setzt das Telefon ab und legt den Hörer auf.

Gattowski schaltet die übrige Beleuchtung wieder ein und zieht dann den Stecker der Stehlampe aus dem Warngerät.

<u>Dahlström</u>
Wissen Sie, wann Frau Brennecke meistens nach Hause kommt – nur ungefähr?

<u>Claus</u>
Das kann sehr spät werden.

<u>Dahlström</u>
Das glaub' ich nicht.

<u>Gattowski</u>
Man kann auch einen Kassettenrecorder anschließen und den Einbrecher mit klassischer Musik erschrecken ... Ich kann Ihnen das mal vorführen –

Gattowski holt einen winzigkleinen Kassettenrecorder aus seiner Aktentasche und schließt ihn an das Signal-Warngerät an.

<u>Claus</u>
Nein, das ist nicht nötig – wirklich, Herr Gattowski, heute wird sowieso nichts entschieden, und jetzt auch noch Musik – also wirklich!

<u>Gattowski</u>
Ich verstehe. Moment.

Er legt eine andere Kassette ein.

Sie wollen keine Musik? Das ist auch keine Musik. Sie werden sich totlachen –

Die Haustür wird von außen mit einem Schlüssel geöffnet, und Nicole Brennecke kommt herein: im Mantel, mit Einkaufstüten und offensichtlich von der Arbeit.

Sowie die Tür sich öffnet:

> Stimme vom Kassettenrecorder
> Guten Abend. Hier spricht die Polizei. Sie werden beobachtet. Fluchtversuche sind sinnlos, unsre Kamera hat Sie registriert.

Gattowski schaltet den Recorder aus.

> Nicole
> Was ist denn hier los?
>
> Gattowski
> Nur ein Scherz. Nur eine Demo-Kassette.
>
> Claus
> Hallo, Nicole.

Dahlström erhebt sich.

> Es geht um die Alarmanlage für Oliver.
>
> Nicole
> Ah, super. Das muß ich auch hören. Ich dachte schon, das ist die Terroristenrazzia – kam grade was im Autoradio durch.

Sie stellt die Tüten ab.

> Claus
> Der Herr hier wartet übrigens auf dich.

Sie geht auf Dahlström zu.

> Nicole
> Ja, ich weiß: entschuldigen Sie, ich bin ein bißchen spät –

> Dahlström
> Keine Ursache. ich war ein bißchen früh –
>
> Nicole (zu Dahlström)
> Bitte, kommen Sie doch herein ...
>
> Claus (zu Gattowski)
> Ja, bitte, kommen Sie doch herein ...

Alle gehen auf die Wohnzimmertür zu und aus dem Bild.

Schnitt.

8. Seychellen. Mahé. Beau Vallon Bay Hotel　　Außen / Nacht

> Yunas (*off*, singt in kreolischer Sprache.)

Totale des Hotels mit Tanzfläche, Bar und Abgrenzungsmäuerchen zum Meer.

Lansamer Zoom auf die Tanzfläche. Sie ist noch leer. In ihrem Hintergrund steht Yunas mit seiner Gitarre hinter einem Mikrofon und singt.

> Yunas (*on*, singt.)

Um ihn herum einige junge Musiker, die seinen Gesang instrumental und vokal begleiten.

Langsamer Zoom auf den singenden Yunas.

Dann Schwenk über die Hotelgäste (Touristen) an der Bar und über die Zaungäste auf dem Abgrenzungsmäuerchen.

Alle hören dem Gesang zu – darunter auch Oliver und Susanne.

> Yunas
> (beëndet sein Lied.)

Das Publikum applaudiert.

<u>Yunas</u>
(macht eine kurze Ansage in kreolischer Sprache. Das Wort *Sega* fällt.)

<u>Yunas und seine Musiker</u>
(singen und spielen eine *Sega*.)

Auf der Tanzfläche bricht ein vehementes Sega-Tanzen aus.

Schnitt.

9. Hamburg. Villa. Wohnzimmer   Innen / Nacht

Nicole, Claus und die Herren Gattowski und Dahlström sitzen um einen Marmor-Couchtisch gruppiert.

<u>Gattowski</u>
Schauen Sie, es ist doch ganz einfach, Frau Brennecke. Sie sagen uns, wo die Schwerpunkte Ihrer Sicherheitsansprüche liegen – und angemessen bieten wir dann an. Für große Freiraumüberwachung zum Beispiel, da kämen unsre Mikrowellensysteme in Frage: E-Field, E-Flex oder Ground Bug, je nachdem.

<u>Claus</u>
Entschuldigung, möchte jemand was trinken?

<u>Nicole</u>
Ja, Tequila Sunrise.

<u>Claus</u>
Sie, Herr Gattowski? Bloß Eiercognac ist im Moment nicht da.

<u>Gattowski</u>
Ja, dann – kleinen Weinbrand vielleicht.

Claus
– Darf's auch Cognac sein?

Gattowski
Ja, das ist egal.

Claus (zu Dahlström)
Sie auch was?

Dahlström
Bierchen?

Claus geht die Getränke holen.

Gattowski
Nein, schauen Sie, Frau Brennecke: wenn es Ihnen mehr um Außenhautabsicherung geht – da haben wir die aktive Infrarot-Überwachung: mit Lichtschranken im unsichtbaren Infrarotbereich –

Nicole
Das ist ja toll.

Gattowski
Während die passive Infrarot-Technik: die reagiert nun wieder auf die natürliche Wärme eines eindringenden Körpers – darum wird sie auch meist für Innenraumüberwachung eingesetzt –

Nicole
Verstehe.

Gattowski
Ebenso das Ultraschall-System, das auf der Schallenergie oberhalb des menschlichen Hörvermögens basiert: das eignet sich nun mehr für sterile Räume –

Nicole
Also, eigentlich müßte man das ja alles haben – irgendwie kombiniert –

Gattowski
Das ist gar kein Problem.

Claus kommt mit zwei Getränken.

Nicole
Ich meine, sicher ist sicher – Was meinst du denn, Claus?

Claus
Und kriegt man da so 'ne Sirene aufs Dach – oder so 'n Blinklicht oder –

Gattowski
Beides. Das ist jetzt Vorschrift.

Nicole
Ach, das ist ja doof: wie sieht das denn aus!

Claus geht die restlichen Getränke holen.

Dahlström
Um es zu präzisieren: die Vorschrift des VDS lautet, daß Sie zwei akustische und einen optischen Signalgeber haben müssen, und außerdem ist –

Nicole
Ach, Sie wissen ja auch gut Bescheid. Haben Sie auch schon sowas?

Dahlström
Nein, aber das gehört ja bei uns zum Beruf.

Nicole
Ach, das gehört jetzt bei Ihnen zum Beruf? Das ist ja toll –

Dahlström
Ja, und ein elektromagnetisches Blockschloß in der Haustür müssen Sie haben, zum Scharf- und Unscharfschließen, das ist auch Vorschrift –

> Gattowski
> Es sei denn, Sie wollen lieber einen digitalen Codierschalter, da hätten Sie eine Million verschiedene Zahlenkombinationen, als zusätzliche Absicherung –

Claus kommt mit den restlichen Getränken.

> Nicole
> Gut, Herr Gattowski, jetzt weiß ich Bescheid. Ja, dann Cheers: auf die Sicherheit – allerseits ...

Alle stoßen an.

> Alle
> Auf die Sicherheit ... Auf die Sicherheit ... !

Sie trinken.

> Nicole
> Okay, Herr Gattowski, ich muß Sie jetzt leider mit dem Claus alleinlassen – Herr Schipp-Schwetzky wartet jetzt schon so lange –
>
> Claus
> Ach, der hat übrigens angerufen, vorhin: er kann heute nicht.
>
> Nicole
> Wer?
>
> Claus
> Dieser Schipp-Schwetzky. Jetzt, wo du den Namen sagst –
>
> Nicole (zu Dahlström)
> Ach, sind Sie gar nicht Herr Schipp-Schwetzky?
>
> Dahlström
> Nein, mein Name ist Dahlström:
>
> Nicole
> Aber Sie kommen wegen der Bergpredigt?

Dahlström
Bergpredigt? Welche Bergpredigt?

Nicole
Ich verstehe. Dann sind Sie auch gar nicht Theologe?

Dahlström
Nein, ich komme von der *Safety First Versicherung*.

Nicole
Ach. Und was wollen Sie?

Dahlström
Sie hatten doch angerufen.

Nicole
Was: ich hab' Sie angerufen?

Dahlström
Nicht Sie persönlich. Ihr Herr Beckmann.

Nicole
Herr Beckmann ist auf den Seychellen.

Dahlström
Das weiß ich. Darum sollte ich mich ja an Sie wenden.

Nicole
Ah, da schwant mir was. Weswegen nochmal?

Dahlström
Na, wegen unserer planetarischen Katastrophenversicherung.

Claus
Das klingt nicht schlecht.

Gattowski
Ach, übrigens: wir liefern auch Zivilschutzräume.

Schnitt.

10. Seychellen. Mahé. Beau Vallon Bay Hotel   Außen / Nacht

> Yunas und seine Musiker
> (singen und spielen das Sega-Lied.)

Das Sega-Tanzen ist noch im Gange. Es tanzen Hotelgäste, Zaungäste und Hotelpersonal.

Einige junge Einheimische sind Sega-Virtuosen.

Unter den Tanzenden sind auch Oliver und Susanne, aber unverhofft auch Gesine Micheelsen mit ihrem Matthieu.

Gesine entdeckt Oliver und klopft ihm tanzend auf die Schulter. Man lacht und winkt sich zu.

Zwischenschnitte auf Yunas und seine Musikanten. Yunas hat sich mit seinem Handmikrofon unter die Tanzenden begeben und tanzt selbst mit. Oliver und Susanne nicken und applaudieren ihm zu.

> Yunas und seine Musiker
> (beënden das Sega-Lied.)

Applaus.

Einige der Tanzenden gehen zurück auf ihre Plätze, andere bleiben stehen und erwarten die nächste Musik. Hierzu gehören auch Gesine, Matthieu, Susanne und Oliver.

> Gesine
> Ein toller Bursche – oder?

> Oliver
> Wie kommen Sie denn hierher?

> Gesine
> Wohnen Sie auch hier in diesem Hotel?

> Oliver
> Ach, um Gottes Willen – wir sind bloß seinetwegen hier, er hat uns extra –

Gesine (überlappend)
Schade, daß er Musik macht. Ein echter Post-Naïver, astrein –

Oliver (überlappend)
Er hat uns extra eingeladen, deshalb.

Gesine
Matthieu ist übrigens verwandt mit ihm.

Oliver
Wer, bitte?

Gesine
Matthieu, mein Begleiter. C'est ton cousin, n'est-ce pas?

Matthieu
Oui, oui.

Oliver
Ach, das ist ja interessant –

Susanne
Du, Oliver? Gehn wir bald? Ich bin so müde.

Oliver
Dann geh schon mal vor.

Gesine
Übrigens, morgen bin ich bei Marcel.

Susanne
Oh geil. Da komm ich mit. Das ist die neue Bar, Oliver –

Gesine
Nein, das ist der wichtigste Maler hier – der einzige Grund, warum ich hier bin –

Oliver (zu Matthieu)
Ist ja ein toller Sänger, Ihr Vetter. Wie heißt er eigentlich – what's his name?

Matthieu
Yunas.

Oliver
Wie bitte?

Gesine
Wie Jonas. Aber mit Ypsilon und U: Yunas.

Oliver
Ist ja 'ne super Familie: der eine Künstler, der andre sogar im Ministerium –

Yunas und seine Musiker
(beginnen mit dem nächsten Lied.)

Die Tanzfläche kommt wieder in Bewegung.

Schnitt

11. Hamburg. Fitness-Center Innen / Nacht

Claus trainiert im Schweiße seines Angesichts an einem martialisch aussehenden Body-Building-Gerät.

Frau A. (*off*)
Ach, das weißt du noch gar nicht? Kam gestern in der Tagesschau –

Frau B. (*off*)
Nee, was denn?

Frau A. (*off*)
Also, richtig gefährlich, aber echt, soll jetzt das Schlafen sein. Weil du da viel tiefer atmest, ist ja klar, und das ganze giftige Zeug so richtig reinziehst. Also, so wenig wie möglich schlafen, haben die gesagt –

Schnitt.

12. Seychellen. Mahé. Beau Vallon. Strandbar   Außen / Tag

Kreisrunde Bar zwischen Swimming Pool und Strand.

Die Kamera schwenkt langsam über die gemischte Gesellschaft dieser Bar: Touristen und Einheimische aller Generationen, sozialen Schichten und Hautfarben – die Bar ist allgemeiner Treffpunkt, auch für die arbeitende Bevölkerung.

>Oliver (*off*, aufblendend)
>... Nee, ganz ehrlich, du, ohne Schmus: deine Musik, die ist totale Spitze, echt super – kann ich total nachvollziehen, no problem – du doch auch, Susanne, oder?
>
>Susanne (*off*)
>Astrein – besonders die Gruppe: knallt ganz schön rein.

Die Kamera beendet ihren Schwenk bei Oliver und Susanne, die mit Yunas an der Bar sitzen: hinter ihnen das Meer und die Konturen der Insel Silhouette.

>Oliver
>Mal ganz was andres. Und gibt es schon Schallplatten von deiner Musik? ... LP – disc ...
>
>Yunas (lachend)
>Nee, nix.
>
>Oliver
>Das schnall' ich nicht. Nee, ehrlich: in Deutschland wär' das der Hit. Weil – die music scene bei uns, verstehst du? Und plötzlich so 'ne Musik: total positiv – oder post-naïv, verstehst du? Also, die hätte so 'ne Chance auf unserm Markt, aber tierisch, du.
>
>Susanne
>Du, Oliver? Gehn wir noch schwimmen?

Oliver
Ja, aber ohne mich. ... Nee, überleg dir das. Afrika verkauft sich sowieso am besten bei uns, das zieht noch immer: raschel-raschel ...

Fingerbewegung: Geld.

Yunas
Aber nix Africa.

Oliver
Was ist?

Yunas
Sega: nix Africa ... Musique Seychelloise.

Oliver
Das ist egal. Solltest du aber nicht so eng sehen.

Yunas
Moutia.

Oliver
Was ist?

Yunas
Moutia is African music.

Er trommelt den Moutia-Rhythmus auf den Bartisch.

Susanne
Du, Oliver? Weißt du, wie spät es ist?

Oliver
Keine Ahnung. ... Na, ist doch super.

Yunas
Ja, gut. Andre Insel – Schwester Hochzeit.

Oliver
Moment mal – Deine Schwester heiratet – oder was?

Yunas
Ja, welcome. Du und du welcome.

Oliver
Sag mal ... und ist dein Vetter dann auch da?

Yunas
– Excuse me?

Oliver
Dieser Matthieu – dein Cousin vom Ministerium: ob der auch zu der Hochzeit kommt?

Yunas
Ja, Matthieu Moutia tanzen – gut.

Yunas macht Moutia-Bewegungen.

Susanne bricht auf.

Susanne
Du, ich geh schon mal vor, mich umziehn. Bye-bye, see you.

Susanne entfernt sich.

Yunas
Bye-bye.

Oliver
Komm, was möchtest du trinken?

Yunas
– Coca Cola.

Oliver
Quatsch. – Hallo? Flasche Champagner, bitte ... Champagne. Have you Dom Perignon? ... Egal. Ja, und wann soll diese Hochzeit sein? Wann? Welcher Tag?

Yunas
Next Monat.

Oliver
Was? Bin ich doch schon weg, Mann. So ein Scheiß. Kann man das nicht vorziehn?

Schnitt.

13. Seychellen. Mahé. Le Niol. Vor Marcels Haus   Außen / Tag

Der Maler Marcel hat einige seiner Gemälde zur Betrachtung vor sein Haus gestellt.

Gesine fixiert sich gerade auf eins dieser Bilder.

Matthieu hält sich zurück

><u>Gesine</u>
>How much do you want? How much?
>
><u>Marcel</u>
>(zuckt die Schultern.)
>
><u>Gesine</u>
>Twothousand?
>
><u>Marcel</u>
>(lacht.)
>
><u>Gesine</u>
>Twothousand fivehundred?
>
><u>Marcel</u>
>No.
>
><u>Gesine</u>
>Threethousand.
>
><u>Marcel</u>
>That's too much ...
>
><u>Gesine</u>
>Too much? ... So ... How much do you want?
>
><u>Marcel</u>
>I don't sell it.

Zu Matthieu:

<u>Gesine</u>
You don't sell it? ...

Du, der will gar nicht verkaufen –

<u>Marcel</u>
(sagt auf Kreolisch was zu Matthieu.)

<u>Matthieu und Marcel</u>
(lachen.)

<u>Gesine</u>
Na, das ist ja 'n Ding ...

Schnitt.

14. Seychellen. Mahé. Beau Vallon. Strandbar   Außen / Tag

Fortsetzung der Szene 12, aber etwas später.

Oliver und Yunas sitzen noch auf denselben Plätzen, vor sich Sektgläser und eine halb geleerte Champagnerflasche im Kübel.

<u>Oliver</u>
Du mußt das alles positiv sehen, verstehst du? Komm, wir trinken auf unser Wiedersehen in Deutschland – Prost, Jonas.

<u>Yunas</u>
Pros.

Sie stoßen an.

<u>Oliver</u>
Kannst Oliver zu mir sagen. Ich heiße Oliver. Prost.

Sie trinken.

> Also, Connections hab' ich da jede Menge. Freund von mir, nur 'n Beispiel, ist Produzent. Macht Rock und Popmusik, ja?

Yunas holt einen zerknitterten Zeitungsausschnitt mit einem Bild vom Kölner Dom vor.

> Oliver
> Was hast 'n da? ... Kritiken oder was?

Yunas zeigt ihm den Kölner Dom.

> Was ist 'n das? ... Kölner Dom oder sowas – steht nichts dabei. Ist das der Kölner Dom?
>
> Yunas
> Ist deine Stadt?
>
> Oliver
> Nee, wenn es der Kölner Dom ist, dann ist er in Köln. Aber Hamburg–Köln: das ist 'n Katzensprung ... Sag mal: was willst du eigentlich in Deutschland? Also, mal prinzipiell ...
>
> Yunas
> Excuse me?
>
> Oliver
> Paß auf: warum ist Deutschland für dich so interessant? Ich frag' ja bloß.
>
> Yunas
> ... Weil ... es gibt – seasons, wie sagt man seasons?
>
> Oliver
> Jahreszeiten? Ja, die haben wir reichlich – besonders Winter, noch und noch.
>
> Yunas
> Ja, Winter sehn. Schnee.

Oliver
Na, da brauchste bloß kommen. Wohnen kannst du bei uns: is immer geheizt, buller-buller.

Yunas
Ja. Und German Television.

Oliver
Fernsehn? Ist auch kein Problem. Da wohnt so 'n Typ bei mir, der ist vom Fernsehn. Der besorgt dir da 'ne Show wie nix, no problem. Auf deine Karriere, Jonas: Erfolg ist das Einzige, worauf es ankommt, oder? Erfolg is money: dann kommst du auch bei uns rüber – also, marktmäßig. Prost.

Sie trinken.

Yunas (nach einer Weile)
– Deine Frau böse?

Oliver
Was ist los?

Yunas
Deine Frau weg. Böse?

Oliver
Susanne? Ist doch nicht meine Frau, Mann. Is 'ne Beziehung: bloß so, für 'n Urlaub – tralala ... Hat aber unheimlich Knete, der Pappi kauft Häuser in Berlin - : Bescheid? Nee, du, ich bin Single, aber total. Ich leb' in 'ner WG, wirst du ja alles sehn – WG heißt Wohngemeinschaft in Deutschland – also, Luxus-WG natürlich, alles vom Feinsten – aber anders kann ich nicht – nee, ehrlich: muß sein ... Prost, Jonas.

Yunas
Pros.

Oliver
Geile Musik machste.

Sie trinken.

> Aber mal ganz was andres ... Dein Vetter, ne? ... Dein Cousin ...
>
> <u>Yunas</u>
> Matthieu?
>
> <u>Oliver</u>
> Ja, weiß ich doch ... Aber den würde ich gern mal kennenlernen – also, richtig ... Könntest du das mal einbauen, irgendwie locker?
>
> <u>Yunas</u>
> Ja, okay, no problem.
>
> <u>Oliver</u>
> Rein geschäftlich, natürlich. Das wär' echt super ... Und wann? Ich meine, ich bin bald weg –
>
> <u>Yunas</u>
> Ja, morgen Mauritius.
>
> <u>Oliver</u>
> Was is?
>
> <u>Yunas</u>
> Matthieu morgen Mauritius.
>
> <u>Oliver</u>
> Was, der fährt morgen nach Mauritius? Na, das is ja 'n Hammer. Mit der Micheelsen?
>
> <u>Yunas</u>
> Kann sein. Aber eine Woche.
>
> <u>Oliver</u>
> Na, das is ja ätzend ... aber echt, du ... So ein Scheiß, Mann!

Schnitt.

15. Seychellen. Mahé. Le Niol. Vor Marcels Haus   Außen / Tag

Fortsetzung der Szene Nr. 13: der Kuhhandel um Marcels Gemälde dauert an.

>Gesine
>... But listen, Marcel – once more: I do want to have it –
>
>Marcel
>Okay: have it. ... Take it.
>
>Gesine
>But how much money?
>
>Marcel
>Oh ... no money – just for memory ...

Er lacht sich tot.

>Gesine
>No money? ... meint der das ernst? No money? Are you sure? Oh, thank you, Marcel! Merci beaucoup!
>
>Marcel
>Okay, okay ...

Er geht lachend ins Haus.

>Gesine
>Das ist ja super. ... Oder?

Gesine krallt sich das Bild.

>Na, sicher ist sicher ... Oder?

Schnitt.

16. Seychellen. Mahé. Beau Vallon. Strandbar   Außen / Tag

Fortsetzung der Szene 14, aber einige Zeit später.

Im Hintergrund geht die Sonne unter.

> *Ton: Nahes und sehr vehementes Gezwitscher von Millionen Vögeln.*

Oliver und Yunas sitzen noch auf denselben Plätzen. Olivers Alkoholpegel ist weiter gestiegen.

> Oliver
> ... mußt immer auf Nummer Sicher gehn, nee, ehrlich ... Aber ich bin Optimist: aus allem das Beste machen, dann bist du auch selbst der Beste ... Nee, positiv: guck mal, dein Vetter – der fliegt nu nach Mauritius, mit dieser Kunst-Tussi, düs-düs – ja und? Bleib' ich doch grade am Ball: never resign – Englisch kannst du doch? Oder? Life on the fast track – weiß du, was das heißt? Auf der Überholspur leben. Das ist es: Brrrrrrrrrrrrrr!!!!

Oliver mimt Autofahren.

> Alle andern abgehängt. Prost, Jonas.

Er trinkt.

> ... Sag mal, diese Vögel: die ticken wohl nicht richtig ...

Gegenschnitt auf einen hohen Baum, aus dem offenkundig das Zwitschern kommt. Aber kein Vogel ist zu sehen.

> Oliver (*off*)
> Machen da einen tierischen Terror – wo sind die überhaupt? Nix zu sehn. Aber ein Krach, daß einem die Ohren platzen ...

> Yunas (*off*)
> Wir sagen: they are praying – wie sagt man –

Schnitt zurück zu Oliver und Yunas.

> Oliver
> Die beten? Mach' kein' Quatsch –

> Yunas
> Ja, Leute sagen so –
>
> Oliver
> Daß die Vögel beten?
>
> Yunas
> Ja.
>
> Oliver
> Du bist ja wirklich 'n heißer Typ, du: versprich mir, daß du mich besuchst in Deutschland. Kann sein, die deutschen Vögel fangen dann auch an zu beten. Also, kommst du mich besuchen, ja oder nein? Nee, ehrlich, Jonas!
>
> Yunas
> Weiß nicht ...
>
> Oliver
> Also, Ticket spielt keine Rolle, is 'ne Einladung – und wohnen tust du bei mir, alles Roger.

Er hält Yunas die Hand hin.

> Topp? ... Scharfes Wort: top. Top-Manager, Top-Star, topfit – alles tiptop ... Am besten zusammen mit deinem Vetter: top travel to Germany. Was? Los, komm, die Wette gilt – na, komm schon – los!

Yunas schlägt lachend ein.

Schnitt.

17. Hamburg. Villa. Medienzimmer   **Innen / Nacht**

Claus führt einigen Gästen seine Video-Aufzeichnung einer Fernseh-Talk-Show vor, bei der er selbst als Talk-Master figuriert. Sein Gesprächspartner ist Leo Liebedanz.

Zunächst sieht man nur die Mattscheibe des Fernsehers mit einer Musikgruppe.

> *Ton: Die letzten Takte einer Zwischenmusik, dann Applaus.*

Schnitt auf Claus und Leo im Fernseher.

> <u>Claus (im TV)</u>
> Herr Liebedanz – : Sie haben großes Aufsehen erregt, weil Sie ein Buch geschrieben haben, das die These vertritt, das Christentum habe abgewirtschaftet ... Sehe ich das richtig?
>
> <u>Leo (im TV)</u>
> Nein.
>
> <u>Die Gäste</u> (*off*, lachen.)
>
> <u>Claus (im TV)</u>
> Aber Sie behaupten doch in Ihrem Buch, daß zum Beispiel Weihnachten gar nichts mit Christus zu tun hat ... Das stimmt doch – oder?
>
> <u>Leo (im TV)</u>
> Nein.
>
> <u>Die Gäste</u> (*off*, lachen.)
>
> <u>Andreas Kolka</u> (*off*)
> Super.
>
> <u>Claus (im TV)</u>
> Also, jedenfalls trägt Ihr Buch den Titel "Weihnachten ohne Christus" –

Claus (im TV) hält ein Buch in die Kamera: Zwischenschnitt auf den Buchtitel.

Claus (*off*, TV)
Das steht doch fest. Oder was sagen Sie dazu?

Schnitt auf Leo (TV).

Leo (TV)
Daß Sie nichts verstanden haben.

Die Gäste (*off*: brüllendes Gelächter.)

Gegenschnitt auf die lachenden Gäste, drei smarte Jungunternehmer: Andreas Kolka, Stefan Semmler und Thomas Büb.

Auch Claus und Leo sitzen sich selbst gegenüber.

Stefan Semmler
Das geht ab, Claus – aber echt.

Claus (*live*)
Das war die beste Talk-Show, die ich je gemacht habe. Jetzt, paß auf!

Schnitt auf den Fernseher.

Claus (im TV)
... Dann erklären Sie es mir doch.

Leo (TV)
Ich glaube, das bringt nicht viel.

Die Gäste (*off*, lachen.)

Claus (im TV)
Aber vielleicht erklären Sie es wenigstens unsern Fernseh-Zuschauern –

Leo (TV)
Was?

Claus (im TV)
Na, um was es eigentlich geht, in Ihrem Buch: warum es so erfolgreich ist –

<u>Leo (TV)</u>
Das tu ich gern, liebe Zuschauer. Also, Weihnachten: das ist ja nicht bloß Heilig Abend und basta –

<u>Claus (im TV)</u>
Für Christen auch nicht.

<u>Leo (TV, Claus ignorierend)</u>
Also, anfangen tut es eigentlich schon vierzig Tage vorher, am Martinstag ...

<u>Claus (im TV)</u>
Und aufhören? Am 6. Januar?

<u>Leo (TV)</u>
Und aufhören mit Mariae Lichtmeß, das ist vierzig Tage danach –

<u>Claus (im TV)</u>
Macht achtzig Tage Weihnachten – haben wir doch alles schon, oder?

<u>Leo (TV, Claus ignorierend)</u>
Liebe Fernseh-Zuschauer: in diesen achtzig Tagen, da gibt es ganz viele Feste mit einer ganz bestimmten religiösen Bedeutung – den Katharinentag, die Andreasnacht –

<u>Thomas Büb (*off*)</u>
Prost, Andreas.

<u>Leo (TV)</u>
– den Nikolaustag, das Fest der unbefleckten Empfängnis Mariens, dann den Luzientag, den Thomastag, den Stefanstag –

<u>Andreas Kolka (*off*)</u>
Müssen wir alles feiern.

<u>Leo (TV, gleichzeitig)</u>
– den Johannestag, den Tag der unschuldigen Kindlein –

> Claus (im TV)
> Lauter christliche Feste!
>
> Leo, TV, zu Claus)
> Ich denke, ich soll mit den Zuschauern sprechen?
>
> Die Gäste (*off*, lachen sich tot.)

Gegenschnitt auf Claus, Leo und Gäste.

> Thomas Büb (ins Gelächter hinein)
> Das gibt es nicht.
>
> Andreas Kolka
> Und das hat keiner gemerkt?
>
> Claus (*live*)
> Nee, das hat keiner gemerkt.
>
> Leo (*off, TV, gleichzeitig*)
> Dann haben wir da aber auch die Klopfnächte, die Perchtennächte, die Rauhnächte, die Zwölfnächte –
>
> Stefan Semmler (*on, überlappend*)
> Aber wie habt ihr das, ich meine – ach, stopp doch mal kurz.

Claus stoppt die Videokassette.

> Ich meine, wieso wurde der Leo überhaupt eingeladen in die Talk-Show, mit so 'nem Thema –
>
> Claus
> Du, ich hatte 'ne Kritik geschrieben über sein Buch – und da haben dann andere Kritiker nachgezogen, natürlich – und-und-und ... Ja, und da konnte dann die Redaktion nicht mehr Nein sagen, als ich sagte: Ladet doch mal diesen Leo Liebedanz ein!
>
> Thomas Büb
> Sauber.

> Andreas Kolka
> Astrein.
>
> Stefan Semmler
> Und nach dieser Sendung?
>
> Claus
> Du, da lief dann alles automatisch: Vergriffen, Neuauflage, Taschenbuch – gar kein Problem.
>
> Andreas Kolka
> Ja, und die Weitervermarktung: ist da schon was gelaufen?
>
> Claus
> Nee, darum geht es ja jetzt. Deshalb zeig ich euch doch die Kassette.

Schnitt.

18. Hamburg. Fitness-Center　　　　　　　　Innen / Nacht

Nicole trainiert an einem martialisch aussehenden Body-Building-Gerät.

> Frau B. (*off*)
> Also, richtig gefährlich, aber echt, soll es ja jetzt im Schatten sein. Kam gestern im Gesundheits-Magazin. Weil im Schatten, da ist die Strahlung noch viel, viel stärker ...
>
> Frau A. (*off*)
> Ja, Moment mal: aber Sonne, um diese Jahreszeit –
>
> Frau B. (*off*)
> Eben. Darum ist es ja so gefährlich. Also so wenig wie möglich im Schatten aufhalten, haben die gesagt –

Schnitt.

19. Hamburg. Villa. Medienzimmer   Innen / Nacht

Fortsetzung der Szene 17 mit den Jungunternehmern.

> Thomas Büb
> Gezielte Preisausschreiben vielleicht?
>
> Stefan Semmler
> Nee, ich wüßte was ... : 'ne Fernsehserie – Vorabendprogramm. Jeder von diesen komischen Feiertagen kriegt 'ne eigne Folge –
>
> Andreas Kolka
> Okay, aber da steckt noch mehr drin. Irgendwie müßte man da total neue Märkte erschließen –
>
> Thomas Büb
> Mit Feiertagen, die kein Mensch kennt?
>
> Andreas Kolka
> Na, umso besser: das Weihnachtsgeschäft ist doch ausgereizt bis sonstwohin. Claus, laß doch noch mal die Kassette laufen: wo der Leo von den ollen Germanen erzählt oder so –
>
> Claus
> Okay. Mal sehn.

Claus läßt die Kassette zurücklaufen.

> Andreas Kolka
> Wenn man irgendwie neu motivieren könnte – oder das Ganze mehr streuen, so wie Schulferien: so daß man neue Geschenktage bekäme – Zusatztermine – sei es für die Spielzeugläden, für den Getränkehandel, für die Delikatessengeschäfte –

Claus stoppt die Kassette und läßt sie laufen.

> Leo (TV, *off*)
> – so daß das gar keine christlichen Feste mehr sind –

Schnitt auf den Fernsehschirm mit Claus und Leo.

> Leo (TV, *on*)
> – oder nicht nur christliche Feste ...
>
> Claus (*live, off*)
> Ist das zu weit zurück?
>
> Andreas Kolka (*off*)
> Nee, okay. Laß mal laufen.
>
> Leo (TV)
> Die christliche Kirche hat sehr geschickt so 'ne Art Instandbesetzung betrieben, mit ihren Feiertagen. Unter jedem ihrer Feste lagern sozusagen noch ganz andre Festtage aus sehr viel älteren Religionen –
>
> Claus (TV)
> Na, welche denn? Nicht so geheimnisvoll!
>
> Leo (TV)
> Wir finden da Reste der römischen Saturnalien, des griechischen Dodekahemeron, des ägyptischen Osirapis-Kultes –
>
> Claus (TV)
> Ach, der!
>
> Die Gäste (*off,* lachen.)
>
> Leo (TV)
> – dann den persisch-phrygischen Mithras-Kult, das jüdische Chanukka-Fest, den syrischen Baal-Kult, sogar carthagische Überlieferungen –
>
> Thomas Büb (*off*)
> Kann ich noch 'n Bier haben?

Leo (TV)
– aber am meisten natürlich aus der germanischen Religion. Oder Mythologie. Alles dicht gedrängt und vermischt –

Claus (TV)
Aber Zweifel darf man da doch wohl anmelden?

Stefan Semmler (*off*)
Gib mal 'ne Zigarette rüber.

Leo (TV)
Naja, und dann natürlich noch völlig normale Naturtermine – wie Ende der Ernte, Winteranfang – oder Wintersonnenwende – dunkelste Zeit des Jahres –

Thomas Büb (*off*)
Na, das ist ja super!

Leo (TV)
– oder das Julfest: Jul war einfach die Zeit der Schneestürme –

Stefan Semmler (*off*)
Wieso denn super?

Leo (TV)
– oder die Luziennacht: da war man einfach empfänglich für Geheimnisse in der Natur, für Wunder –

Thomas Büb (*off, gleichzeitig*)
Stopp mal, Claus, halt mal an –

Claus stoppt die Kassette.

– das ist ja alles super: juchz.

Schnitt auf die Betrachter.

Thomas Büb (*on*)
Mit sowas kann man doch spitzenmäßig die ganzen Öko-Leute motivieren, Natur- und Umwelt-Fuzzis, Alternative –

Stefan Semmler
Haben doch keine Knete. Marktmäßig uninteressant.

Andreas Kolka
Naja, aber die alten Nazis vielleicht: wenn die wieder was von Sonnenwende hören –

Thomas Büb
Nee, überhaupt die alten Leute –

Claus
Oder auch die Neo-Nazis –

Andreas Kolka
Oder die Türken. Wenn die dasselbe Warenangebot plötzlich ohne was Christliches sehen –

Stefan Semmler
Marktmäßig alles uninteressant.

Claus
Aber die aus der Kirche ausgetreten sind –

Thomas Büb
Die ganzen Intellektuëllen –

Claus
Die alten 68er –

Stefan Semmler
Nee, ich hab's. ... Stadtteilfeste.

Andreas Kolka
– Was ist los?

Stefan Semmler
Ja: jeder Stadtteil macht 'ne Fête für einen von diesen komischen Oldies.

Thomas Büb
Und was soll das bringen?

> Leo
> Sag mal, Claus? Du heißt doch Claus. Wie wär's denn erst mal mit 'ner schicken Nikolaus-Fête – als Pilot-Projekt? Ich meine, Nikolaus kennt doch jeder – und das jetzt mit allen Schikanen: ein echtes super traditional – oder?

Schnitt,

20. Hamburg. Villa. Vorgarten und Straße   Außen / Tag

Jahreszeit: *circa* Mitte April.

Oliver entnimmt einem Taxi sein Reisegepäck und geht auf die Gartenpforte zu. Er setzt das Gepäck ab. Das Taxi fährt davon.

Er schließt die Gartenpforte auf und achtet nicht auf das inzwischen installierte Schaltschloß für die Freilandüberwachung.

Er öffnet die Gartenpforte.

> *Ton: Die Sirenen der Sicherheitsanlage heulen auf.*

Oliver starrt in freudiger Überraschung zum Hausdach hoch.

Gegenschnitt auf das agierende Blinklicht.

> Oliver (*off*)
> Super.
>
> Nachbarin (*off*)
> Machen Sie doch das Ding aus!

Schnitt auf die Nachbarin, eine alte Dame, die auf dem Balkon ihres Hauses (oder am Zaun ihres Gartens) steht.

> Nachbarin (*on*)
> Das ist ja nicht auszuhalten!

> Oliver (*off*)
> Ich komme grade von den Seychellen zurück!
>
> Nachbarin
> Das ist jetzt das fünfte Mal – in drei Tagen!
>
> Oliver (*off*)
> Wahnsinn.
>
> Nachbarin
> Aber immer bloß Fehlalarm. Nun machen Sie es doch endlich aus!

Schnitt auf Oliver.

> Oliver (*on*)
> Ja, sofort. – Bloß wie.

Oliver wendet sich zu seinem Reisegepäck und nimmt es auf.

Ein Streifenwagen der Polizei hält vor der heulenden Villa.

Oliver signalisiert der Polizei pantomimisch, daß nichts los sei und sie weiterfahren solle.

Aber ein Polizist steigt aus.

> Nachbarin (*off, ruft*)
> Das ist das fünfte Mal in drei Tagen!

Schnitt.

21. Hamburg. Werbeagentur   Innen / Tag

Modisches kostspieliges Ambiente.

Nicole sitzt im Kreise von vier schicken Kollegen ihrer Werbefirma und liest ihnen etwas vor.

Nicole (vorlesend)
"Selig sind, die da hungert und dürstet nach der Gerechtigkeit" – ... Nee, Entschuldigung, ich hab' mich vertan, die fangen alle gleich an, ich meinte den hier: "Selig sind die Sanftmütigen; denn sie werden das Erdreich besitzen." ...

Michael
Hm.

Nicole
Ich dachte, für Immobilien ...

Michael
Naja, du ... Mach erst mal weiter.

Torsten
Wieso, der ist doch nicht schlecht. Das Erdreich besitzen – ist doch total effektiv – oder?

Michael
Na, okay, Martina, schreib mal auf. Wo steht der noch mal?

Nicole
– Hier, Moment: Matthäus, 5. Kapitel. Nummer 5.

Michael
Matthias, fünf-fünf. Weiter, Nicole.

Nicole
Okay. ... *"Sammelt euch Schätze, wo sie weder Motten noch Rost fressen und wo die Diebe nicht nachgraben oder stehlen."* ...

Michael
Na, der ist super: da küßt uns doch jede Sparkasse die Füße ab.

Torsten
Und jede Bank – nee, ehrlich.

Nicole
Moment, da kommt noch was nach: *"Denn wo euer Schatz ist, da ist auch euer Herz."*

Alle (lachen.)

Michael
Na, Klasse.

Martina
Das sind ja unheimlich gute Texte, ich meine: wieso kennt die kein Mensch?

Torsten
Von wem sind die überhaupt?

Michael
Von Franz Alt.

Martina
Ist ja spitzenmäßig.

Karsten
Also, Moment mal. Tut mir leid, Martina. Aber diese Texte sind doch total beknackt – naïv und lächerlich, Nicole – ich meine, als Werbetexte!

Nicole
Wieso, der Michael wollte doch sowas –

Michael
Ja und nein ... Klar, Karsten: das gibt 'ne tierische Innovation ... Aber das braucht die Werbung ja auch dringend – grade fürs Ostergeschäft –

Karsten
Aber doch keine Bibelsprüche!

Nicole
Aber das weiß doch kein Mensch. Bis vorgestern wußte ich selbst nicht, daß die Berpredigt in der Bibel steht – nee, ehrlich –

Michael
Ja, und an neue Zielgruppen würden wir damit schon rankommen –

Torsten
Grade nach Tschernobyl.

Martina
Ja, und die ganzen New-Age-people jetzt –

Nicole
Diese Bergpredigt stand auch monatelang auf der Bestsellerliste –

Karsten
Na und? Sowas kauft uns doch kein einziger Kunde ab –

Michael
Okay, okay. Kann sein, das eben war noch nicht das Gelbe vom Ei – aber die Nicole hat bestimmt noch taffere auf Lager – oder?

Nicole
Na, noch jede Menge. Hier, den zum Beispiel, für Zigaretten:
"So dich jemand nötigt e i n e Meile, so gehe mit ihm zwei".

Alle (schreien vor Lachen.)

Nicole
Aber jetzt den hier, ohne Quatsch:
"Liebet eure Feinde – tut wohl denen, die euch hassen"
– oder nee, das bringt nicht viel.

Karsten
Nee, das bringt gar nichts.

Nicole
Aber der hier, der hat was ... *"Es war ein reicher Mann"* undsoweiter undsoweiter ... *"Aber Gott sprach zu ihm: Noch in dieser Nacht wirst du sterben, und wem wird dann dein Besitz gehören?"*

Martina
Wieso denn ... ?

Karsten
Also, das geht mir echt auf den Keks: *"Gott sprach zu ihm"* – nee, ehrlich!

Michael
Wie geht denn der weiter, Nicole? Ich rieche da irgendwie einen Knüller.

Nicole
Moment ... Ah, hier: *"Sehet die Vögel unter dem Himmel an: sie säen nicht, sie ernten nicht, sie sammeln nicht in die Scheunen; und euer himmlischer Vater nährt sie doch"*.

Karsten springt auf und verläßt türknallend den Raum.

Martina
Das ist bloß Eifersucht – wegen der geilen Texte.

Michael
Egal. Mach mal weiter, Nicole.

Nicole (liest weiter)
"Schauet die Lilien auf dem Felde: sie arbeiten nicht" - naja, das ist jetzt bißchen linkslastig –

Michael
Macht doch nichts: gut für die Arbeitslosen – schreib das auf, Martina, da steckt was drin. Auch optisch: Vögel – verstehst du? Dann Lilien – alles weiß – und volle Scheunen: da kommt was rüber ... Okay, Nicole: du kümmerst dich um die Rechte. Okay?

Schnitt.

22. Sylt. Westerland. Strand   Außen / Tag

Hochsommer.

Totale: Überfüllter Strand. Voller Badebetrieb. Millionen Strandkörbe.

> Leo (*off*, nach einer Weile)
> Dies ganze Sylt ... ist ja langsam wirklich eine Zumutung.
>
> Nicole (*off*)
> Aber nur in der Hauptsaison.
>
> Leo (*off*)
> Eben.

Schnitt auf Nicole und Leo Liebedanz, die sich in einem Strandkorb sonnen.

> Leo (*on*)
> Darf man nicht herkommen, ich hab' es dir gleich gesagt.
>
> Nicole
> So ein Wochenende wirst du überleben.

Pause.

> Leo
> Hat dich der Claus schon wegen der Nikolaus-Fête gefragt?
>
> Nicole
> Ja, ich kann es aber nicht selbst machen: ich mach doch dies tolle Projekt fürs Ostergeschäft –
>
> Drei Frauen (*off*,
> begrüßen sich laut und schrill in nächster Nähe.)

Leo (wenn die Frauen sich entfernen)
Aber eure Firma, die würde das schon übernehmen?

Nicole
Was denn übernehmen?

Leo
Na, diese Nikolaus-Fête.

Nicole
Na, logo übernehmen wir die. Wieso bist du eigentlich so wahnsinnig scharf auf diese blöde Nikolaus-Fête?

Leo
Gar nicht so blöde. Die Idee ist sogar unheimlich gut –

Ein Kleinkind (*off,*
schreit in nächster Nähe).

Nicole
Was für 'ne Idee denn?

Leo
Das weißt du ganz genau.

Nicole
Nee, was denn?

Leo
Na, den ganzen christlichen Ballast abwerfen –

Nicole
Bitte, Leo: ich kenn dein Buch. – Aber das ist doch nicht dein Ernst?

Leo
Na, was denn sonst?

Ein Ball fliegt in ihren Strandkorb.

Das ist ja nicht mehr auszuhalten!

Leo wirft den Ball zurück.

Es ist unerträglich hier.

> Das ist ja nicht mehr auszuhalten!

Leo wirft den Ball zurück.

> Es ist unerträglich hier.
>
> Nicole
> Und für mich ist es wahnsinnig wichtig hier: beruflich wichtig, geschäftlich wichtig, connectionmäßig wichtig!
>
> Das Kleinkind (*off,* schreit immer lauter.)

Schnitt.

23. Hamburg. Restaurant   Innen / Tag

Hinterzimmer in einem Hotel-Restaurant der Ersten Klasse.

Huis clos: *Meeting* des *Rotary Club*s.

Die Herren sitzen vor leergekratzten Dessert-Tellerchen und ausgetrunkenen Kaffeetassen. Es wird viril geraucht.

Die Herren applaudieren – außer Claus Winkelmann.

Die Kamera beginnt beim Club-Fähnchen und zieh dann auf.

> Präsident Naumann (teils *off,* teils *on*)
> Ja, vielen Dank, Freund Winkelmann, für Ihren interessanten Vortrag – der auf brillante Weise unsern rotarischen Blick noch weiter geschärft haben dürfte für alles, was ich mal, etwas pauschal, die Absicherung unseres Weihnachtsgeschäftes nennen möchte. Ich bin sicher, Freund Winkelmann, an Ihrem Nikolaus-Fest, dessen Neuartigkeit ja zunächst etwas leicht Befremdliches hat, wird sich nun trotzdem mancher rotarische Freund tatkräftig beteiligen. Aha, da ist schon die erste Wortmeldung: Freund Micheelsen, bitte.

> Rot. Dr. Micheelsen (teils *on*, teils *off*)
> Vielen Dank, Herr Präsident. Ja, um es gleich vorweg zu sagen: ich werde mir gern erlauben, dieses interessante Nikolausfest in angemessener Weise zu unterstützen. Aber dennoch – nichts für ungut, verehrter Freund Winkelmann! – , dennoch hat mich Ihr Plädoyer für wirtschaftliche Absicherungen – nachdenklich gemacht. Wissen wir doch inzwischen allzu gut, wie unsicher leider alle Sicherheiten sind, die sich aufs rein Materielle beschränken – materiell im weitesten Sinne ... Da ist doch letztlich alles nur hinfällig, brüchig, vergänglich – gerade heutzutage!

Gegenschnitt und Schwenk über verständnisinnige Blickkontakte zwischen weniger immateriell orientierten Rotariern.

Claus lächelt mit opportunistischer Nachsicht.

> Und ich frage Sie, Freund Winkelmann, ob uns nicht, gerade als dem Volke der Dichter und Denker, noch ganz andere – und stabilere – Zukunftssicherungen zu Gebote stehen. Nein, keine Angst, liebe Freunde: ich falle Ihnen nicht schon wieder mit dem Deutschen Idealismus auf die Nerven –

Allgemeines befreiendes Gelächter.

> – obwohl es angebracht wäre! Aber ich respektiere Ihre Animosität dagegen.

Der Schwenk kehrt zu Dr. Micheelsen zurück.

> Nein, ich spreche von der Sicherheit, die uns zum Beispiel die christliche Weihnachtsbotschaft anbietet ... also, wenn man sie beim Wort nimmt ... gerade jetzt nach Tschernóbyl –

Schnitt.

24. Hamburg. Villa. Wohnzimmer   **Innen / Nacht**

Nicoles Hand betätigt den Startmechanismus eines Plattenspielers (CD natürlich).

> *Ton: Barockmusik – von Vivaldi oder Pachelbel oder Scarlatti.*

Schnitt.

25. Hamburg. Villa. Olivers Zimmer   **Innen / Nacht**

Olivers Hand (an einem Ring wiedererkennbar) betätigt einen Taschenrechner.

Schnitt.

26. Hamburg. Villa. Wohnzimmer   **Innen / Nacht**

> *Ton: Die Barockmusik.*

Nicoles Hand ergreift eine Spraydose und sprayt in einem langsamen Schwenk durch den Raum.

Sie stellt die Spraydose ab. Man sieht die Aufschrift TANNENDUFT.

Schnitt.

27. Hamburg. Villa. Claus' Zimmer Innen / Nacht

Claus' Hand öffnet das erste Fenster eines Adventskalenders, entnimmt ein zusammengefaltetes Zettelchen, entfaltet und liest es:

es ist der Gutschein einer Tankstelle über 5 DM.

Schnitt.

28. Schnitt. Hamburg. Villa. Wohnzimmer Innen / Nacht

Ton: Die Barockmusik.

Nicoles Hand zündet eine der vier violetten Kerzen auf einem Adventskranz an, der mit einer violetten Schleife verziert ist.

 Nicole (*off*)
 Oliver! Claus! Erster Advent!

Schnitt.

29. Hamburg. Flughafen. Rollfeld Außen / Nacht

Gangway mit der Beschriftung HAMBURG.

Aus einer offenbar soeben gelandeten Maschine quellen die Fluggäste heraus.

Einer von ihnen ist Yunas.

Er ist sommerlich gekleidet. Er geht die Gangway hinunter und friert.

Schnitt.

30. Hamburg. Villa. Wohnzimmer　　　　　Innen / Nacht

Nicoles Hand schüttet aus einer kleinen Tüte Gerstenkörner in eine Tonschale, die mit Wasser gefüllt und mit einem violetten Band geschmückt ist.

> Nicole (*off*)
> ... So, und jetzt wird es spannend – Jetzt schütte ich die Gerstenkörner ins Wasser – so ...

Die Kamera zieht langsam auf.

> ... und das Ganze nennt man Adonis-Gärtlein.

Nicole, Oliver und Claus sitzen bei Kaffee und Christstollen im Kerzenschein des Adventskranzes.

Die Kaffeetafel ist dekoriert wie von Gabriele Henkel persönlich: ein vermeintliches Kunstwerk mit opulenten Advents-Tellern an jedem Platz – im Übrigen ganz in Violett.

In der Tischmitte steht das Adonisgärtlein.

> Claus
> Tierisch. Und wann soll das blühen?
>
> Nicole
> Sprießen. Sprießen tut es zu Weihnachten.
>
> Oliver
> Ist ja Wahnsinn.
>
> Nicole
> Nee, das ist ein uralter Adventsbrauch, vom Mittelmeer.
>
> Claus
> Hast du vom Leo. Oder?
>
> Nicole
> Von wem denn sonst. Auch das Violett als liturgische Adventsfarbe – schick, oder?

<u>Oliver</u>
Diese Ingwer-Schnecken sind ja Spitze.

<u>Nicole</u>
Selbstgemachte. Vorgestern war doch Katharinentag –

<u>Claus</u>
Nee, diese Soja-Oblaten: topfit.

<u>Nicole</u>
Ich kaufe jetzt nur noch selbstgemachte.

<u>Claus</u>
Was wollen wir eigentlich Weihnachten essen? Karpfen?

<u>Nicole</u>
Ih. Nee, Weihnachten muß ich Gans essen.

<u>Oliver</u>
Aber keine polnische, die haben die höchsten Caesiumwerte.

<u>Nicole</u>
Weihnachten ohne Gänsebraten ist für mich kein Weihnachten.

<u>Oliver</u>
In New York hatten wir Weihnachten grundsätzlich immer – wie heißt Turkey noch mal auf deutsch: Pute?

<u>Claus</u>
Und bei meiner Oma in Nordfriesland, da gab es grundsätzlich immer Schweinebraten –

<u>Nicole</u>
Ih.

<u>Claus</u>
Und beim Tranchieren, da sagte sie jedesmal: "Den Juden zum Hohn". Aber Karpfen ist mir auch lieber.

Nicole
Nee, Heilig Abend eß ich keinen Fisch.

Oliver
Heilig Abend bin ich sowieso bei meiner Mutter.

Claus
Wieso denn Heilig Abend? Jetzt laß ich meine extra erst am Ersten Feiertag kommen.

Nicole
Na, ist doch super. Am Ersten Feiertag bin ich beim Leo.

Oliver
Und wann soll hier Bescherung sein?

Schnitt.

31. Hamburg. Innenstadt   Außen / Nacht

Yunas sitzt in einem Taxi, das durch die weihnachtlich dekorierten Geschäftsstraßen fährt.

Yunas schaut hinaus auf die Pracht.

Gegenschüsse auf Dekorationsdetails.

Schnitt.

32. Hamburg. Villa. Wohnzimmer   Innen / Nacht

Fortsetzung der Adventsfeier.

Claus
Also, gut: ich unterstelle mal prophylaktisch, wir können am Ersten Feiertag mittags zusammen essen –

Nicole
Unter Vorbehalt.

Claus
Okay. Aber was würden wir dann essen – ich denke, Turkey scheidet schon mal aus –

Oliver
Wieso denn? Ist am gesündesten.

Nicole
Weihnachten ohne Gans ist für mich kein Weihnachten.

Claus
Aber Gans ist nun wirklich total gesundheitsschädlich –

Nicole
Das ganze Weihnachten ist total gesundheitsschädlich – in jeder Beziehung!

Claus
Karpfen ist überhaupt nicht gesundheitsschädlich.

Oliver
Alle Fische enthalten heute Schadstoffe.

Nicole
Ich esse aber Heilig Abend keinen Fisch.

Oliver
Wir essen ja auch gar nicht Heilig Abend.

Nicole
Am Ersten Feiertag bin ich beim Leo.

Claus
Der fehlt uns jetzt – mit seinen Brauchtumsregeln –

Oliver
Kommt er heute gar nicht?

> Nicole
> Er müßte längst hier sein. Aber dies Gutachten für Olivers Prozeß, das ist sein neuer Lebensinhalt!
>
> Oliver
> Wenn er da bloß keinen Scheiß macht, ich hab da total ein negatives feeling.
>
> Claus
> Was zieht ihr überhaupt an, Heilig Abend?
>
> Oliver
> Ich immer Smoking.
>
> Claus
> Aber nicht den schwarzen?
>
> *Ton: Es klingelt an der Haustür.*
>
> Nicole (aufspringend)
> Das ist er!

Sie geht öffnen: Schnitt.

33. Hamburg. Vor der Villa   Außen / Nacht

Yunas steht mit Gepäck vor der geschlossenen Gartenpforte der Villa. Er hat grade geklingelt.

Sein Taxi fährt weg.

Yunas wartet.

> Nicole (*off*, aus der Sprechanlage)
> Ja, bitte?

Yunas erschrickt und weiß nicht, wo diese Stimme herkam.

Schnitt.

34. Hamburg. Villa. Vestibül　　　　　　　　　　Innen / Nacht

Nicole steht an der Sprechanlage und sieht auf dem Bildschirm, wie Yunas sich ratlos nach ihrer Stimme umschaut.

> <u>Nicole (in die Sprechanlage)</u>
> Zu wem wollen Sie denn?

Yunas ist ratlos.

> Na, dann nicht.

Nicole hängt den Hörer der Sprechanlage ein.

Das Bild von Yunas auf dem Bildschirm verschwindet.

Schnitt.

35. Hamburg. Vor der Villa　　　　　　　　　　Außen / Nacht

Yunas steht vor der geschlossenen Gartenpforte und wartet.

Er will erneut klingeln, will dann aber nicht zu ungeduldig wirken und wartet noch damit.

Schnitt.

36. Hamburg. Villa. Wohnzimmer　　　　　　　Innen / Nacht

Nicole kommt zurück.

Nicole
Eine Unverschämtheit, am Ersten Advent! Schicken sie jetzt schon Neger los, bloß damit man aufmacht.

Oliver
Und was wollen die?

Nicole
Na, was verkaufen oder Spenden sammeln, was weiß ich. Er sagt ja nichts: bloß damit man aufmacht!

Ton: Klingel von der Gartenpforte.

Eine Unverfrorenheit!

Claus (mit Cognacflasche)
Noch jemand 'n Carlos Primero?

Nicole
Nee, Kir Royal.

Oliver
Martini, ohne.

Claus gießt Getränke ein.

Kannst du denn nicht Heilig Abend zum Leo gehen?

Nicole
Nee, da ist er bei seinen Eltern: zum Gänsebraten!

Ton: Klingel von der Gartenpforte.

Oliver (aufspringend)
Das gibt es doch nicht. Na, warte ...

Oliver geht hinaus: Schnitt.

37. Hamburg. Vor der Villa   **Außen / Nacht**

Yunas wartet vor der geschlossenen Gartenpforte.

      Ton: Schnarren des Türöffners.

Yunas erschrickt und starrt auf das schnarrende Gartentor.

      <u>Oliver (*off*, durch die Sprechanlage)</u>
      You must push ... push ... push ...

Yunas drückt gegen die Gartenpforte, sie springt auf.

Yunas nimmt sein Gepäck auf.

Die Gartenpforte schlägt wieder zu.

Er ist ratlos.

Dann setzt er das Gepäck wieder ab und klingelt erneut. Sofort nimmt er, gewitzt, das Gepäck wieder auf und wartet ...

      Ton: Schnarren des Türöffners.

Yunas öffnet die Gartenpforte und betritt dann, samt Gepäck, sofort den Vorgarten.

Schnitt.

38. Hamburg. Villa. Wohnzimmer   **Innen / Nacht**

Fortsetzung der Adventsfeier.

      <u>Nicole</u>
      Ja, und was will der hier?

<u>Oliver</u>
Na, mich besuchen ... Du, das ist 'ne Top-Connection: sein Schwager oder so – der ist da in der Regierung!

<u>Claus (ironisch)</u>
Wau!

Schnitt.

39. Hamburg. Vor der Villa. Im Vorgarten   Außen / Nacht

Yunas geht mit seinem Gepäck vorsichtig durch den Vorgarten und auf das Haus zu.

Er sieht einen elektrisch illuminierten Tannenbaum im Vorgarten und bleibt stehen.

Er sieht, daß der Tannenbaum angekettet ist.

Er stellt sein Gepäck ab, betritt den winterlichen Rasen und geht zum Weihnachtsbaum.

Er inspiziert den Ankettungsmechanismus und faßt ihn an.

Ton: Die Sirenen der Sicherheitsanlage heulen laut auf.

Yunas erschrickt zu Tode. Er erblickt auch das Blinklicht auf dem Hausdach und eilt zu seinem Gepäck zurück.

Aber die Sicherheitsanlage heult weiter

Yunas schaut zu ihr hinauf.

<u>Die Nachbarin (durchs geöffnete Fenster, *off*)</u>
Ruhe! Wir haben Ersten Advent!

Schnitt.

40. Hamburg. Wohnung Liebedanz. Wohnzimmer Innen / Nacht

Leo Liebedanz telefoniert unter einem *Auge Gottes* oder sonst einem mystischen Symbol.

> Leo (ins Telefon)
> ... Nein, das muß ich genau wissen ... Schauen Sie: wenn ich schon als Gutachter vor einem Arbeitsgericht auftreten soll ... Eben ... Ja, und ist denn nun dieser Türke tatsächlich Mohammedaner, weil ja manche ... Ja, und was macht er da in der Firma? ... So, und hat ihm das der Oliver selbst gesagt, ich meine, offiziell, als Boß? ... Verstehe.

Schnitt.

41. Hamburg. Villa. Wohnzimmer   Innen / Nacht

Fortsetzung der Adventsfeier, nun aber mit Yunas am Tisch.

> Claus
> Toll. Das ist eben afrikanisch. Toll.
>
> Nicole
> Ja, und ist dir das nicht zu unsicher, hier – ich meine, hast du keine Angst vor Deutschland?
>
> Yunas (überlegt)
> – Warum?
>
> Nicole
> Na, hör mal: du bist ja gut ...

Claus
"Warum" ist stark.

Nicole
Also, verglichen mit den Seychellen, ja? Da sind wir doch reines Krisengebiet. Ich meine, wenn es mal irgendwo knallt, dann doch hier bei uns. Und dann –

Claus
Ganz abgesehen vom Terrorismus hier –

Nicole
Und dann die Verstrahlung: immerhin hatten wir hier die Wolke von Tschernóbyl, ja?

Oliver
Wir haben auch AIDS – ich meine, generell –

Nicole
Und nukleare Sprengköpfe: also, die meisten sind immer noch hier bei uns, verstehst du?

Yunas
– Ach so, ja ...

Nicole
Ja, und? – Was sagst du dazu?

Yunas
– Egal.

Nicole
Egal?

Claus
Das ist afrikanisch. Toll.

Nicole
Du, sag mal, dieser Mut ... ich meine: bist du da irgendwie religiös motiviert oder sowas?

Yunas
O ja.

Nicole
Ah, drum ... !

Claus
Voodoo?

Yunas
Wie bitte?

Claus
Religion? – Gott?

Yunas
Jaja.

Nicole
– Aber welche? Which one?

Yunas
Oh! Catholic.

Nicole
– Katholisch?

Claus
Das ist Wahnsinn.

Nicole, Claus und Oliver lachen.

Oliver
Wie geht es eigentlich dem Matthieu?

Nicole
Hör mal, wenn du katholisch bist: wie feiert ihr denn da unten Weihnachten? ... Was macht ihr da so?

Yunas
Oh ...

Claus
Nee, wir streiten uns nämlich grade: soll man Weihnachten Gänsebraten essen oder lieber Karpfen?

Oliver
Oder Turkey.

Nicole
Was würdest du denn lieber essen? ... Zu Weihnachten?

Yunas
– Weiß nicht ...

Oliver
Wie geht es eigentlich dem Matthieu? ... Matthieu?

Yunas
Oh, Matthieu! He's okay.

Nicole
Nee, Oliver, nun laß ihn doch mal. Ich bin nämlich für Gänsebraten, und der Claus ist für Karpfen. Was würdest du denn sagen, als unser Gast: Karpfen oder Gänsebraten?

Yunas
Oh ... beide.

Oliver
Oder Turkey?

Claus
Beides – das ist Wahnsinn.

Nicole
Ja, das ist wirklich super. Daß wir da nicht selbst drauf gekommen sind!

Claus
Das ist nun wirklich vom Allerfeinsten.

Oliver
Da müssen wir aber Leute zu einladen –

> Nicole
> Ja, spitzenmäßig: 'ne richtige große Christvesper – oder ist das ganz was andres?
>
> Claus
> Also, Jonas: du bist wirklich Klasse.

Schnitt.

42. Hamburg. Hanse-Viertel. Geschenkladen Innen / Tag

Bildfüllend: ein Edelstein-Bäumchen mit Bergkristall.

> Nicole (*off*)
> Süß ... Das ist Bergkristall, oder?

Die Kamera zieht langsam auf: Nicole und Yunas beim Weihnachtseinkauf in einem luxuriösen Geschenkladen.

> Nicole (*on*)
> Kombiniert haben Sie es nicht da: Bergkristall mit Amethyst? Hab' ich bei 'ner Freundin gesehn ...

Die Verkäuferin reicht ein anderes Edelstein-Bäumchen: Bergkristall mit Amethyst.

> Ja, genau, das ist es. Ist ja bezaubernd ... Bei euch auf den Seychellen: gibt es da sowas auch?
>
> Yunas
> O nein.
>
> Nicole
> Soll ich das nehmen?
>
> Yunas
> Für was?

> Nicole
> Ja, ich weiß nicht. Für Andreas und Angela vielleicht, die haben sonst alles. Na, ich guck erst mal weiter.

Nicole geht langsam weiter durch den Laden. Yunas folgt ihr mit staunenden Augen (= Zwischenschnitte auf die Ware!).

> Nicole
> Ich weiß noch nicht genau, was ich dem Oliver schenken soll ... Der Claus kriegt so 'n Geigerzähler, da gibt es jetzt super Luxus-Ausführungen ... Aber der Oliver?

Sie bleibt an einer Vitrine stehen.

> Was ist das denn hier? Das ist ja zauberhaft. Ach, das sind goldne Lesezeichen, schade – für jemand, der Bücher liest, mal überlegen ...

Sie geht weiter.

> Nein, für den Oliver hatte ich ja gedacht: einen Tresorschrank, weil er doch immer so ängstlich ist, Verlustängste und so – ach, guck mal, die Porzellansoldaten, die wären was für den Michael, der schwärmt so von seiner Zeit bei der Bundeswehr – Entschuldigung: wo kommen diese Porzellan-Soldaten her, wo sind die hergestellt?

> Verkäuferin (*off*)
> In Taiwan.

> Nicole
> Ach schade, das müßten schon deutsche sein ...

Sie gehen weiter.

> Nein, ein Tresorschrank für den Oliver, das hat mir nicht genug Poësie, grade als Weihnachtsgeschenk ... Guck mal, die Tischkartenhalter, die sind ja auch zauberhaft – oder?

<u>Yunas</u>
Für was?

<u>Nicole</u>
Das heißt nicht "Für was", das heißt "Für wen". Zum Beispiel für Gernot und Volker, da waren wir neulich eingeladen, und die hatten keine – Entschuldigung: diese Tischkartenhalter, was ist das für Material?

<u>Verkäuferin</u> (*off*)
Die haben wir in Silber und in Gold.

<u>Nicole</u>
Nein, weil sie so preiswert sind –

<u>Verkäuferin</u> (*off*)
Ja, die laufen unter Christbaumschmuck – da sind sie zollfrei.

<u>Nicole</u>
Ach, deshalb ... Komisch, verbilligte Ware kann ich nicht leiden – du? ... Ach, das hier ist ja witzig! Weißt du, was das ist: eine Geldklammer ...

<u>Yunas</u>
Für wen?

<u>Nicole</u>
Du, das ist für jeden was: da kannst du Geldscheine festklammern, damit sie nicht wegfliegen oder so – ach, Entschuldigung: die Geldklammern hier, die sind doch Silber?

<u>Verkäuferin</u> (*off*)
Ja, natürlich.

<u>Nicole</u>
Ja, dann nehme ich gleich drei davon – die kann man jedem schenken ...

Schnitt.

43. Hamburg. Hanse-Viertel. Passage   Innen / Tag

Nicole und Yunas setzen ihren Einkaufsbummel in den belebten und weihnachtlich dekorierten Passagen des Hamburger Hanse-Viertels fort.

Yunas ist mit mehreren sehr eleganten Tragetaschen beladen.

Gegenschüsse auf Schaufensterauslagen und Dekorations-Details.

Yunas staunt.

> Nicole (teils *off*, teils *on*)
> ... Also, mir reicht's allmählich, ich bin fix und fertig – diese Weihnachtseinkäufe sind ja wirklich das Hinterletzte ... Was willst du denn haben? ... Jonas!
>
> Yunas
> – Wie bitte?
>
> Nicole
> Was du dir wünschst, zu Weihnachten –
>
> Yunas
> Ach so ... vielleicht – Konzert?
>
> Nicole
> Ins Konzert? Da weiß ich was. In der Musikhalle gibt jetzt einer so 'n Querschnitt durch die Bibel, das soll ganz toll sein, mit 'ner fabelhaften Rockband, aber nicht von der Kirche oder so – nee, privat ist er sogar Kommunist – da könnten wir zusammen hingehn –
>
> Yunas
> Nicht gehen – machen.
>
> Nicole
> – Versteh ich nicht.
>
> Yunas
> Konzert machen ... ich.

> Nicole
> Ach so ... Ach, stimmt ja ... Tja, du ... Da frag mal lieber den Oliver, ich bin da die falsche Adresse – Ach, in die Buchhandlung muß ich auch noch: den neuen Adels-Kalender, für die Bettina – Was gibt's denn da Schönes?

Yunas ist vor einem Schaufenster stehengeblieben. Er liest eine Inschrift (Gegenschuß):

DIESES WEIHNACHTEN KANN UNSER LETZTES SEIN. DARUM ERST RECHT: SCHENKEN STATT SPAREN !

> Nicole (*off*)
> Ja, ist doch richtig ... Ach, guck mal da: der Claus!

Im Schaufenster ist in zahllosen Monitoren Claus Winkelmann in Großaufnahme zu sehen.

> Claus (TV, mit Tonübertragung ins Freie):
> ... in dieser Woche noch die Andreasnacht oder Erste Klopfnacht, für die uns unser Brauchtum auch wieder viele schöne Geschenk-Ideen zur Hand gibt, angefangen mit Holunderzweigen oder Apfelzweigen ...

> Nicole (*off,* überlappend)
> Seine Sendung über Weihnachtsbräuche. ... Komm, Junas, ich muß weiter – das kannst du zu Hause auf Kassette kucken.

Schnitt auf die Passage: Kamerafahrt über die Konsum-Exzesse.

> Übrigens, nächste Woche, da machen wir genau für diese Fernsehserie 'ne richtige große Nikolaus-Fête – also, mit allen Schikanen – da könntest du zum Beispiel ruhig was singen, warum nicht: bei den Heiligen Drei Königen, da war doch auch so einer, der –

Überblendung.

44. Hamburg. Ladenpassage Innen-Außen / Tag

Ein anderer Teil der City im Weihnachtsschmuck.

Ton: Entfernte weihnachtliche Straßenmusik, langsam lauter werdend.

Oliver (*off*)
Also, mir reicht es langsam ...

Schnitt auf Oliver, der sich von Yunas bei seinen Weihnachtseinkäufen begleiten und helfen läßt.

Oliver (*on*)
Dieser Geschenkzwang ist ja wirklich ätzend ... Was willst du denn haben? ... Als Geschenk, zu Weihnachten?

Yunas:
– LP.

Oliver
'ne LP? Das ist kein Problem, die kannste haben. Was denn für eine?

Yunas
Nicht haben. Machen.

Oliver
Ach so ... Ach ja, stimmt ja – hast du mir ja schon unten bei euch was vorgeträumt ... Tja, du ... Solltest du besser den Claus mal fragen ... Hast du denn 'ne Kassette dabei? Hatt' ich dir aber extra gesagt. Jeder Produzent will hier erst mal 'ne Demo-Kassette hören. Nee, du – ohne Demo-Kassette läuft hier gar nichts, tut mir leid ... Was hast du denn? Nun sei doch nicht gleich beleidigt ...

Yunas hat sich separiert und ist zu zwei jungen Straßenmusikanten getreten, die mit Flöte, Gitarre und Kassettenrekorder Weihnachtslieder spielen. Vor ihnen stehen ein Teller mit einigen Münzen und ein Schild: ARBEITSLOS.

Yunas zückt sein Portemonnaie und legt einen Geldschein auf den Teller.

In der Nähe steht ein Rentner.

>Rentner (leise zu den Umstehenden)
>Das ist typisch. Solche Leute unterstützen sich auch noch gegenseitig. Nehmen uns die Arbeitsplätze weg und stecken sich dann unser Geld zu, gegenseitig ... Die sollen da hingehen, wo sie herkommen. Früher hätte man sowas ...
>
>Oliver (*off*, gleichzeitig, überlappend)
>Komm ... Jonas! ... Komm, ich muß weiter, komm!

Sie treten aus der Passage in den Einkaufstrubel des Jungfernstiegs.

>Oliver (*on*)
>Du hättest denen nichts geben sollen, da kannst du arm bei werden.
>
>Yunas
>Kollegen von mir.
>
>Oliver
>Wieso? Die fahren nachher im Mercedes weg. ... Kuck mal da oben.

Schnitt.

45. Hamburg. Grauer Himmel über der Alster   Außen / Tag

Am Himmel fliegt ein Reklame-Flugzeug oder ein Zeppelin mit einem Transparent, das für den NIKOLAUSTAG wirbt.

> Yunas (*off*, nach einer Weile)
> – Wann kommt Schnee?
>
> Oliver (*off*)
> Weiß ich doch nicht. Übrigens, nächste Woche: bist du da noch hier? Da machen wir 'ne große Nikolaus-Fête ...

Überblendung.

46. Seychellen. Mahé. Beau Vallon. Himmel   Außen / Tag

Sommerhimmel über dem *Indischen Ozean*.

Yunas fliegt als *Paraglider* mit ausgebreiteten Armen durch den blauen Himmel.

> Oliver (*off*, langsam ausblendend)
> ... aber vom Feinsten, verstehst du? Da kommen auch wichtige Schallplatten-Leute ... also, wenn du da was singen möchtest: von mir aus ...

Yunas entfernt sich in den Himmel hinein.

> Claus (*off*, nach einer Weile)
> Nee, Jonas: nach Schnee sieht es noch gar nicht aus. Komm, wir gehn jetzt da rüber, in die Lobster-Bar, zum Brunch ...

Überblendung.

47. Hamburg. City. Lobster-Bar   Innen / Tag

Claus und Yunas sitzen an der Lobster-Bar, essen Austern, trinken Champagner.

              Claus (teils *off*, teils *on*)
              Hier trifft sich um diese Uhrzeit so ziemlich alles, was
              grade in ist ... Und weißt du, was ich dem Oliver schenke? 'n Geigerzähler – weil er doch so ein Sicherheitsfreak ist ... Guck mal, da drüben, die Blonde: das ist 'ne Fernsehansagerin, bißchen umstritten –

Claus grüßt hinüber.

              – aber sehr populär ... Naja, und die Nicole, der schenk' ich 'ne tolle Heimreportage von unsrer WG, in 'ner ganz schicken Zeitschrift, so für Wohnen und Mode – Jetzt nicht nach links gucken, sonst muß ich grüssen – erzähl mir schnell was, was du dir zu Weihnachten wünschst oder irgendwas –

              Yunas
              Ja ... : Reise nach Köln.

              Claus
              Guck mal, der da kommt, der mit dem Pelzkragen, das ist ein berühmter Scheidungsanwalt, den haben alle –

Claus grüßt.

              Halloh! ... Reise nach Köln? Du, das ist schlecht: nächstes Wochenende sind wir in Sylt –

              Gesine Micheelsen (erst *off*, dann *on*)
              Halloh, Herr Winkelmann – wie geht's denn, lange nicht gesehn –

Gesine Micheelsen, mit vielen eleganten Tragetaschen, tritt hinzu und begrüßt Claus.

              Aber gestern habe' ich Sie im Fernsehn gesehn, was war es noch? Ach ja, so 'ne Serie über Weihnachtsbräuche, ganz witzig ... Halloh!

Sie begrüßt Yunas.

> Wir kennen uns doch? Nein, nichts sagen: Moment ...
> Seychellen ... Mahé – Beau Vallon – ich hab's: Sie
> vermieten da Tretboote oder sowas –
>
> Claus
> Aber eigentlich ist er Künstler –
>
> Gesine
> Weiß ich doch, Schätzchen. Ich hab' ihn doch selbst gehört: ein Sega-Sänger von Gottes Gnaden. Sind Sie auf Europa-Tournee? – Na, macht nichts, kann ja noch kommen.

Sie stellt ihre Einkaufstüten ab und wühlt in ihrer Handtasche.

> Ich bin total im Streß. Diese fürchterlichen Weihnachtsgeschenke, die bringen mich noch um. Hier, mein Lieber, hier haben Sie meine Karte –

Sie gibt Yunas ihre Visitenkarte. Dann sammelt sie ihre Tüten wieder auf.

> – vielleicht weiß ich was für Sie, ganz interessante Sache – am besten, Sie rufen mich gleich morgen an, alles klar?

Zu Claus:

> Kommen Sie doch zu meiner Vernissage: so long ...

Frau Micheelsen entfernt sich.

Schnitt.

48. Hamburg. Chefbüro Dr. Micheelsen   Innen / Tag

Dr. Micheelsen bietet Herrn Gattowski vom Wach- und Sicherheits-Service eine Zigarre an.

Dr. Micheelsen
... weil ich Vertrauen habe zu Ihren technischen Sicherheitsleistungen.

Gattowski
Danke, Herr Doktor.

Dr. Micheelsen
Ja, Herr Gattowski: darum will ich ganz offen zu Ihnen sprechen. Wissen Sie ... Meine Frau verpulvert ein Vermögen, indem sie Kunst kauft. Nun kann man ja über die Sicherheit einer solchen Geldanlage ohnedies geteilter Meinung sein – aber wieviel mehr, wenn es sich dabei um Negerkunst handelt.

Gattowski
Oh!

Dr. Micheelsen
Nein, hören Sie erst zu, Herr Gattowski. Ich bin zutiefst verunsichert ... Ich bin mir nämlich nicht sicher, ob meiner Frau nicht die Hautfarbe dieser Künstler sehr viel besitzenswerter erscheint als deren sogenannte Kunstwerke – mit einem Wort, Herr Gattowski: ich brauche Sicherheit von Ihnen.

Gattowski
Herr Doktor –

Dr. Micheelsen
Moment. Ich brauche Beweissicherung auf allerprivatestem, das heißt: auf allerunsicherstem Gebiet.

Schnitt.

49. Hamburg. Villa. Wintergarten   Innen / Tag

Wintergarten mit *"Tropic Garden"*.

Yunas begießt mit einer eleganten kleinen Gießkanne einige vertrocknete und verkümmerte Zierpflanzen.

> Yunas (gibt den Pflanzen in kreolischer Sprache verbale Zuwendung.)
>
> Nicole (*off*, nach einer Weile)
> Du, Jonas? Gehst du mit in meinen Fitness-Club? Der ist ganz toll ...
>
> Yunas
> Sorry: geht nicht.

Nicole kommt herein, schon in schicker Sport-Kluft.

> Nicole
> Warum denn nicht? Du, das ist mit Sauna, Body-Building, Solarium: echt super –
>
> Yunas
> Nein, ich geh mit Claus.
>
> Nicole
> Ach, du gehst mit Claus ... Nicht zu viel gießen, die verfaulen sonst ... Und wohin – wenn man fragen darf – , wohin gehst du mit dem Claus?
>
> Yunas
> Television.

Schnitt.

50. Hamburg. Weihnachtsmarkt   Außen / Tag-Nacht

Filmklappe.

> Claus (*off*)
> Ton ab.

> Tonmeister (*off*)
> Ton läuft.
>
> Kamera-Assistent (*off*)
> Alte Bräuche neu: vier, die zweite.

Die Klappe wird geschlagen.

Die Kamera schwenkt über den Weihnachtsmarkt und verharrt bisweilen auf kommerziellen *High lights*.

Gegenschüsse auf das Film-*Team*; Claus mit Mikrofon.

Aus einigem Abstand beobachtet Yunas das Markt- und Film-Treiben.

> Claus (teils *off*, teils *on*)
> Herzlich willkommen, liebe Zuschauer, bei der heutigen Folge unserer Serie *"Alte Weihnachtsbräuche neu"*. Diesmal führen wir Sie auf einen traditionellen Weihnachtsmarkt zu Füßen der Hamburger Petrikirche. Weihnachtsmärkte gibt es in Deutschland seit über sechshundert Jahren. Schon damals fanden sie vor der Kirche oder auch in der Kirche statt, um so die Kirchgänger vor und nach dem Gottesdienst zum Kaufen zu verlocken. Wir sehen, das alles ist gar nicht so neu, wie radikale Konsum-Kritiker uns das heute weismachen wollen. Am besten, wir erkundigen uns einfach beim Weihnachtsmann persönlich.

Im Folgenden interviewt Claus einen Weihnachtsmann, der offenbar sehr jung ist.

> Lieber Weihnachtsmann – Sie arbeiten hier auf dem traditionellen Hamburger Weihnachtsmarkt. Was bedeutet Weihnachten für den Weihnachtsmann?
>
> Weihnachtsmann
> Streß.
>
> Claus
> Aha. Und was ist hier so stressig, was ist Ihre Hauptaufgabe?

> Weihnachtsmann
> Naja, Kunden anlocken – Werbung.
>
> Claus (lachend)
> Na bitte – warum auch nicht. Nun ja, aber trotzdem: die Kinder glauben doch noch an den Weihnachtsmann – oder?
>
> Weihnachtsmann
> Keine Ahnung. Weiß ich nicht.
>
> Claus
> Machen wir doch gleich mal die Probe aufs Exempel.

Claus hält das Mikrofon einem Steppke vor den Mund.

> Wie heißt du denn, wie alt bist du, und was wünschst du dir vom Weihnachtsmann?
>
> Steppke
> Hauptsache teuer.

Die Kamera löst sich hastig vom Steppke.

> Claus
> Ja, auch der deutsche Nachwuchs ist sehr anspruchsvoll – ein gutes Zeichen. Aber wie wird man eigentlich Weihnachtsmann, wer macht einen dazu?
>
> Weihnachtsmann
> Das Arbeitsamt. Zeitarbeit-Vermittlung.
>
> Claus
> Sehr schön. Diese lapidare Antwort des Weihnachtsmanns persönlich, die zeigt uns, verehrte Zuschauer, wie eine einfallsreiche Sozialpolitik auf alte poëtische Weihnachtsbräuche zurückgreift, um mit den akuten Problemen der Arbeitslosigkeit fertig zu werden – nun, auch das ist Neugestaltung von alten deutschen Bräuchen, und wir sind alle sehr froh –

Ein kleines Mädchen kommt auf den Weihnachtsmann zugelaufen und hält ihm ein Zweimarkstück hin.

<u>Kleines Mädchen</u>
Kinderschokolade für zwei Mark.

<u>Weihnachtsmann</u>
Wie heißt du denn?

<u>Kleines Mädchen</u>
Sabine.

<u>Weihnachtsmann</u>
Das ist aber ein schöner Name. Schokolade gibt es aber da drüben, am Süßwarenstand. Aber hier, diese Clementine, die geb' ich der Sabine umsonst.

<u>Kleines Mädchen</u>
Nee, ich laß mir nichts schenken.

Sie läuft davon. Die Umstehenden lachen.

<u>Claus</u>
Bravo, Sabine. Die Kinder wissen heute genau, was sie wollen – ein gutes Zeichen. Aber ganz schnell noch eine letzte Frage an unsern Weihnachtsmann: Wissen Sie, wo der Weihnachtsmann eigentlich herkommt – diese Tradition, wissen Sie das?

<u>Weihnachtsmann</u>
Nee, keine Ahnung. Von wo denn?

<u>Claus</u>
Tja, von wo? Liebe Zuschauer, wenn auch Sie erfahren wollen, wo diese schöne alte Sitte entstanden ist, dann schalten Sie bitte unsre nächste Folge ein: am Nikolaustag, live von unsrer großen Nikolaus-Fête mit vielen Überraschungen, Sie sind herzlich eingeladen. Bis dann also ... Tschüs so lange.

Pause.

Aus! Okay, gestorben.

Schnitt.

51. Hamburg. Gerichtssaal   Innen / Tag

Arbeitsgericht unter Vorsitz einer relativ jungen Richterin.

Aber zunächst ist Yunas im Bild, der im fast leeren Zuschauerraum sitzt.

> Leo Liebedanz (*off*)
> Verehrte Frau Vorsitzende, ich fasse zusammen.

Schnitt auf die Totale der Verhandlung:

ein junger Türke (samt Anwalt) als Kläger;

Oliver (samt Anwalt) als Beklagter;

Leo als Sachverständiger.

Langsamer Zoom auf Leo.

> Leo Liebedanz (*on*)
> Am Ende des Jahres hat es schon immer für alle Angestellten Geschenke gegeben – schon lange bevor es unser Weihnachten gab – und hauptsächlich immer Geldgeschenke – so daß auch unser heutiges Weihnachtsgeld mit christlichen Konfessionen überhaupt nichts zu tun hat. So sehe ich das, als Völkerkundler ... Der beklagte Arbeitgeber –

Schnitt auf Oliver.

> Leo Liebedanz (*off*)
> – der hätte demnach durchaus kein Recht, seinem jungen türkischen Arbeitnehmer –

Schnitt auf den Türken.

>   – nur weil der junge Mann Mohammedaner ist – das
>   Weihnachtsgeld vorzuenthalten ... Ganz im Gegenteil.
>   Verehrte Frau Vorsitzende –

Schnitt auf die Richterin.

>   Gestatten Sie mir einen aufschlußreichen Hinweis ganz
>   am Rande:

Schnitt auf Leo.

>   Leo Liebedanz (*on*)
>   Sankt Nikolaus, also immerhin eine der meistverehrten
>   Heiligengestalten der christlichen Kirche, war Türke –
>   und dessen Geschenke holen wir uns ja alle besonders
>   gern aus dem Schuh –

Schnitt auf Yunas.

>   Leo Liebedanz (*off*)
>   – und kein einziger Christ hat was dagegen, daß das ei-
>   gentlich türkische Geschenke sind –

Schnitt.

52. Hamburg. Innenstadt   Außen / Tag

Oliver fährt mit seinem Saab durch die dekorierte Hamburger *City*.

Neben ihm sitzt Yunas.

>   *Ton: Adventssingen aus dem Autoradio.*

>   Oliver
>   Nee, du: das war ein echtes Negativ-Ding – aber total
>   ... Und unser Freund Leo: statt mich da irgendwie raus-
>   zupowern aus dem Scheiß – nee: muß der denen was
>   von Hirtenumzügen erzählen und von Heischebräuchen

und Weihnachtsurlaub für die römischen Sklaven, sülz-sülz – nee, du: den kannst du bloß noch in der Pfeife rauchen, aber definitely – kannste bloß noch vergessen, aber schnell ... Die Nicole hat ja auch keinen Bock mehr auf ihn ... Und diese Richterin: wie die immer den Kanaken angemacht hat – nee, du: das war alles Asche ... Wie ist das denn bei euch? Kriegst du Weihnachtsgeld?

<u>Yunas</u>
– Wie bitte?

<u>Oliver</u>
Ob du Weihnachtsgeld kriegst? Zu Hause bei euch?

<u>Yunas</u>
O nein!

<u>Oliver</u>
Na, kannste mal sehn. Und dabei bist du katholisch.

Schnitt.

53. Hamburg. Villa. Medienzimmer   Innen / Nacht

Kaminfeuer.

<u>Nicole</u> (*off*)
Na – spürst du das? Spürst du's?

<u>Yunas</u> (*off*)
Ja.

<u>Nicole</u> (*off*)
Und ist es angenehm? Dein Allgemeinbefinden müßte eigentlich schon besser sein. Ist es schon besser?

<u>Yunas</u> (*off*)
Ich weiß nicht.

> Nicole (*off*)
> Das nennt man Fußreflexzonenmassage. Kannst du das aussprechen – oh, das Feuer!

Nicoles Hände legen mehrere Holzscheite auf das niedergebrannte Kaminfeuer.

> Heute ist übrigens Andreasnacht ... Da haben die Frauen früher so Liebesorakel gemacht ... Eins davon war Scheitegreifen ... Irre!

Leicht aggressiv wirft sie den letzten Holzscheit ins Feuer.

Dann Schwenk mit ihrer Hand auf ihre und Yunas' Füße. Offenbar sitzen beide barfüßig auf dem Teppich vor dem Kamin. Nicole führt an Yunas' Füßen eine Reflexzonenmassage aus (oder was sie dafür hält).

> Der Heilige Andreas ist überhaupt der Schutzpatron in Liebesangelegenheiten ... Spürst du meine energy?

> Yunas (*off, lachend*)
> Kitzelt.

> Nicole (*off*)
> Dann bist du nicht richtig entspannt. Komm, mach du mal an meinen Füßen – ist ganz leicht, ich sag' dir alles –

Nicoles Hand nimmt Yunas' Hand und führt sie zu ihren Füßen.

> Erst mal einen Fuß in die Hand nehmen –

> Yunas (*off*)
> Fuß ist kalt.

> Nicole (*off*)
> Du mußt ihn wärmen ...

Yunas massiert ihre Füße.

> Ja, super ... toll ... du hast ja eine tolle vibration ... O ja ... O Jonas, das ist toll ... Kannst ruhig noch fester ...

Er bricht die Massage ab.

Was ist denn? Mach doch weiter ...

Yunas (*off*)
Fuß ist warm.

Schnitt auf Nicole und Yunas, wie sie vor dem Kamin auf dem Boden sitzen.

Nicole (*on*)
– Es geht nicht um kalte Füße, das weißt du genau ... Du bist der erste Mann, zu dem ich Vertrauen habe –

Yunas
(lacht.)

Nicole
Nee, lach nicht, das ist total mein problem – weil mich nie einer versteht. Irgendwie verstehn die mich alle nicht ... Bloß bei dir – da hatte ich das Gefühl – also, bisher ... Willst du nicht weitermassieren?

Yunas
Und Oliver, und Claus?

Nicole
Nee, mit dem Claus ist sowieso nichts. ... Und Oliver? ... Weißt du, das war nie was Richtiges. Der Oliver hat sehr viel Pech gehabt – seit das mit Immobilien nicht mehr so läuft. Das ist schon längst passé mit uns, ich bin tierisch allein. Das heißt: jetzt nach Tschernóbyl, da hatte er wieder 'ne tolle Idee – also, Lebensmittel von der südlichen Halbkugel importieren – da ist doch alles noch unverstrahlt, darum war er ja auch unten bei euch ... Aber irgendwie hat er keinen Erfolg damit, und das ist natürlich brutal –

Yunas
Und ist das wichtig: Erfolg?

Nicole
Du ... Wenn du Erfolg hast, hast du halt Geld.

> Yunas
> Und wenn du Geld hast?

> Nicole
> Wenn du Geld hast, hast du Macht. Und wenn du Macht hast? Dann bist du in Sicherheit, dann kann dir nichts mehr passieren.

> Yunas
> Und wenn du tot bist?

> Nicole
> Was? ... Du bist so negativ. Sei doch mal positiv.

> Yunas
> Okay. ... Was ist positiv?

> Nicole
> Positiv? ... Ich, zum Beispiel: ich hab' total Erfolg – das heißt: beruflich ... Also, positiv ist, daß ich grade 'n Werbespot produziert hab' – und alle finden ihn toll. Ich kann ihn dir ja mal zeigen, nur als Beispiel ...

Sie legt eine Kassette in den Videorecorder.

> Also, als Werbung ist das hier total was Neues – molto Zeitgeist und so –

Nicole startet per Fernbedienung die Videokassette mit ihrem Werbespot.

> Also, das ist 'n Pilotprojekt fürs Ostergeschäft – alles klar?

Zoom auf den Video-Monitor, wo jetzt der Werbespot abläuft.

54. Werbespot

Eine tirilierende Lerche steigt in den Himmel.

Ton: Tirilierende Lerche – während des ganzen Spots.

<u>Sehr väterliche Stimme</u>
"Sehet die Vögel unter dem Himmel ..."

Eine Möwe läßt sich ruhig im Winde treiben.

Sie säen nicht, sie ernten nicht, sie sammeln keine Vorräte ... "

Überblendung auf ein Lilienfeld unter der fliegenden Möwe.

<u>Sehr mütterliche Stimme</u>
"Und sehet die Lilien auf dem Felde: sie arbeiten nicht, sie machen sich keine Kleider ... "

<u>Stimme eines jungen Mannes</u>
Aber w i r sind da doch etwas anspruchsvoller ...

In einer schnellen Montage von Schwebebildern kommen, drehen sich und gehen sehr elegante Kleidungsstücke, kulinarische Leckerbissen und wertvoller Schmuck.

... und wir können es uns auch leisten!

<u>Kinderstimme</u>
Aber wenn uns mal was passiert?

Unter den schwebenden Konsumartikeln wird das verängstigte Gesicht eines kleinen Jungen sichtbar.

<u>Stimme einer jungen Frau</u>
Unser Junge hat recht, Günter: die Zeiten sind unsicher ...

<u>Stimme des jungen Mannes</u>
Nur keine Angst, meine Lieben!

Überblendung: ruhig fliegende Vogelschwärme. Das Kindergesicht verschwindet.

<u>Kinderstimme</u>
Pappi!

> Stimme des jungen Mannes
> Macht euch keine Sorgen!

Schriftzug über den Vogelschwärmen:

SAFETY FIRST
DEINE VERSICHERUNG

> Die sehr mütterliche Stimme
> Wie Vögel unter dem Himmel leben.

> Die sehr väterliche Stimme
> Mit Safety First.

Nicole stoppt die Kassette per Fernbedienung und arretiert das letzte Bild.

> Nicole (*off*)
> So, das wär's ... Na, gefällt dir das?

> Yunas (*off*, nach kurzer Pause)
> – Nein.

Schnitt auf Nicole.

> Nicole
> Das gefällt dir nicht?

> Yunas (*off*)
> Nein.

> Nicole
> So ... Na, gut – du mußt es wissen.

Schnitt

55. Hamburg. Villa. Wintergarten   **Innen / Tag**

Yunas begießt die Pflanzen der Szene 49; sie haben sich inzwischen unter seiner Pflege deutlich erholt.

> Yunas
> (sagt auf Kreolisch einen belobigenden Satz zu einer wiedererstarkten Pflanze.)
>
> Oliver (*off*, nach einer Weile)
> Du, Jonas? Kannst du mal eben kommen?

Schnitt.

56. Hamburg. Villa. Olivers Zimmer   Innen / Tag

Oliver sitzt an seinem Schreibtisch und unterschreibt einen Stapel gedruckter Weihnachtskarten.

Yunas tritt zu ihm.

> Oliver
> Du, ich unterschreibe grade Weihnachtskarten. Sollten wir nicht auch dem Matthieu eine schicken – wir beide zusammen?
>
> Yunas
> Ja, gut.

Yunas unterschreibt.

Auch Oliver signiert während des Folgenden, quasi automatisch, seine Weihnachtskarten.

> Oliver
> Sag mal, eine Frage. Ich weiß noch nicht genau, was ich dem Claus schenken soll. Übrigens, rate mal, was ich der Nicole schenke: das rätst du nie. 'n Geigerzähler – gut, nicht? Ja, und der Claus, der wünscht sich ja immer ein schickes Haustier ... Danke. Wie heißt denn der Matthieu mit Nachnamen?
>
> Yunas
> Payet.

<u>Oliver</u>
Wie? Na, besser du: du schreibst die Adresse.

Yunas schreibt die Adresse.

... Naja, und nun hab' ich doch neulich bei euch in Frégate diese Riesenschildkröten gesehen: meinst du, da könnte man für den Claus eine einfliegen lassen oder so ... ?

<u>Yunas</u>
O nein.

<u>Oliver</u>
Also, tierisch originell wäre das schon ... Und der Matthieu, der arbeitet doch im Ministerium, vielleicht könnte der das irgendwie möglich machen – ich meine: irgendwie könnte man da schon mal mit ihm zusammenarbeiten – oder?

<u>Yunas</u>
Aber Matthieu is operator –

<u>Oliver</u>
Na, super. – Was ist er?

<u>Yunas</u>
Im Ministerium: Telephone operator.

<u>Oliver</u>
– Telefonzentrale?

<u>Yunas</u>
Ja: Telefonzentrale.

<u>Oliver</u>
– Na, das ist ja ein Hammer!

Schnitt.

57. Wohnung Micheelsen: Galerie + Speisezimmer Innen / Nacht

Bildfüllend das Gemälde von Marcel (Szene 15).

> *Ton: Dezente "Tafel"-Musik.*

> Gesine Micheelsen (*off*)
> Und das hier kommt aus Ihrer Heimat: von den Seychellen, jawohl! War übrigens sofort verkauft hier und hat schön was gebracht: können Sie stolz drauf sein ... Ja, das wäre meine Sammlung –

Schnitt auf Gesine und Yunas in Gesines Galerie. Sie halten Apéritif-Gläser in den Händen.

> Gesine (*on*)
> – so in groben Zügen. ... Ich glaube, er kommt nicht mehr. Gräßlich, diese Schallplatten-Leute: immer unzuverlässig! Na, macht nichts.

Sie spricht ins Haustelefon:

> Ja, wir wollen jetzt essen.

Sie wendet sich an Yunas und führt ihn ins angrenzende Speisezimmer.

> Bitte ... Tja, diese Sammlung: das ist halt die einzige Sicherheit, die ich habe – Kostet aber auch ein Vermögen, allein die Versicherung ... Bitte schön – nein, mir gegenüber, bitte! "Damit ich dich besser sehen kann!"

Sie setzen sich an den Speisetisch, der für drei Personen gedeckt und nach allen Regeln der Tafelschmuckkünste und des *Zweiten Advents* dekoriert ist.

Vor Yunas steht eine kostbare Vase mit einem frisch geschnittenen Kirschenzweig.

> Ich habe Ihnen einen Barbara-Zweig hingestellt – den können Sie mitnehmen, als Talisman: der bringt Ihnen Glück von mir –

Yunas hat die Speisekarte ergriffen, die an seinem Platz lag, und studiert sie:

Zwischenschnitt auf die verheißungsvoll verschlüsselte Speisenfolge.

> Wußten Sie, daß heute Barbara-Tag ist? Ich wußte es auch nicht, ich habe es neulich im Fernsehen gehört, in dieser dämlichen Brauchtums-Sendung von Ihrem Winkelmann. Übrigens, Vorsicht mit diesen Leuten – warum wohnen Sie eigentlich bei denen? Unser Gästezimmer steht doch leer. Aber seine Sendung ist ja eingeschlagen wie eine Bombe ... Mit dieser Barbara-Rute kann man übrigens auch Frauen schlagen, ein alter Fruchtbarkeits-Zauber ... Wollen Sie das mal probieren?
>
> <u>Yunas</u>
> – Nein.

Der Butler bringt das Hors d'œuvre: es ist minimalistisch winzig.

Der Butler ist farbig. Er serviert.

> <u>Gesine</u>
> Ach, übrigens, mein Mann läßt sie grüßen – leider ist er beruflich verhindert: er hätte sie sonst zu gern kennen gelernt ...
>
> <u>Yunas (zum Butler)</u>
> Hallo ...

Der Butler ignoriert ihn.

> <u>Gesine</u>
> Mein Mann ist übrigens im Aufsichtsrat dieser Plattenfirma. Wenn der hört, daß dieser A-&-R-Mann heute einfach nicht erschienen ist!

Der Butler geht hinaus.

> Dieser Butler ist nämlich ein Spitzel meines Mannes, ein Privatdetektiv. Er muß ihm Wort für Wort alles

wiedererzählen, was er hier beim Servieren aufschnappt. Ist das nicht furchtbar? Guten Appetit.

Yunas
Guten Appetit.

Sie beginnen zu essen.

Gesine
So unsicher ist mein Mann mir gegenüber.

Schnitt.

58. Nobel-Restaurant. Telefonzelle   Innen / Nacht

Dr. Micheelsen telefoniert.

Dr. Micheelsen (ins Telefon)
Ja, Sie können Ihren Mann jetzt losschicken, die beiden sitzen beim Dinner ... Ja. Und Herr Gattowski? Sie geben mir dann sofort Bescheid, ich esse im "Fischhafen" –

Schnitt.

59. Speisezimmer Micheelsen   Innen / Nacht

Gesine und Yunas beim Dinner.

Gesine
Aber ich habe mir jetzt auch einen Privatdetektiv engagiert, der observiert meinen Mann. Ich bin nämlich gar nicht so sicher, was der so alles hinter meinem Rücken treibt ...

Schnitt.

60. Büro Gattowski   Innen / Nacht

Gattowski spricht in ein Walkie-Talkie.

> Gattowski
> Ja, jetzt können Sie hingehen. Aber sofort. Und Herr Dahlström? Wenn sie keine Versicherung will, dann bieten Sie ihr ruhig was von uns an: Alarmsysteme oder so ... Nein, ich meine ja nur: als Einstieg – alles klar? Sie geben mir dann sofort Bescheid, ja?

Schnitt.

61. Hamburg. Speisezimmer Micheelsen   Innen / Nacht

Gesine und Yunas dinieren.

> Gesine
> ... Sie können sich gar nicht vorstellen, wie ich unter diesem mangelnden Vertrauen leide – gerade jetzt in der Weihnachtszeit: wo die Ängste hochsteigen und die Depressionen ... Leiden Sie auch so unter Ängsten und Depressionen?

Der Butler kommt und serviert minimalistische Suppentäßchen.

> Yunas
> Ich glaube, nein.

> Gesine
> Ach, kennen Sie übrigens auf den Seychellen einen Maler Peter-Pierre Louis?

Yunas
Ja.

Gesine
Der soll ja der beste Maler der Seychellen sein. Kennen Sie ihn?

Yunas
Ja.

Gesine
Ach, toll: dann könnten Sie vielleicht einen Kontakt herstellen – obwohl er ja nicht direkt zu den Post-Naïven zählt, eher zu den Neo-Mystikern – oder?

Der Butler ist wieder hinausgegangen.

Und wissen Sie, warum er ausgerechnet einen farbigen Spitzel engagiert hat? ... Können Sie sich das nicht denken?

Yunas
Nein.

Gesine
Na, weil er weiß, daß ich so ein Faible habe für dunkelhäutige Menschen ...

Ton: Es klingelt an der Haustür.

Ich finde farbige Menschen wirklich sehr schön ... sehr faszinierend ...

Yunas
Hat geklingelt.

Gesine
Ja, wenn das bloß nicht dieser Schallplatten-Fritze ist. Ich möchte Sie nämlich was fragen ... Hätten Sie eventuëll Lust, mir ein paar Gitarrenstunden zu geben? ... Solange Sie noch hier sind? Nein?

Der Butler kommt herein und reicht Gesine zwei Visitenkarten. Sie liest sie.

Gegenschnitt auf die Visitenkarten: sie melden einen Schallplatten-Repräsentanten und einen Versicherungsvertreter: Dahlström!

> Gesine (*off*)
> Der Schallplatten-Mensch soll reinkommen, den Versicherungsfritzen schicken Sie weg. Verstanden?

Ihr Finger zeigt auf die Visitenkarten.

> Der ja – der nein.

Der Butler geht mit den Visitenkarten hinaus.

> Gesine (*on*)
> Schade. Aber überlegen Sie sich das mit den Gitarrenstunden. Es sollte nicht Ihr Schade sein ... Sehr zum Wohl, mein Lieber –

Sie prostet ihm zu.

Schnitt.

62. Hamburg. Nobel-Restaurant　　　　　　　　　　Innen / Nacht

Dr. Micheelsen und Leo Liebedanz beim Dinner an einem Fensterplatz mit Panoramablick auf das nächtliche Hamburg.

> Dr. Micheelsen (prostend)
> Sehr zum Wohl, mein Lieber!
>
> Leo
> Zum Wohl, Herr Doktor!

Sie trinken.

Schnitt.

63. Hamburg. Villa Micheelsen. Korridor　　　　　**Innen / Nacht**

Groß im Bild: das Tablett mit den beiden Visitenkarten.

Des Butlers dunkelhäutige Hand vertauscht die beiden Karten.

Schnitt.

64. Hamburg. Nobel-Restaurant　　　　　**Innen / Nacht**

Dr. Micheelsen und Leo Liebedanz bei ihrem Dinner; sie setzen gerade die Gläser ab.

> Leo:
> Ganz ausgezeichnet ... Nein, darum sitze ich ja vor Ihnen, Herr Doktor: weil ich Sie kenne – als echt hanseatischen Geschäftsmann, aber mit religiösem Verantwortungsbewußtsein –
>
> Dr. Micheelsen
> Aber mit christlichem, wohlverstanden.
>
> Leo
> Wie auch immer. Weil ich zur Zeit auf der Suche bin – nach einem Verbündeten –

Dr. Micheelsen schaut sich absichernd zum Nebentisch um: dort sitzt ein einzelner Herr – lauscht der etwa?

> – auf der Suche nach einem Verbündeten, um dieses großartig angelegte Nikolausfest nicht ganz im Kommerziellen versanden zu lassen –
>
> Dr. Micheelsen
> Was haben Sie gegen das Kommerzielle?

> Leo
> Gar nichts, natürlich. Warum auch? Aber mein Plan ist folgender ...

Ein farbiger Kellner tritt an ihren Tisch und schenkt Wein nach.

Erst wenn er weg ist, spricht Leo weiter.

> Mein Plan ist folgender: bei Ihrem rotarischen Freund Claus Winkelmann, ja? Da wohnt doch zur Zeit so ein Farbiger – von den Seychellen oder sonstwoher. Und das ist ein Mensch mit ... ja, ein ganz erstaunlicher Mensch, den ich gern einbeziehen möchte, weil er so sensitiv ist – aber getaufter Christ natürlich.
>
> Dr. Micheelsen
> Leider Katholik.
>
> Leo
> Wie auch immer. – Ach, Sie kennen ihn?
>
> Dr. Micheelsen
> Ich habe von ihm gehört. Sehr zum Wohl.

Schnitt.

65. Hamburg. Speisezimmer Micheelsen   Innen / Nacht

Außer Gesine und Yunas sitzt nun auch Dahlström beim Dinner.

> Gesine (zu Dahlström)
> Auf Ihr Wohl, Herr ... Wie war doch schnell Ihr Name?
>
> Dahlström
> – Dahlström.
>
> Gesine
> Dahlström, natürlich! Mein Mann hat mir viel von Ihnen erzählt!

<u>Dahlström</u>
Ach?

<u>Gesine</u>
Ja, auf Ihr Wohl, Herr Dahlström!

Sie trinken.

Also, mein Mann hält Sie ja für einen der Besten in der ganzen Schallplatten-Branche – doch, doch!

<u>Dahlström</u>
Oh, das muß ein Irrtum sein –

<u>Gesine</u>
Nein, das ist gar kein Irrtum: weil mein Mann sich niemals irrt –

<u>Dahlström</u>
Entschuldigung: nicht Ihr Herr Gemahl, natürlich – sondern Ihr Butler –

<u>Gesine</u>
Wieso mein Butler? Der hat von Schallplatten überhaupt keine Ahnung. Nein, das finde ich ja so sympathisch an Ihnen, daß man Sie nie im Leben für einen Schallplattenmenschen halten würde – nicht wahr, Jonas?

<u>Yunas</u>
(schweigt.)

<u>Gesine</u>
Also, ich hätte Sie glatt für ... also, ganz was andres gehalten: das geht Ihnen sicher oft so – oder?

<u>Dahlström</u>
Eigentlich ... Doch: einmal hat mich jemand für einen Theologen gehalten.

Gesine (lachend)
Na, das ist ja köstlich – sehen Sie? Aber wetten, Sie haben auch noch ganz andere Interessen als immer nur Schallplatten produzieren – seien Sie ehrlich!

Dahlström
Ja, da haben Sie recht: das allerdings.

Gesine
Ja, und was für welche – erzählen Sie es uns! Auch für Kunst?

Dahlström
... Kommt drauf an, was für eine ...

Gesine
Na, zum Beispiel Post-Naïve der Dritten Welt? ... Sagt Ihnen das was?

Dahlström
Der dritten Welt?

Kurzer Blick zu Yunas.

Aber das ist doch mein Spezialgebiet, woher wissen Sie das?

Gesine
... Das hab' ich gespürt, Herr Dahlström. Aber dann müssen Sie unbedingt zu meiner Vernissage kommen, am *Vierten Advent* – Exponate von überall her, sogar von den Seychellen ... Ja, und wenn wir ganz artig sind, dann werden wir da sogar authentische Musik zu hören bekommen: original kreolische Sega-Musik von den Seychellen – live: nicht wahr, mein Lieber?

Yunas
(schweigt.)

Gesine
Gibt es die eigentlich schon auf deutschen Schallplatten? ... Kreolische Sega?

Dahlström
— Nicht daß ich wüßte.

Gesine
Na, sehen Sie: da verhelfe ich Ihnen direkt noch zu einer Marktlücke. Was krieg' ich dafür?

Der Butler kommt herein und serviert den nächsten Gang.

Dahlström (zu Yunas)
Wer ist denn Ihr Agent in Europa?

Gesine
Nein, Schluß mit den Geschäften für heute abend! Jetzt wollen wir nur noch schöne Pläne schmieden, zusammen! Jonas, mein Lieber: was würden Sie singen, bei meiner Vernissage – hätten Sie da schon eine gute Idee?

Yunas
Gar nix.

Gesine
— Wie bitte?

Yunas
Ich bin nicht hier – dann.

Gesine
— Was soll das heißen, Sie sind nicht hier: wo sind Sie denn?

Yunas (zögert)
— In Köln.

Schnitt auf Gesine, groß.

Schnitt auf Dahlström, groß.

Schnitt auf den Butler, groß.

Schnitt.

66. Hamburg. Fitness-Center　　　　　Innen / Nacht

Oliver, Claus und Nicole trainieren im Schweiße ihres Angesichts an nebeneinander stehenden Body-Building-Geräten.

>Frau A. (*off*, nach einer Weile)
>... Die wollten ja nach Australien auswandern, wegen Tschernóbyl, und jetzt gucken sie natürlich ganz dumm aus der Wäsche.
>
>Frau B. (*off*)
>– Versteh ich nicht. Warum denn?
>
>Frau A. (*off*)
>Ach, weißt du das noch gar nicht? Die südliche Halbkugel soll ja nun doch verstrahlt sein – ja: total verstrahlt, die ganze südliche Halbkugel. Wird natürlich geheim gehalten.
>
>Frau B. (*off*)
>Ja, das ist klar.
>
>Claus (weitertrainierend, zu Oliver)
>Hast du das gehört?
>
>Oliver (weitertrainierend)
>Na, logo.
>
>Claus
>Ja, und?
>
>Nicole (auch weitertrainierend)
>Klingt nicht gut – oder?
>
>Oliver
>Sowieso alles Scheiße.
>
>Nicole
>Wegen dem Nikolaus-Büfett?
>
>Oliver
>Nee, der Jonas.

<u>Claus</u>
Was denn? ... Sag doch mal.

<u>Oliver</u>
Der hat mich gelinkt, aber total.

<u>Nicole</u>
Das kann ich mir vorstellen.

<u>Oliver</u>
Nee, seine top-connection, ja? Vonwegen Ministerium und so: wißt ihr, was der macht? ... Telefon-Zentrale.

<u>Nicole</u>
Das gibt es nicht.

<u>Oliver</u>
Das gibt es.

<u>Claus</u>
Hätt' ich nicht gedacht vom Jonas.

<u>Nicole</u>
Ich ja. Das ist ein ganz linker Typ. Wer von dem was will, der sieht schnell alt aus.

<u>Oliver</u>
Aber sehr alt.

Schnitt.

67. Köln. Dom   Außen / Tag

Ton: Baulärm, Straßenlärm, Martinshorn.

Fassade des Kölner Doms mit gigantischem Baugerüst, ggf. auch mit Handwerkern.

Yunas steht davor und betrachtet die Bescherung.

Er geht langsam, die Fassade betrachtend, aus dem Bild.

Schnitt.

68. Köln. Dom   Außen / Tag

Eine (weiße) Hand hält eine Sammelbüchse mit der Aufschrift FÜR DEN DOM.

Eine schwarze Hand steckt Kleingeld in die Büchse.

> Yunas (*off*)
> Dom kaputt?
>
> Dom-Schweizer (*off*)
> Wat eß?

Die Kamera zieht langsam auf und zeigt Yunas im Gespräch mit einem der offiziellen Geldsammler (in Kutte), einem sogenannten Dom-Schweizer, vor dem Hintergrund der prominenten Architektur.

> Yunas (*on*)
> Dom geht kaputt?
>
> Dom-Schweizer (*on*)
> Ja, sischer jeht de Dom kapott, wenn ihr nit opphört met dem janze Jedriß ...
>
> Yunas
> Warum?
>
> Dom-Schweizer
> Woröm? Dat kann isch Ihne saren. Wissen Se, wat Abjase sin? Ehr polluschen, dat sin Abjase ... Ehr polluschen: nix capito? Na, is au ejal – die Abjase, die zerfressen uns de janze Trachitt vom Drachenfels – also, Arbeitsplätze bringt dat ja för de leewe Ewischkeit. Bloß dat kost' au 'ne Kleinischkeit: fünnef Millionen Mark pro Anno Domini – un die ham mir nit, weil mir

die all nach eusch schicken: damit ihr eusch da hinge
entwickelt, in de dritte Welt oder wo dat eß, capito?
Bloß wenn ihr dann na Köln kütt, als dicke Touriste,
und wollt de Dom sinn: da eß de Dom fott – jitt et nit
mih ... Äwwer sach ens, Jung: du bist nit katholisch,
zufällisch?

Yunas
Doch.

Dom-Schweizer
Wat? Du beß katholisch? Ja, Jung, dann mußt du äwwer flügg no jet spendiere –

Er klappert mit der Spendenbüchse.

Sei nit so jeizisch, jrad ze Wiehnachte ...

Yunas zückt sein Portemonnaie.

Äwwer nit wieder zwei Mark fuffzisch, Jung! Dinge
Uroppa, de hillije Melschor, de hätt dem Jesuskind no
Jold un Myrrhen in de Kripp jelescht – oder wor et de
hillije Balthasar?

Yunas steckt einen Geldschein in die Sammelbüchse.

Sach ens, Jung: willst du nit zufällisch Mitglied werden: im Dombau-Verein?

Ton: Die Domglocken beginnen zu läuten.

Schnitt.

69. Hamburg. Hafen Außen / Nacht

Feuerwerk über dem Hamburger Hafen.

Ton: Feuerwerk, gemischt mit Glockengeläut.

Gegenschnitt auf ein großes Sight-Seeing-Schiff mitten auf der Elbe.

Das Schiff ist voll von kostümierten Passagieren, die aufs Feuerwerk starren.

Schnitt.

70. Hamburg. Hafen. Schiff   Innen / Nacht

An Bord ist auf allen Etagen die Nikolaus-Fête im Gange.

> *Ton:*
> *a) Verpopte Weihnachtsmusik aus Schiffslautsprechern;*
> *b) Dialogfetzen aus den diversen Einzelgesprächen;*
> *c) die Knallerei des Feuerwerks.*

Dichtes Menschengedränge: teils kostümiert, teils auch maskiert.

Viele Nikoläuse.

Außerdem Engel, Mönche, mittelalterliche Könige, Fürsten, Ritter, Ratsherren, Handwerker, Bauern, Landsknechte, Narren, Teufel sowie Dämonen aus der *"Wilden Jagd"* – : das ganze Spektrum traditioneller Nikolaus-Begleiter und -Umzüge.

Außerdem viele "Zivilisten" in heutiger, sehr modischer Kleidung.

Ein Kamera-Team und ein Hörfunk-Reporter, Pressefotografen ...

Die Kamera schwenkt langsam über diese bunte Gesellschaft und verharrt dann bei Leo Liebedanz, der im klassischen Nikolaus-Kostüm als Bischof, mit Ornat, Mitra und Krummstab, vor Susanne Scheerbohm steht und sie im Kreise einer kostümierten Verehrerschar "examiniert".

> Leo
> ... Das war falsch, mein Kind. Nun sage mir noch: warum verehren wir den Heiligen Nikolaus?

> Susanne (*off*)
> Na, ist doch klar ...

Schnitt auf Susanne: sie ist als neckisches Teufelchen verkleidet.

> Leo (*off*)
> Was hat er für uns getan?

> Susanne
> Na, die Stiefelchen gefüllt!

> Die Verehrer
> (lachen.)

Die Kamera schwenkt weiter.

> Leo (*off*)
> Das ist auch falsch. Dafür wird dir mein Knecht Ruprecht die Rute geben.

> Die Verehrer (*off*, begeistert)
> Oooohhh! Jaaaaa! Aber öffentlich!

Die Kamera verharrt auf Gesine Micheelsen, die als Erzengel kostümiert und schon leicht alkoholisiert ist.

Sie redet auf Herrn Dahlström ein, der als Dämon aus der *"Wilden Jagd"* verkleidet ist.

> Gesine
> ... also, im Anschluß an unser Dinner, neulich ... Aber wie sehen Sie denn aus – Ihr Kostüm: was ist das?

> Dahlström
> Ein Dämon.

> Gesine
> Ein Dämon?

Dahlström
Ja, aus der "Wilden Jagd".

Gesine
Was für 'ne wilde Jagd denn?

Dahlström
Na, die Begleitung des Nikolaus oder so –

Gesine
Ihnen geht's wohl nicht gut? Mir geht es beschissen.
Also, passen Sie auf: dieser Sänger von den Seychellen,
ja? Haben Sie da schon was angeleiert, wegen seiner
Schallplatte?

Dahlström
– Noch nicht direkt ...

Gesine
Machen Sie das bloß nicht. Ist der Kerl nicht wert. Da
drüben steht er übrigens ...

Schnitt.

71. Hamburg. Hafen. Schiff: Außendeck   Außen / Nacht

Yunas steht allein an der Reling und schaut hinaus auf den nächtlichen Hafen. Er ist als klassischer Knecht Ruprecht verkleidet: mit zottigem Pelz- und Stroh-Gewand, rasselnden Ketten, Glocken, Sack und Rute.

Ton: Einzelne letzte Feuerwerks-Detonationen.

Zwischenschnitt auf den Hafen, der von einzelnen verspäteten Feuerwerks-Körpern erleuchtet wird.

Dr. Micheelsen (*off*)
Oh, wen sehe ich denn hier?

Yunas dreht sich um und sieht sich mit (dem ihm unbekannten) Dr. Micheelsen konfrontiert.

    Ist das nicht der leibhaftige Knecht Ruprecht?

Schnitt auf Dr. Micheelsen.

> Dr. Micheelsen (*on*)
> Das ist ja wirklich sehr gelungen: mein Kompliment, Monsieur! Gesine! Gesine, kommst du mal: ich muß dir was zeigen! ... Gestatten: Micheelsen. Aber wo haben Sie bloß dieses Kostüm her? Fabelhaft! Ach, ich weiß schon: vom Leo Liebedanz –

Erzengel Gesine tritt hinzu.

> Schau mal, Gesine, ist das nicht herrlich: ein richtiger Knecht Ruprecht – mit einer Rute und einem Sack und mit Glocken –
>
> Gesine
> Ja, und mit Hörnern. Was sind denn das für Hörner?
>
> Dr. Micheelsen
> Na, Teufelshörner, natürlich. Im Rheinischen – da wurde der Knecht Ruprecht sogar Düvel genannt, auch Beelzebub –
>
> Gesine
> Aber der hier: der ist doch kein Rheinländer –
>
> Dr. Micheelsen
> Richtig. Aber der Sünder, der ist überall dabei. Zum Beispiel beim hanseatischen Nikolaus-Umzug früher: da waren immer die sogenannten Schwarzen Mohren dabei, als Kontrast –
>
> Gesine
> Entschuldige, Bruno – ich muß da schnell mal Guten Abend sagen –

Gesine enteilt.

Yunas hat sich wieder zur Reling gewendet und schaut hinaus.

> Dr. Micheelsen (lachend)
> Tja, die Frauen! Na, Sie kennen sie ja!

Dr. Micheelsen tritt neben Yunas an die Reling.

> Aber was erzählte ich da grade? Ach ja, Schwarze Mohren ... Schwarze Mohren und Heiden – die haben schon immer bei uns dazugehört – an diesem einen Tage, wohlverstanden ... Und wann müssen Sie wieder zurück in Ihre schöne Heimat?

Die Schleusentore schließen sich wie eine Falle hinter dem Schiff.

> *Ton: Entfernter Tusch aus dem Inneren des Schiffes.*

Schnitt.

72. Hamburg. Hafen. Schiff: Salon   Innen / Nacht

Das Fernseh-Team bei der Arbeit.

> Claus (*off*)
> Herzlich willkommen, liebe Gäste – und liebe Fernsehzuschauer zu Hause –

Schnitt auf eine improvisierte kleine Bühne, auf der Claus im Nikolaus-Kostüm hinter einem Mikrofon steht.

> Claus (*on*)
> Herzlich willkommen bei der heutigen Folge unserer Serie "Alte Weihnachtsbräuche neu" –

Applaus: kurzer Gegenschnitt auf das Publikum.

Dann zurück auf Claus.

> Vielen Dank ... Diesmal entführen wir Sie live an Bord eines Schiffes in den nächtlichen Hamburger Hafen, um hier eine echte, traditionelle Nikolaus-Feier mitzuerleben. Denn Sankt Nikolaus – das war ja auch der Schutzheilige der Flußschiffer.

Blödes Lachen im Publikum.

> Aber was der Heilige Nikolaus sonst noch alles beschützt, das sagen Ihnen jetzt die großzügigen Spender und Sponsoren, die unser heutiges Fest überhaupt erst ermöglicht haben. Wir alle durften eben ein unvergeßliches Feuerwerk über dem Hamburger Hafen miterleben. Hier ist sein Spender: Andreas Kolka.

Großer Applaus.

Als Nikolaus verkleidet, tritt Andreas Kolka ans Mikrofon.

> Andreas Kolka
> Vielen Dank. Meine Damen und Herren – im Namen der Firma "Andreas Kolka Pyrotechnik und Sprengstoffe" trinke ich auf Sankt Nikolaus als den Schutzheiligen des Überflusses. Prost.

> Alle (*off*)
> Prost.

Gegenschuß aufs Publikum: alle trinken.

Auch Gesine ist dabei und trinkt: Zoom auf Gesine. Wenn sie ihr Glas absetzt, prostet sie Dahlström zu.

Schnitt auf Dahlström.

Neben ihm Gattowski: kostümiert als Bilderbuch-König. Beide prosten Gesine zu.

> Dahlström (zu Gattowski)
> ... Übrigens, diese Schallplatte: die will sie jetzt gar nicht mehr.

> Gattowski
> Na, umso besser. Aber das muß ich sofort dem Doktor erzählen.

Gattowski entfernt sich.

> Stefan Semmler (*off*)
> Und ich, liebe Gäste: ich trinke im Namen der Vereinigten Firmen –

Schnitt.

73. Hamburg. Hafen. Schiff: ein anderes Deck   Innen / Nacht

Leo gibt ein Rundfunk-Interview.

Der Reporter trägt als einzige Konzession an das Kostümfest eine Narrenkappe.

> Reporter
> Herr Liebedanz: Sie als Ethnologe und geistiger Vater dieses Festes – worin sehen Sie das Merkmal, das eigentliche Typische des heutigen Nikolaustages?
>
> Leo
> Darin: am Nikolaustag, da versammeln sich die Wölfe.
>
> Reporter
> Wie bitte – : wer?
>
> Leo
> Die Wölfe. Alter Aberglaube. Nicht ohne – oder?

Gattowski platzt ins Interview.

> Gattowski
> O Entschuldigung: ich suche Dr. Micheelsen –
>
> Publikum (*off*)
> Prost.

Schnitt.

74. Hamburg. Hafen. Schiff: Salon   Innen / Nacht

Das Publikum trinkt.

Auch Gesine trinkt.

Schnitt.

75. Hamburg. Hafen. Schiff: Außendeck   Außen / Nacht

Yunas steht an der Reling und schaut in den pittoresken nächtlichen Hafen hinaus.

Hinter ihm erscheint Gattowski.

> Gattowski
> O Pardon! Ich suche Dr. Micheelsen –
>
> Publikum (*off*)
> Prost!

Schnitt.

76. Hamburg. Hafen. Schiff: Zwischendeck   Innen / Nacht

Der Rundfunk-Reporter noch im Interview mit Leo.

> Reporter
> Herr Liebedanz, ich glaube, Sie nehmen unsre Hörer nicht ganz ernst. Kommen wir also zur letzten Frage:

> was glauben Sie, worin liegt nun die wirtschaftliche Bedeutung dieses Nikolausfestes an Bord?

Leo erhebt sich würdevoll-pathetisch und steht sehr groß in seinem Ornat vor dem Reporter mit der Narrenkappe.

> Leo
> Schluß jetzt mit den Narrenfragen! Heute fragt nur der Heilige Nikolaus!
>
> Publikum (*off, entfernt*)
> Prost!
>
> Leo
> Und seine einzige Frage lautet: Was ist der Sinn von Weihnachten? Aber konkret, mein Sohn ... Antwort!

Der Reporter steht auf.

> Reporter
> Okay: wir verstehen ja Spaß beim Sender ... Also, Weihnachten – das ist die Fleischwerdung Gottes oder sowas: na, was sagen Sie jetzt?
>
> Leo
> Ich sage: falsch.

Zu einem Mönch seines Gefolges:

> Lauf, und hol mir den Knecht Ruprecht her, mit seiner Rute!

Der Mönch entfernt sich.

> Fleisch war Gott schon immer: in jedem Stein, in jedem Vogel und in jedem Rundfunk-Reporter –

Dr. Micheelsen platzt herein.

> Dr. Micheelsen
> Oh, Entschuldigung! Kommt man hier durch zur Bar?
>
> Publikum (*off, entfernt*)
> Prost!

Schnitt.

77. Hamburg. Hafen. Schiff: Salon　　　　　　　Innen / Nacht

Das Publikum trinkt.

Auch Gesine trinkt.

>Thomas Büb (*off*)
>Im Namen der Vereinigten Verkehrsvereine –

Schnitt auf Thomas Büb, als Nikolaus verkleidet, hinter dem Mikrofon.

>Thomas Büb (*on*)
>– und im Namen der Deutschen Touristik A.G.: Ich trinke auf Sankt Nikolaus, den Schutzheiligen aller Reisenden – aller Urlaubs-, Dienst- und Handlungsreisenden – prost!

>Alle (*off*)
>Prost!

Schnitt.

78. Hamburg. Hafen. Schiff: Bar　　　　　　　Innen / Nacht

An der fast leeren Bar haben sich Dr. Micheelsen und Gattowski gefunden und separiert.

>Dr. Micheelsen
>Prost, Majestät: das hört man gern.

Sie stoßen an.

Gattowski
Ja, er selbst steht draußen auf dem Außendeck: vollkommen isoliert und ohne jeden Kontakt.

Dr. Micheelsen
Oh, das tut mir aber leid ...

Gattowski
Ja, und diese Schallplatte, ja? Die wird nun gar nicht mehr gewünscht.

Dr. Micheelsen
Na, wunderbar! Vielen Dank, Majestät: prost!

Publikum (*off*, entfernt)
Prost!

Schnitt.

79. Hamburg. Hafen. Schiff: Salon   Innen / Nacht

Claus steht hinter dem Mikrofon.

Claus
Ja, und damit verabschieden wir uns von unsern Fernsehzuschauern – unsre nächste Sendung sehen Sie am 13. Dezember: das ist dann der Luzientag, nicht vergessen – ein guter Tag für den Abschluß von Verträgen und Verlobungen. Bis dann also ... Tschüs so lange! ...

So, liebe Nikolaus-Gäste: hier an Bord feiern wir natürlich weiter, und ich eröffne jetzt unser reichhaltiges Nikolaus-Büfett – gestiftet von der Firma Oliver Beckmann & Co. und bestehend ausschließlich aus Delikatessen von der südlichen Halbkugel ... Guten Appetit!

Schnitt.

80. Hamburg. Hafen. Schiff: Vorraum   Innen / Nacht

Platzartiger Vorraum am Schiffseingang, wo Bataillone einzelner Schuhe stehen.

Der türkische Junge der Szene 51 (Arbeitsgericht) steckt in jeden Schuh ein typisches kleines Werbegeschenk der Süßwarenindustrie.

Ton: Verpopte Weihnachtsmusik aus dem Schiffslautsprecher und entferntes Stimmengewirr vom Büfett mit seinem Tellerklappern

Leo und Yunas kommen vorbei.

Der junge Türke schenkt Leo eine Tüte mit Süßigkeiten..

Leo reicht sie an Yunas weiter.

Der junge Türke gibt Leo eine zweite Tüte.

Alle lachen.

Schnitt.

81. Hamburg. Hafen. Schiff: Büfett   Innen / Nacht

Zuerst eine Vielzahl von stehenden Füßen, von denen jeweils einer beschuht, der dazugehörige zweite aber unbeschuht ist.

Ton: Lautes Stimmengewirr mit Gesprächsfetzen und Tellerklappern.

Die Kamera zieht auf und offenbart das Gedränge der eßlustigen Kostümierten. Sie stehen rechts und links von einer langen weißgedeckten Tafel, die mit Fressalien überladen ist, schaufeln ihre Teller voll, mampfen und treiben trotzdem Konversation.

Die Stimmung ist infolge der vielen vorausgegangenen Trinksprüche alkoholisch animiert.

Die Kamera schwenkt langsam über diese Büfett-Gesellschaft und verweilt dann zunächst bei Susanne Scheerbohm (von vollem Teller essend) mit Michael (von der Werbefirma) und Oliver.

>Susanne Scheerbohm
>Du, Oliver? Spitze, dein Büfett.- echt, einen taste hat das alles! Und kann man das auch bestellen bei euch: also, diese Salate zum Beispiel?
>
>Oliver
>Nee, nicht mehr bei mir: ich mach jetzt schon wieder was Besseres –
>
>Michael
>Wieso, was denn?
>
>Oliver
>Ach, so 'ne digitale Network-Geschichte, ziemlich international –
>
>Susanne
>Was denn für Network?
>
>Oliver
>Naja, du: so 'n Management für Garantien, aber global, verstehst du?
>
>Susanne
>Wahnsinn.
>
>Michael
>Garantien: für was?
>
>Oliver
>Du, was du willst ... Jede Art Garantien: kannst du kaufen bei uns –

Ton: Alle Gespräche brechen plötzlich ab. Totenstille.

Alle starren zur Tür, durch die "Bischof" Leo mit seinem "Knecht Ruprecht" Yunas effektvoll eingetreten ist.

Schweigen. ... Dann:

> <u>Gesine</u> (*off*)
> Ich trinke im Namen der Gedemütigten –

Schnitt auf die betrunkene Gesine, Großaufnahme.

> <u>Gesine</u> (*on*)
> Im Namen aller Verschmähten und Nichtwiedergeliebten trinke ich auf Nikolaus, den Schutzpatron aller zum Tode Verurteilten: Prost!

Sie trinkt.

> <u>Leo</u> (*off*)
> Vielen Dank, meine Tochter.

Schnitt auf Leo mit Yunas.

> <u>Leo</u> (*on*)
> Aber darf ich vorstellen: das ist Knecht Ruprecht ... Für die ollen Germanen war das noch Wotan persönlich – also, Gott in Menschengestalt ... Aber bitte sich davon nicht stören zu lassen: ich wünsche guten Appetit allerseits ...

Leo und Yunas treten zum Büfett.

Schnitt auf Oliver, Claus und Nicole, die beieinander stehen.

> <u>Oliver</u>
> Der tickt nicht mehr richtig, der Leo!
>
> <u>Claus</u>
> Total bekifft oder was?
>
> <u>Nicole</u>
> Alles Wahnsinn ... Wahnsinn ...

Die Kamera schwenkt zu Dr. Micheelsen, der mit seinem Butler flüstert.

Dr. Micheelsen
Geben Sie meiner Frau ein Lexotanil, aber schnell. Und Alka Selzer.

Schwenk zu den Herren Gattowski und Dahlström.

Gattowski
Verstehe ... Trotzdem: weiterbeschatten ...

Nicole (hinzutretend)
Na, was sagen die Sicherheitsexperten zum Fall Gesine Micheelsen? Was? Tja, gegen unglückliche Liebe: da gibt es noch keine Versicherung – oder bieten Sie da auch schon Mikrowellensysteme an; oder Innenraumüberwachung; was?

Gattowski und Dahlström
(lachen.)

Nicole
Mir ist da gar nicht zum Lachen ... Ich weiß Bescheid ...

Schwenk oder Schnitt auf Dr. Micheelsen im Gespräch mit Claus.

Dr. Micheelsen
... ganz vorzüglich, das Büfett – mein Kompliment!

Claus
Das freut mich, danke.

Dr. Micheelsen
Aber sagen Sie, Freund Winkelmann ... : dieser göttliche Knecht Ruprecht eben – ist das nicht Ihr exotischer Hausbesuch?

Claus
Doch nicht meiner, Gott bewahre! Nein, von Herrn Beckmann – von Oliver Beckmann & Co.

Dr. Micheelsen
Ach, wie nett. Ja, der wollte nämlich bei uns eine Schallplatte produzieren – aber leider hat das gar keine Chancen, rein marktmäßig – leider ...

Schnitt auf Yunas, der mit seinem Teller essend im Kreise einiger Jungunternehmer steht. Der Kreis vergrößert sich stetig. Alle sind alkoholisiert.

Stefan Semmler
Und stimmt das: Sie arbeiten da unten als Angestellter der Badeverwaltung, stimmt das?

Yunas
Ja.

Torsten
Wie wird das denn bezahlt, ich meine: kann man da gut von leben?

Yunas
Ja.

Andreas Kolka
Und haben Sie da irgendwelche Verbesserungsmöglichkeiten? Aufstiegschancen?

Yunas
– Aufstieg? O ja.

Karsten
Und gibt es da sowas wie Sozialleistungen? ... Also, zahlt Ihnen der Arbeitgeber Versicherungsanteile?

Martina
Und Kündigungsschutz: gibt es Kündigungsschutz?

Thomas Büb
Und haben Sie eigentlich Rentenansprüche?

Torsten
Wann kommt ihr denn da ins Rentenalter?

Stefan Semmler
Was haben Sie überhaupt für Sicherheiten? ... Sicherheiten!

Yunas
– Oh, sehr gut ... Alle sehr gut ...

Andreas Kolka
Aber zum Beispiel bei Berufsunfähigkeit: was passiert da? Falls Sie berufsunfähig werden?

Yunas
– Dann Familie ... Und Freunde ...

Michael
Sagen Sie mal: glauben Sie an Wunder?

Yunas
Ja.

Nicole
Wie ein Vogel.

Thomas Büb
Was is?

Nicole
Ein Vogel unter dem Himmel.

Karsten
Nee, der hat 'n Vogel.

Oliver (ziemlich betrunken)
Nee, der verarscht uns bloß, merkt ihr das gar nicht? Dieser verdammte Neger verarscht uns alle die ganze Zeit ... !

Claus (hinzutretend)
Ah, Jonathan: da bist du ja. Du, das wird nichts mit deiner Schallplatte, hier bei uns. Die mögen deine Musik nicht, irgendwie. Aussichtslos – muß man akzeptieren. Komm, trinken wir einen drauf: Prost, Jonathan!

Alle Umstehenden
Prost!

Sie trinken.

Währenddessen geht Yunas ruhig hinaus.

Martina
Ich glaube, jetzt ist er beleidigt ...

Thomas Büb
Du, Leo? Sag mal: der Knecht Ruprecht ... War das eigentlich ein Schwarzer, oder wieso? Ich meine, ethnologisch.

Leo
Ethnologisch? Also, in Holland, ja? Da hieß er früher Der schwarze Peter. Und in der Schweiz Das Schmutzli –

Alle Umstehenden
(lachen.)

Stefan Semmler
Ja, und in Deutschland: in Deutschland?

Leo
Am Bodensee: Der Schmutzbartel –

Karsten
Wir sind hier aber in Hamburg –

Leo
In ganz Norddeutschland hieß er Der Aschen-Klas –

Alle Umstehenden
(lachen sich tot.)

Leo
Aber in den Ostalpen ... In den Ostalpen: da hieß er Der Leutfresser.

Torsten
Der Leutfresser?

Leo
Ja, der Kannibale: ganz recht.

Andreas Kolka
Okay ... Kannibale okay. Aber der leibhaftige Wotan? Ich meine: was genau ist an diesem Aschen-Klas so göttlich? ... Was?

Leo
Dasselbe wie bei euch allen.

Michael (nach einer Denkpause)
Das ist Gotteslästerung – oder?

Gattowski (betrunken)
Also, Moment mal: und wo bleibt das Christentum? Ich meine, so 'ne Figur wie Christus – die überspringen Sie einfach, oder wie?

Leo
Christus – das ist der Knoten in unserm Taschentuch ... Damit wir nicht vergessen, was wir schon immer wußten.

Ton, off, von draußen: Lautes Trommeln.

Schnitt.

82. Hamburg. Hafen. Schiff: Außendeck   Außen / Nacht

Yunas sitzt an einer Trommel und trommelt sich sein ganzes Entsetzen von der Seele.

Von seiner Trommel angelockt, kommen die Nikolaus-Passagiere von allen Decks und Etagen angeströmt und hören ihm zu:

Gegenschüsse.

Die Umstehenden sind zuerst neugierig oder irritiert;
schließlich fangen sie an zu tanzen, discomäßig.

Das Schiff nähert sich der Köhlbrandbrücke, die im Hintergrund sichtbar wird.

Schnitt.

83. Hamburg. Hafen. Köhlbrandbrücke   **Außen / Nacht**

Das Nikolaus-Schiff fährt unter der Köhlbrandbrücke durch.

Ton, off: Trommeln ...

Schnitt.

84. Frankfurt. Flughafen   **Außen / Tag**

Ein Airbus der *Air Seychelles* startet.

Rasch steigt er hoch in den Himmel empor.

Schnitt.

85. Seychellen. Mahé. Beau Vallon. Strand   **Außen / Tag**

Yunas startet mit seinem Paraglider.

Rasch steigt er hoch in den Himmel empor.

Gegenschnitt: unter sich sieht er die Landschaft der Seychellen ...

Überblendung.

86. Seychellen. Mahé. Praslin. La Digue   Außen / Tag

Collage aus überblendeten Details der Seychellen-Landschaft.

Ton, plötzlicher Einsatz: Deutscher Weihnachtschoral.

Schnitt.

87. Hamburg. Villa. Speisezimmer   Innen / Nacht

Ton, noch: Der Weihnachtschoral. Er kommt aus dem Fernseher.

Weihnachtsessen an langer, festlich gedeckter Tafel.

Teilnehmer sind unter anderen Oliver, Claus und Nicole, Susanne Scheerbohm, Michael mit Martina, Thomas Büb mit Freundin und mehrere Frauen und Männer unterschiedlichen Alters: offenbar Verwandtschaft oder Weihnachts-Singles.

Auf dem Tisch stehen Schüsseln mit Gänsebraten (samt Zubehör) wie auch mit Karpfen (samt Zubehör).

Alle mampfen wortkarg.

Susanne (nach einer Weile)
Schmeckt super. Wer hat gekocht: du, Claus?

Claus
Die Nicole hat die Gans gemacht und ich den Karpfen.

Susanne
Super.

> Nicole
> Mach doch mal leiser, Claus.

Claus drosselt per Fernbedienung die Lautstärke des Fernseh-Chorals.

> Thomas Büb
> Nee, daß es beides gibt: Karpfen und Gans – das find' ich so toll –
>
> Oliver
> Wieso: ist doch normal.
>
> Martina
> Also, die Gans ist super, Nicole.
>
> Michael
> Und der Karpfen erst mal.

Im Fernseher ist inzwischen, bei gedrosselter Lautstärke, ein populärer Serienschauspieler sichtbar geworden, der die Weihnachtsgeschichte aus dem Lukas-Evangelium vorliest. Man hört ihn kaum.

> Nicole
> Guck mal, wer da im Fernsehn ist. Mach doch mal lauter, Claus.

Alle schauen ins Fernsehn.

Claus verstärkt den Ton per Fernbedienung.

> Der Serienschauspieler (TV)
> " ... Und siehe, des Herrn Engel trat zu ihnen, und die Klarheit des Herrn leuchtete um sie; und sie fürchteten sich sehr."
>
> Susanne
> Kann ich noch etwas Soße haben?
>
> Der Serienschauspieler (TV)
> "Und der Engel sprach zu ihnen: Fürchtet euch nicht! Siehe, ich verkündige euch große Freude, die allem Volk widerfahren wird;"

Nicole
Michael: noch Kartoffeln?

Der Serienschauspieler (TV)
"denn euch ist heute der Heiland geboren, welcher ist Christus, der Herr, ... *(Und so weiter)*

Oliver (gleichzeitig)
Daß der sowas macht! Hat der das nötig?

Thomas Büb
Was meinst du, was der dafür kassiert!

Michael
Na, wieviel? Was schätzt du?

Martina
Oder er macht es für die Dritte Welt oder so –

Nicole
Oder er glaubt das Zeug.

Alle
(lachen.)

Der Serienschauspieler (TV)
"Und alsbald war da bei dem Engel die Menge der himmlischen Heerscharen, die lobten Gott und sprachen: Ehre sei Gott in der Höhe und Friede auf Erden und den Menschen ein Wohlgefallen!"

Claus
Nee, das halt ich nicht aus.

Oliver
Ist wirklich ätzend.

Claus schaltet per Fernbedienung auf die anderen Kanäle um. Aber überall gibt es religiöse Sendungen oder Christvespern.

Claus
Überall nur Mist: am Heiligabend!

Nicole
Laß doch mal die Schneekassette laufen. Soll ich sie holen?

Claus
Nee, die ist schon drin.

Er schaltet auf den Videorecorder um und läßt eine Kassette laufen, die nur einen dichten, großflockigen, ruhigen Schneefall zeigt.

Susanne
Was ist das denn?

Oliver
Wollten wir dem Jonas zu Weihnachten schenken –

Nicole
Ja, weil er doch immer so genervt hat: "Wann kommt Schnee? Wann kommt Schnee?"

Alle
(lachen.)

Martina
Wo ist der überhaupt?

Oliver
Keine Ahnung. Wir hätten ihn ja gern noch über Weihnachten hier gehabt, aber er war dann nicht mehr zu halten.

Claus
Wollt ihr mal hören, was er uns geschenkt hat?

Oliver
Als Dank.

Nicole
Ja, laß mal laufen, Claus.

Claus betätigt einen Kassettenrekorder, aus dessen Lautsprecher man Yunas in kreolischer Sprache singen hört.

<u>Yunas (Kassette)</u>
(singt.)

<u>Oliver</u>
Das ist er ... Hat er auch selbst geschrieben.

Alle lauschen verzückt.

Gegenschüsse auf einzelne Gesichter, aber auch auf den Video-Schneefall.

<u>Nicole</u>
Also, ich find' das wahnsinnig schön –

<u>Thomas Büb</u>
Ja, ein toller Sound –

<u>Oliver</u>
Und total post-naïv –

<u>Claus</u>
Nein, er war einfach menschlich okay, und das hört man einfach.

<u>Martina</u>
Wie der auf dem Schiff getrommelt hat, das vergeß ich nie ...

<u>Susanne</u>
Eigentlich schade, daß er weg ist, oder?

<u>Nicole</u>
Das kannst du laut sagen.

<u>Michael</u>
Ihr könnt mir die Kassette mal mitgeben. Der Rainer läßt da sofort 'ne Single von pressen – aber ohne hesitation –

Ton: Sirene der Alarmanlage

<u>Susanne</u>
Was ist das denn?

Alle sitzen erstarrt.

> Oliver
> Einbrecher.
>
> Claus
> Licht aus. Schnell.

Jemand schaltet das elektrische Licht aus: aber der Raum bleibt hell, weil die Kerzen des Weihnachtsbaumes brennen.

> Nicole
> Der Weihnachtsbaum!

Alle springen auf: entsprechendes Getöse der Stühle.

> Leise!

Geräuschlos eilen alle zum Weihnachtsbaum und pusten wie wahnsinnig die Kerzen aus. Keiner spricht mehr.

> Claus (*off*, flüsternd)
> Wir müssen mal rausgucken. Oliver, komm.
>
> Oliver (*off*, flüsternd)
> Nee, nicht mit mir. Ich geh da nicht raus.

Schnitt.

88. Hamburg. Villa. Vestibül — Innen / Nacht

> *Ton: Alarmsirene, noch.*

Claus und Nicole schleichen sich im Dunkeln ans Fenster und spähen hinaus.

> Nicole (nach einer Weile, flüsternd)
> Ich seh keinen. Du?

> Claus (flüsternd)
> Nee. ...

> Nicole
> Bloß 'n Kaninchen.

Gegenschnitt auf ein Kaninchen, das im Vorgarten eßbare Pflanzen sucht.

> Claus (*off*)
> Wo?

> Nicole (*off*)
> Na, da vorne ...

> Claus (*off*, nach einer Weile)
> Weißt du was? Könnte sein, das ist es.

> Nicole (*off*)
> Was?

> Claus (*off*)
> Das Kaninchen hat den Alarm ausgelöst.

> Nicole (*off*)
> Wie denn das?

> Claus (*off*)
> In die Lichtschranke gelaufen.

Zoom auf das Kaninchen.

> Nicole (*off*)
> Wahnsinn. ... Dann ist die Sicherheitsanlage wirklich super. Oder?

Der Nachspann beginnt.

> Yunas (Kassette)
> (singt sein kreolisches Lied.)

Darunter Überblendung.

89. Seychellen. Mahé. Beau Vallon. Himmel   Außen / Tag

Fortsetzung des Nachspanns.

<u>Yunas (Kassette, singt sein Lied.)</u>

Im Hintergrund fliegt Paraglider Yunas am blauen Himmel über dem *Indischen Ozean* und macht eine Sequenz akrobatischer Kunststücke ...

bis der Nachspann zu Ende ist.

MAKTUB

oder

DAS GESETZ DER WÜSTE

1989

Die Personen

Beduinen

Leila, 18
Hakîm, 18

Ibrahim, Leilas Vater
Fatma, Leilas Mutter

Scheich Halil
Hatem, sein Sohn
Akif, sein Sohn
Abdallah, 16, sein Sohn
Salim, sein Neffe
Salims Vater
Rasi, Salims Bruder
Talal, Salims Bruder
Salims Mutter
Frial, Salims Schwester

Scheich Abdul-Elmoti
Amir, sein Sohn
Chamis, sein Sohn
Schifa, seine Tochter

Der Kadi

Nadjar (aus Yafo)
Achmed (aus Yafo)
Hassen, Souvenirverkäufer aus Jerusalem
Chaled, sein Freund
Mansur, Tankstellenwärter in Elat
Mohammed, sein Kunde
Der junge Fußgänger vom Toten Meer
Zwei Kamelreiter aus dem Negev
Erster alter Mann
Zweiter alter Mann
Dritter alter Mann

Erste Frau
Zweite Frau
Dritte Frau
Die Frau, die ihr Kind schlägt
Der Autofahrer
Kinder

Juden

Mosche Rosenfeld, Reservegeneral
Rachel Rosenfeld, seine Frau
Ruth Rosenfeld, 24, ihre Enkelin
David, Polizeibeamter
Yitzak, Polizeibeamter

Araber

Ali, Polizeibeamter

Deutsche

Prof. Dr. Werner Bertram, 47, Astrophysiker
Ingeborg Bertram, 42, seine Frau
Sönke Bertram, 22, ihr Sohn und stud. iur.
Frauke Bertram, 19, ihre Tochter und stud. theol.
Großmutter Bertram

Hartmut, Sönkes Freund und Kommilitone
Volkmar, Hartmuts Verbindungsbruder
Kriminalkommissar Stoll
Der Standesbeamte
Ein rechtsradikaler Parteifunktionär
Der Briefträger

Der Mann im Auto (in Israel)
Die Frau im Auto (in Israel)

1. Negev-Wüste	Außen / Tag

Zuërst sieht man lange nur die Wüste.

Die Kamera steht. (Oder sie fliegt.)

Darüber läuft der Vorspann.

Danach sieht man immer noch dasselbe Bild der endlosen Wüste.

Aus dem off *hört man Schüsse.*

Die Kamera folgt den Schüssen, indem sie langsam über die Wüste schwenkt; sie entdeckt, weit entfernt, zwei Beduïnenzelte, die dicht nebeneinander in der Wüste stehen. Vor den Zelten sieht man sehr viele Menschen.

Die Kamera fährt oder zoomt auf die Zelte zu:

in und vor den Zelten wird eine Hochzeit gefeiert ...

2. Beduïnenzelte in der Negev-Wüste	Außen / Tag

Vor den Beduïnenzelten findet gerade eine *Fantasîa* statt: wilde Reit- und Schießspiele, die einen Bestandteil der Hochzeitsfeierlichkeiten bilden.

Die Kamera schaut zunächst den traditionell gekleideten Reitern auf ihren Pferden zu.

An der *Fantasîa* beteiligen sich sowohl hell- als auch dunkelhäutige Männer.

Dann führt die Kamera einzeln die zuschauenden Männer vor, wie sie vor dem Zelt das Schaureiten beobachten und kommentieren. Auch hier gibt es sowohl Hell- als auch Dunkelhäutige.

Die älteren Männer sind traditionell mit *djellaba*, *kaffye* und *aqal*, die jüngeren westlich-modern gekleidet.

Einer der letzten vorgeführten Männer ist Salim, ein kleiner, dünner, nicht mehr ganz junger, aber hellhäutiger Mann. Seine Augen folgen nicht den Reitern, sondern sind anderwärts fixiert.

Die Kamera folgt seinem Blick und gerät auf diese Weise zu den separierten Frauen, die der *Fantasîa* vom Frauenzelt aus zuschauen. Die Frauen sind alle traditionell gekleidet.

Die Kamera tastet die Gesichter der Frauen ab und verharrt schließlich bei Leila, einem auffallend schönen Mädchen von *circa* achtzehn Jahren, dessen Blick aber weder auf das Schaureiten noch auf jenen Salim gerichtet ist. Leilas Augen gehen eigene Wege.

Die Kamera folgt ihrem Blick und entdeckt auf diese Weise Hakîm, einen schönen, hochgewachsenen Schwarzen von *circa* achtzehn Jahren.

Hakîm erwidert Leilas Blick mit brennenden Augen.

Gegenschnitt auf Leilas heimlichen Blick.

Gegenschnitt auf Hakîms begehrenden Blick.

Attacca der Einsatz beduïnischer Musik.

Überblendung.

3. Beduïnenzelte in der Negev-Wüste   Außen / Tag

Eine spätere Phase derselben Beduïnen-Hochzeit: Braut und Bräutigam werden in getrennten Zügen zueinander geführt.

Sie begegnen einander: Ringwechsel, Salutschüsse *et cetera*.

Braut und Bräutigam stehen mitten zwischen Männern und Frauen, die alle rhythmisch klatschen und rings um das Brautpaar tanzen. Die Frauen singen. Einige begleiten Gesang und Tanz auf kleinen Trommeln. Einige stossen lange schrille Schreie aus.

Die Kamera schwenkt langsam über die ekstatische Menge.

Dabei wird wieder deutlich, daß sie sich aus hell- wie aus dunkelhäutigen Menschen gleichermaßen zusammensetzt.

Die schwenkende Kamera verharrt bei Salim, der wieder zu Leila blickt.

Gegenschnitt zu Leila, die zu Hakîm blickt.

Gegenschnitt auf Hakîm, der zu Leila blickt.

Gegenschnitt auf Leila, die Hakîms Blick erwidert.

Gegenschnitt auf Salim, der zu Leila blickt, die seinen Blick nicht erwidert.

Dann Totale der ganzen Hochzeitsgesellschaft.

Dann langsamer Schwenk über die Tanzenden bis zum Brautpaar.

Dann eventuëll nochmals Gegenschnitte auf die Blicke von Salim, Leila und Hakîm.

Während des Tanzes (wie auch schon während der *Fantasîa*) ist immer wieder im Hintergrund und in Zwischenschnitten die Wüste zu sehen. Die Zusammengehörigkeit der Beduïnen mit ihrer Landschaft muß auf diese Weise betont und sehr deutlich gemacht werden.

Am Ende der Szene hört man die Stimme von Ibrahim, Leilas Vater.

> Ibrahim (*off*)
> Fatma? ...

Schnitt auf Ibrahim, einen verbrauchten müden alten Mann in städtischer Kleidung. Er steht mitten zwischen den Tanzenden.

> Ibrahim (*on*)
> Fatma – wir müssen nach Hause, kommt ... !

Schnitt auf die tanzende Fatma, eine dürre verbrauchte alte Frau in traditioneller Kleidung.

> Ibrahim (*off*)
> Fatma!

Fatma hört auf zu tanzen und geht zu Leila.

> Fatma
> Leila! Leila, komm: wir müssen zum Bus.

Schnitt.

4. Landstraße südlich von Be'er Scheba   Außen / Tag

Ein Linienbus fährt über die Landstraße nordwärts.

Er ist voll besetzt mit überwiegend jüdischen Israëlis, eventuëll auch mit ein paar europäischen Touristen.

Auch Ibrahim und Fatma sitzen im Bus. Sie schweigen und sehen zum Fenster hinaus.

Hinter ihnen sitzt Leila am Fenster. Auch sie schaut hinaus.

Draußen sieht man die Wüste.

Man sieht die Unfruchtbarkeit und die Dürre der Wüste. Man sieht die scheinbare Leere und Leblosigkeit der Wüste.

Aber man sieht auch die Weite der Wüste, ihre Endlosigkeit, ihren hohen Riesenhimmel, ihre Freiheit.

Schnitt.

5. Ramle. Slum   Außen / Tag

Kleine, schmutzige Gasse ohne Himmel im Elendsviertel.

Passanten, Häuser, Geschäfte und Seitenstraßen: alles ist arm, schmutzig, verwahrlost, unhygienisch, trostlos asozial und denaturiert.

Lange Einstellung. Der Slum muß ein starkes Gegengewicht zur Wüste darstellen – aber auch zur nächsten Szene.

Ibrahim, Fatma und Leila kommen mit ihrem Reisegepäck ins Bild, gehen auf die Kamera zu und an ihr vorbei.

Ibrahim
Leila muß jetzt zur Feldarbeit. Ab morgen.

Die Kamera folgt ihnen, bis sie in einer armseligen Hütte verschwinden, die aus Asbestpappe und Wellblech besteht und deren Tür Ibrahim aufschließt. Es ist ihr Zuhause.

Musikeinsatz: Mozart-Quintett.

Schnitt.

6. Hamburg-Harvestehude. Villa Bertram Innen / Tag

Musikzimmer: Familie Bertram und ihre Freunde machen Hausmusik.

Im Augenblick spielen sie den Vierten Satz aus dem Quintett für Klarinette, zwei Violinen, Viola und Violoncello, A-dur, KV 581 von Mozart.

Alle Anwesenden sollten auf unaufdringliche Weise dem eher blonden und blauäugigen Typus angehören, um sofort einen möglichst starken physiognomischen Kontrast zu den Beduïnen-Gesichtern herzustellen.

Sie spielen nur wenige Sekunden. Dann:

Schnitt

7. Ramle. Freier Platz im Slum Außen / Tag

Hakîm spielt mit anderen jungen Männern Fußball.

Sie sind lustig und lachen viel.

Hakîm ist nicht der einzige Schwarze.

Unter den Hellhäutigen sind auch einige junge Männer von der Beduïnen-Hochzeit.

Hakîm schießt ein Tor.

Die Männer seiner Mannschaft umarmen ihn begeistert. Auch die weißen Mitspieler umarmen ihn begeistert.

Schnitt.

## 8. Erdbeerfeld	Außen / Tag

Leila arbeitet auf dem Erdbeerfeld.

Auf den Knien rutscht sie die Reihen entlang und pflückt die reifen Beeren.

Es ist sehr heiß.

Die Arbeit ist eine Fron.

Längere Einstellung. Dann:

Schnitt.

## 9. Ramle. Ibrahims Wohnung	Innen / Abend

Ibrahims Wohnung im Slum ist schmutzig und armselig.

Ibrahim hat Besuch: Salim ist mit seinem Vater und seinen Brüdern Rasi und Talal gekommen.

Sie sitzen auf Matratzen, trinken Kaffee und Tee und rauchen.

Im Nebenraum steht Fatma hinter dem Trenn-Vorhang und lauscht.

Die Männer sprechen über Preise, Krankheits- und Todesfälle, über die Busreise, über Liebschaften, über die gemeinsam gefeierte Hochzeit *et cetera*: Klatsch und Tratsch.

Mittenhinein sagt

>Salims Vater
>Mein Sohn Salim ... der möchte auch bald heiraten ...

Schnitt auf Salim.

>Salims Vater (*off*)
>Er möchte eure Leila heiraten.

Danach geht das allgemeine Palaver ruhig weiter.

Fatma späht durch den Vorhang.

Schnitt.

10. Erdbeerfeld   Außen / Tag

Leila schuftet auf dem Erdbeerfeld. Mühsam rutscht sie auf den Knieen ihre Reihe entlang.

In einer benachbarten Reihe kommt ihr Hakîm entgegengerutscht, der jetzt gleichfalls hier arbeitet.

Die beiden rutschen aufeinander zu, sind einen Augenblick lang auf gleicher Höhe nebeneinander, schauen sich an und entfernen sich dann wieder voneinander.

Schnitt.

11. Ramle. Ibrahims Wohnung   Innen / Tag

Fatma hackt Holz und macht Feuer.

Ibrahim trinkt Bier und ist nicht mehr ganz nüchtern.

> Ibrahim
> Dann sag ihr, daß Salims Familie sehr reich ist ...
>
> Fatma
> Das ist ihr egal. ... Völlig egal.

Schnitt.

12. Tomatenfeld   Außen / Tag

Hakîm und Leila arbeiten jetzt auf einem Tomatenfeld.

Sie pflücken die reifen Tomaten.

Ihre Augen suchen und finden sich.

Schnitt.

13. Ramle. Ibrahims Wohnung   Innen / Nacht

Ibrahim verprügelt Leila.

Fatma sitzt reglos dabei.

Die Szene ist nicht kurz.

Leila blutet.

Schnitt

14. Rahat. Haus des Scheichs Halil   **Innen / Nacht**

Abendliche Männerversammlung.

Anwesend sind unter anderen Scheich Halil, dessen Söhne Hatem, Akif und Abdallah, 16, sowie mehrere hell- und dunkelhäutige Männer, die man von der anfänglichen Hochzeitsfeier kennt.

Man trinkt Kaffee und Tee, raucht und tratscht über Wetter, Preise, Krankheiten, Liebschaften ...

Mittenhinein sagt beiläufig

> Scheich Halil
> Salim möchte Ibrahims Tochter heiraten ... Aber Leila hat ihn abgelehnt ...

Alle erstarren. Pause.

Danach geht das allgemeine Palaver weiter.

Schnitt.

15. Tomatenfeld   **Außen / Nacht**

Mondlicht über dem Tomatenfeld.

Leila und Hakîm liegen zwischen den dichtstehenden und hochgewachsenen, sehr üppigen Tomatenpflanzen.

Sie haben sich gerade geliebt.

Pause.

> Leila (flüstert)
> Hakîm ...

Pause.

Hakîm setzt sich auf, zündet sich eine Zigarette an und raucht.

<u>Hakîm (nach einer Weile)</u>
Du mußt jetzt nach Hause ...

<u>Leila</u>
Nein.

Pause. Hakîm raucht.

<u>Hakîm (nach einer Weile)</u>
Du willst nicht nach Hause?

<u>Leila</u>
Nein.

Pause. Hakîm raucht.

<u>Hakîm (nach einer Weile)</u>
Kennst du die Apfelsinenplantage Mehadrin?

<u>Leila</u>
Nein.

Pause. Hakîm raucht.

<u>Hakîm</u>
Da finden sie uns nicht.

Hakîm steht auf und ordnet seine Kleidung.

<u>Hakîm</u>
Komm.

Leila steht auf und ordnet ihre Kleidung.

Hakîm will sie anfassen.

Leila glaubt, daß er sie schlagen will, und duckt sich.

<u>Hakîm</u>
Ich tu dir nichts. Komm.

Hakîm faßt Leila am Arm und geht mit ihr aus dem Bild.

Überblendung.

16. Apfelsinenplantage   **Außen / Tag**

Langsamer Schwenk über die riesige Apfelsinenplantage, als suche die Kamera jemanden.

Aber kein Mensch ist zu sehen.

Es ist auch totenstill.

Die Apfelsinenbäume tragen reife Früchte.

Überblendung.

17. Rahat. Haus des Scheichs Halil   **Innen / Abend**

Abendliche Männerversammlung.

Anwesend sind unter anderen Halil, dessen Söhne Hatem, Akif und Abdallah sowie andere hell- und dunkelhäutige Männer, die man von der anfänglichen Hochzeitsfeier kennt.

Man trinkt Kaffee und Tee, raucht und tratscht.

Plötzlich sagt

> Hatem
> Ibrahims Tochter Leila ist verschwunden.
>
> Akif
> Sie ist schon seit einer Woche verschwunden.
>
> Abdallah
> Und was soll das heißen: verschwunden?
>
> Hatem
> Das wird wohl heißen: entführt.
>
> Akif
> Man muß ihr Haschisch gegeben haben.

Pause.

> Ein anderer Mann
> Sie ist eine Schande für Salim.
>
> Ein anderer Mann
> Für unsre ganze Familie.
>
> Scheich Halil
> Wir müssen sie suchen. ... Alle zusammen.

Schnitt.

18. Apfelsinenplantage   **Außen / Tag**

Die Kamera schwenkt wieder suchend über die Plantage mit den reifen Apfelsinen ...

Plötzlich hört man aus dem *off*, wie Leila stöhnt und einen Lustschrei ausstößt.

Die Kamera folgt dem Laut und findet mitten in der Plantage ein verfallenes kleines Gebäude, auf dem sie verharrt.

Aber niemand ist zu sehen.

Pause.

> Nadjar (*off*)
> Leila ist verschwunden.

Schnitt.

19. Yafo. Arabisches Straßencafé   Außen / Tag

Mitten im Großstadtverkehr sitzen in einem Café zwei Beduïnen an einem Tisch.

> <u>Achmed</u>
> Wer ist verschwunden?
>
> <u>Nadjar</u>
> Ibrahims Tochter.
>
> <u>Achmed</u>
> Die Leila?
>
> <u>Nadjar</u>
> Wir müssen sie suchen ...

Pause.

> <u>Hassen</u> (*off*)
> Und wo treffen wir uns?

Schnitt.

20. Jerusalem. Vor Westmauer oder Felsendom   Außen / Tag

Ein Souvenirkiosk vor einem der berühmten Wahrzeichen Jerusalems. Der Beduïne Chaled informiert gerade den beduïnischen Souvenirverkäufer Hassen und schaut sich ängstlich um.

> <u>Hassen</u> (*on*)
> Wo wir uns treffen?
>
> <u>Chaled</u>
> Wir treffen uns in Be'er Scheba.
>
> <u>Hassen</u>
> Gut. Und wann?

Chaled schaut sich ängstlich um.

> Mohammed (*off*)
> Wann wollen wir uns treffen?

Schnitt.

21. Elat. Tankstelle   Außen / Tag

An einer Tankstelle vor dem Hintergrund des *Roten Meeres* im *Golf von Aqaba* hat Mohammed gerade sein Moped getankt und verabschiedet sich vom Tankstellenwärter Mansur.

> Mohammed (*on*)
> Wann wir uns treffen wollen?
>
> Mansur
> Wir treffen uns am Donnerstag auf dem Markt in Be'er Scheba.
>
> Mohammed
> Gut. Bis Donnerstag also.

Mohammed fährt auf seinem Moped davon.

Schnitt.

22. Apfelsinenplantage   Außen / Tag

Die Kamera starrt noch immer auf das kleine verfallene Gebäude und zoomt dann langsam auf dessen Fenster zu.

Die Kamera schaut durch das Fenster in das Innere des kleinen Gebäudes.

Auf dem Fußboden liegen Leila und Hakîm und lieben sich.

Plötzlich schreckt Leila hoch und starrt zum Fenster.

Auch Hakîm fährt zum Fenster herum.

Gegenschnitt aufs vergitterte kleine Fenster: zwei kleine Kinder schauen lachend herein.

>   Hakîm
>   Haut ab. Verschwindet. Los.

Die Kinder verschwinden.

>   Leila (setzt sich auf)
>   Hakîm! ... Was machen wir jetzt?
>
>   Hakîm (zündet sich eine Zigarette an; dann:)
>   Es gibt nur eins ... Ich geh zur Polizei.

Schnitt.

23. Landstraße im südlichen Negev   Außen / Tag

Mohammed fährt auf seinem Moped nordwärts.

Hinten auf seinem Moped sitzt Mansur.

Schnitt.

24. Rahat. Schule   Außen oder innen / Tag

Die beiden Kinder von der Apfelsinenplantage (Szene 22) flüstern andern Kindern was ins Ohr, die das Gehörte ihrerseits weiterflüstern.

Allgemeines großes Gekicher.

Schnitt.

25. Jerusalem. Straße   **Außen / Tag**

Ein Linienbus fährt aus Jerusalem hinaus.

Ein Schild verkündet, daß er nach Be'er Scheba fährt.

Im Bus sitzen der Souvenirverkäufer Hassen und Chaled.

Hinter ihnen sitzen Männer, die auch Beduïnen sein und zu ihnen gehören können.

Schnitt.

26. Beduïnenzelt am Stadtrand   **Außen / Tag**

Eine Frau beim Kochen an der Feuerstelle. Neben ihr ein Kind.

> <u>Frau</u>
> Wo war das? Wo?

Sie schlägt das Kind.

> <u>Frau</u>
> Wo haben sie die beiden gesehen?
>
> <u>Kind</u>
> Auf der Apfelsinenplantage.
>
> <u>Frau</u>
> Auf welcher Apfelsinenplantage?

Sie schlägt das Kind.

> <u>Frau</u>
> Auf welcher Apfelsinenplantage?
>
> <u>Kind</u>
> Ich glaube, Mehadrin.

Schnitt.

27.   Landstraße am *Toten Meer* **Außen / Tag**

Ein junger Beduïne geht zu Fuß die einsame Straße entlang.

Er versucht vergeblich, die selten vorbeifahrenden Autos zu stoppen.

Schnitt.

28.   Rahat. Brotbackschuppen **Innen / Tag**

Mehrere Beduïnenfrauen arbeiten und tratschen.

Die Arbeit: Fladenbrotbacken, Teppichweben, Schafwolle spinnen, Käsebereitung.

Der Tratsch:

> 1. Frau
> Im Geräteschuppen der Apfelsinenplantage.
>
> 2. Frau
> Auf welcher Apfelsinenplantage?
>
> 1. Frau
> Hab ich doch gesagt: Syndikat Mehadrin.
>
> 3. Frau
> Auf der Apfelsinenplantage Mehadrin?

Schnitt.

29. Landstraße am *Toten Meer* — Außen / Tag

Der junge Fußgänger hat Glück: ein vorbeifahrendes Auto hält.

> Fußgänger (fragt den Fahrer)
> Be'er Scheba?

Der Fahrer nickt.

Der junge Beduïne steigt ein.

Das Auto fährt weiter.

Schnitt.

30. Tel Aviv. Straße — Außen / Tag

Ein Mercedes fährt durch Tel Aviv.

Im Mercedes sitzen Nadjar und Achmed aus dem Straßencafé in Yafo (Szene 19) sowie zwei andere Beduïnen in städtischer Kleidung.

An einer Straßenkreuzung folgt der Wagen dem Verkehrsschild nach Be'er Scheba.

Schnitt.

31. Negev-Wüste — Außen / Tag

Zwei Beduïnen reiten auf Kamelen nordwärts.

Sie kommen an eine Art Weggabelung.

> 1. Beduïne
> Be'er scheba links.

Sie halten sich links und reiten weiter.

Schnitt.

32. Rahat. Salims Haus   Innen / Tag

Salim sitzt mit seiner Familie beim Essen.
Alle essen mit der Hand aus derselben Schüssel.

> <u>Salims Schwester Frial (nach einer Weile)</u>
> Sie sollen auf der Apfelsinenplantage sein.
>
> <u>Salims Mutter</u>
> Wer?
>
> <u>Frial</u>
> Leila und Hakîm.
>
> <u>Salim</u>
> Auf welcher Apfelsinenplantage?
>
> <u>Frial</u>
> Auf der Apfelsinenplantage von Mehadrin.

Pause.

Mehrere Hände greifen in die Schüssel (groß).

Schnitt.

33. Hamburg. Villa Bertram. Speisezimmer   Innen / Abend

Der Eßtisch ist für fünf Personen gedeckt. Geschirr, Gläser, Bestecke, Servietten, Blumen – alles deutet auf bürgerlichen Wohlstand, auf europäische

Eßkultur hin und stellt einen deutlichen Kontrast zur Mahlzeit der vorausgegangenen Szene dar.

Frau Bertrams gepflegte Hand beëndet gerade das Tischdecken, legt dann eine Kassette in einen Kassettenrecorder und betätigt die *Play*-Taste.

Es ertönt festliche Barockmusik, zum Beispiel von Händel oder Vivaldi.

Frau Bertrams Hand reduziert die Lautstärke, dann zündet sie in zwei Leuchtern die Kerzen an. Wenn alle Kerzen brennen, ergreift sie eine kleine silberne Tischglocke und läutet.

<u>Frau Bertram</u> (*off*)
Bitte zu Tisch.

Sie setzt die Glocke ab.

<u>Polizeibeamter David</u> (*off*)
Und du: was willst du?

Schnitt.

34. Rahat. Polizeistation   Innen / Tag

Der diensthabende Polizeibeamte David ist jüdisch und aus Jericho.

<u>David</u> (*on*)
Ja, du. Was du willst?

<u>Hakîm (tritt heran)</u>
Ich möchte heiraten.

<u>David</u>
Eheschließungen sind nicht Sache der Polizei.

<u>Hakîm</u>
Ja ...

David
Du bist hier bei der Polizei.

Hakîm
Weil wir Beduïnen sind. Beide.

David
Für die Polizei gibt es keine Beduïnen. Nur Bürger des Staates Israël. Seid ihr Bürger des Staates Israël?

Hakîm
Ja.

David
Na, also. Dann ist doch alles in Ordnung.

Hakîm
Aber wir sind auch Beduïnen.

David
Ja, und? Gibt es bei Beduïnen keine Hochzeit?

Hakîm
Doch. Aber schau mich doch an.

Großaufnahme von Hakîm, sehr nah und groß.

Hakîm
Ich bin schwarz.

David (*off*)
Ja, und?

Schnitt.

35. Be'er Scheba. Markt Außen / Tag

Der Markt an der Straße nach Elat und vor der *sky line* des modernen Be'er Scheba.

Die Kamera schwenkt über den Markt und endet bei einer Gruppe beduïnischer Männer, die auf der Erde sitzen oder herumstehen und warten, ohne etwas zu verkaufen. Es sind *circa* vierzig Männer: darunter Salim und seine Brüder Rasi und Talal; Hatem und seine Brüder Akif und Abdallah; Nadjar und Achmed aus Yafo; ihre beiden Begleiter aus dem Mercedes; der Souvenirhändler Hassen und Chaled aus Jerusalem; Mohammed und Mansur aus Elat; der junge Fußgänger vom *Toten Meer*; die beiden Kamelreiter aus dem Negev sowie etliche der Männer von der anfänglichen Hochzeitsfeier.

Die Männer sprechen über Preise, Wetter, einen Autounfall, einen Todesfall ...

Beiläufig sagt

> Hatem
> Ich glaube, wir können uns auf den Weg machen.
>
> Salim
> Es fehlen noch Nimer und Sliman aus Bethlehem.
>
> Hatem
> Dann warten wir noch.

Das Gespräch über Preise und Wetter geht weiter.

> Hakîm (*off*)
> Darum brauchen wir euren Schutz.

Schnitt.

36. Rahat. Polizeistation Innen / Tag

Fortsetzung der Szene 34: das Gespräch zwischen Hakîm und David ist noch im Gange.

> Hakîm (*on*)
> Wir brauchen den Schutz der Polizei.

David
Die Polizei kann sich nicht um Familienangelegenheiten kümmern.

Hakîm
Das sagst du, weil du die Beduïnen nicht kennst.

David
Ich stamme aus Jericho: da gibt es keine.

Hakîm
Sie werden uns suchen und finden, das ist Gesetz ... Wir sind in größter Gefahr.

David
Das ist vielleicht das Gesetz der Wüste. Das Gesetz des Staates Israël ist das nicht.

Hakîm
Aber wir sind Bürger des Staates Israël. Wir wollen so leben wie Bürger des Staates Israël. Darum brauchen wir euren Schutz.

David
Also, ich habe mir alles notiert. Wir werden uns kümmern.

Hakîm
Aber wann? Es ist lebensgefährlich: wann?

David
Also, unsern Dienstplan mache nicht ich. Den macht der Chef, der kommt erst später. Wo ist deine Braut?

Hakîm
Auf der Apfelsinenplantage.

David
Laß sie da nicht so lange allein – wenn es so gefährlich ist ...

Schnitt.

37. Gebäude in der Apfelsinenplantage Mehadrin   Innen / Tag

Leila liegt auf dem Boden und wartet.

Sie hat Langeweile.

Plötzlich hört sie das Geräusch nahender Automotoren.

Leila steht auf, tritt ans vergitterte kleine Fenster, schaut und horcht hinaus.

Schnitt.

38. Apfelsinenplantage   Außen / Tag

Die Apfelsinenplantage liegt in der Mittagssonne da.

Geräusch sich nähernder Autos.

Schnitt.

39. Straße in der Apfelsinenplantage Mehadrin   Außen / Tag

Eine Autokolonne fährt langsam durch die Apfelsinenplantage.

Die Kolonne besteht aus Fahrzeugen aller Art. Auch der Mercedes aus Yafo und das Moped aus Elat sind dabei.

Schnitt.

40. Landstraße zur Apfelsinenplantage   Außen / Tag

Hakîm geht zu Fuß von der Polizeistation zur Apfelsinenplantage.

Ein Auto nähert sich von hinten.

Er winkt.

Das Auto hält.

Hakîm tritt ans Auto heran und sieht, daß der Fahrer Beduïne ist. Im Auto sitzen noch andere Beduïnen.

> Hakîm
> Fahrt ihr nach Be'er Scheba?

> Der Fahrer
> Genau entgegengesetzt.

Das Auto fährt weiter in Rchtung Apfelsinenplantage.

Hakîm registriert das und geht in derselben Richtung weiter wie vorher.

Schnitt.

41. Apfelsinenplantage   Außen / Tag

Die Autokolonne der Beduïnen hält an einem freien Platz mitten in der Apfelsinenplantage.

Die Autos parken.

Die Männer steigen aus.

Ihr Verhalten zum Areal der Apfelsinenplantage drückt einen Spannungszustand aus.

Schnitt.

42. Landstraße zur Apfelsinenplantage Außen / Tag

Hakîm ist noch zu Fuß auf seinem Rückweg.

Wieder nähert sich von hinten ein Auto.

Er versteckt sich hinter einem Busch.

Er sieht, daß europäische Touristen im Auto sitzen.

Er verläßt sein Versteck und winkt.

Das Auto hält.

> <u>Hakîm (tritt heran)</u>
> Mehadrin?
>
> <u>Die Frau im Auto</u>
> Excuse me?
>
> <u>Hakîm (zeigend)</u>
> Mehadrin.
>
> <u>Der Mann im Auto</u>
> Allright, come in.

Hakîm steigt ein.

Schnitt.

43. Apfelsinenplantage Außen / Tag

Die *circa* vierzig Beduïnen "schwärmen aus" und "durchkämmen" die Apfelsinenplantage.

Schnitt.

44. Landstraße zur Apfelsinenplantage   Außen / Tag

Hakîm sitzt im Fond des Touristenautos, das gerade die Apfelsinenplantage erreicht.

<u>Hakîm</u>
Hier steige ich aus.

<u>Die Frau im Auto</u>
Excuse me?

<u>Hakîm (pantomimisch)</u>
Hier. Stop. Okay.

Das Auto hält.

Hakîm steigt aus.

Schnitt.

45. Apfelsinenplantage   Außen / Tag

Die Beduïnen ziehen in breiter Phalanx langsam durch die Plantage.

Schnitt.

46. Apfelsinenplantage: anderer Teil   Außen / Tag

Hakîm geht ruhig durch die Plantage zu Leila zurück.

Alles ist ruhig – totenstill.

Schnitt.

47. Apfelsinenplantage   **Außen / Tag**

Die Beduïnen durchkämmen die Plantage.
Nur wenige Sekunden. Dann:

Schnitt.

48. Apfelsinenplantage: anderer Teil   **Außen / Tag**

Hakîm wandert durch die Plantage.
Es ist sehr heiß.
Nur wenige Sekunden. Dann:

Schnitt.

49. Gebäude in der Apfelsinenplantage   **Außen / Tag**

Das verfallene kleine Gebäude liegt ruhig in der Mittagssonne.
Weder die Beduïnen noch Hakîm haben es bisher erreicht.
Pause.
Leila tritt ruhig aus dem Gebäude, geht auf einen Apfelsinenbaum zu, pflückt sich eine reife Frucht und beginnt, sie zu schälen.

                Im off *klingelt ein Telefon.*

Schnitt.

50. Polizeistation Rahat — Innen / Tag

Das Telefon klingelt.

Das Büro ist leer.

Das Telefon klingelt weiter.

David kommt aus einem Hinterzimmer und nimmt den Hörer ab.

<u>David (ins Telefon)</u>
Polizeistation ... Ja ... Ja, bitte ... Wo? ... Ach ... Und wieviele? ... Gut, wir kümmern uns drum. Vielen Dank für die Information. Auf Wiederhören.

David legt den Hörer auf und wählt sofort eine kurze Nummer.

<u>David (ins Telefon)</u>
Hier David. Paß auf. Da ruft mich grade eine Tankstelle an: die Beduïnen scheinen verrückt zu spielen. Die verfolgen da ein Liebespärchen in einer Apfelsinenplantage – was? ... Nein, aber eine Art Lynch-Justiz, da besteht Lebensgefahr, ihr müßt sofort hinfahren: Mehadrin – aber sofort!

Schnitt.

51. Gebäude in der Apfelsinenplantage — Außen / Tag

Leila sitzt im Schatten eines Apfelsinenbaumes in der Nähe des kleinen Gebäudes und verzehrt die inzwischen geschälte Apfelsine.

Schnitt.

52. Apfelsinenplantage	Außen / Tag

Die Beduïnen durchkämmen schweigend die Plantage.
Nur wenige Sekunden. Dann:

Schnitt.

53. Apfelsinenplantage: anderer Teil	Außen / Tag

Hakîm wandert durch die Plantage.
Von weitem sieht er durch die Bäume das verfallene kleine Gebäude.

Schnitt.

54. Apfelsinenplantage: anderer Teil	Außen / Tag

Die Beduïnen durchkämmen wortlos die Plantage.

> Salim (nach einer Weile, zeigend)
> Da.

Alle bleiben sofort stehen.

Gegenschnitt auf das verfallene kleine Gebäude mit Leila unter einem Apfelsinenbaum.

Pause.

> Hatem (*off*)
> Einkreisen.

Aus dem off: *Polizeisirene.*

Schnitt.

55. Landstraße zur Apfelsinenplantage — Außen / Tag

Ein Polizei-Jeep mit den uniformierten und bewaffneten Polizisten Ali und Yitzak rast in hoher Geschwindigkreit auf die Apfelsinenplantage zu.

Die Polizeisirene heult.

Schnitt.

56. Gebäude in der Apfelsinenplantage — Außen / Tag

Jetzt sitzen Leila und Hakîm gemeinsam im Schatten des Apfelsinenbaumes in der Nähe des kleinen Gebäudes.

Hakîm wischt sich den Schweiß ab.

Leila gibt ihm den Rest ihrer Apfelsine zu essen.

> Hakîm (hochfahrend und zeigend)
> Da!

Leilas Blick folgt Hakîms Finger.

Gegenschnitt auf die Beduïnen, die sich ihnen in breiter Front nähern.

Hakîm springt auf, packt Leila am Arm und rennt mit ihr in entgegengesetzter Richtung aus dem Bild.

Schnitt.

57. Apfelsinenplantage. Anderer Teil   **Außen / Tag**

Der Polizei-Jeep fährt in größtmöglicher Geschwindigkeit querbeet durch die Apfelsinenplantage.

Schnitt.

58. Apfelsinenplantage, anderer Teil   **Außen / Tag**

Hakîm und Leila kommen auf ihrer Flucht ins Bild gelaufen und stoppen plötzlich. Denn vor ihnen tauchen in breiter Phalanx die Beduïnen auf.

Gegenschnitt auf die Beduïnen und das Pärchen.

Hakîm und Leila stellen fest, daß sich die Beduïnen von allen Seiten auf sie zu bewegen und daß sie quasi eingekesselt sind.

Mehrfache Gegenschnitte.

In diesem Augenblick kommt der Polizei-Jeep angerast und stoppt direkt bei Hakîm und Leila.

Die beiden Polizisten springen aus dem Jeep und stellen sich schützend zu Hakîm und Leila, jeder in eine andere Richtung.

Pause.

> <u>Polizist Ali (zu den Beduïnen)</u>
> Was wollt ihr?

Pause.

> <u>Ali</u>
> Ich frage, was ihr wollt.
>
> <u>Hatem</u>
> Mit Leila sprechen.

Pause.

<u>Ali</u>
Dann sprecht.

Pause.

<u>Hatem</u>
Nicht hier.

Pause.

<u>Ali</u>
Warum nicht?

Pause.

<u>Akif</u>
Es ist eine Familienangelegenheit.

Pause.

<u>Polizist Yitzak</u>
Warum seid ihr dann hier?

<u>Akif</u>
Wir wollen sie nach Hause begleiten.

<u>Ali (zu Leila)</u>
Willst du mit ihnen nach Hause gehen?

Leila schüttelt den Kopf.

<u>Ali</u>
Sie will nicht mit euch gehen.

Pause. Dann gibt Hatem den andern Beduïnen ein Zeichen.

Sie gehen langsam auf Leila zu – offenbar um sie zu holen.

<u>Ali</u>
Halt. Stehenbleiben. Sie steht unter Polizeischutz.

<u>Hatem</u>
Aber sie ist Bedu.

<u>Ali</u>
Sie ist Israëli.

Pause.

Hatem gibt wieder ein Zeichen. Die Beduïnen setzen sich wieder in Bewegung.

Ali zieht seine Pistole und schießt in die Luft.

Die Beduïnen bleiben stehen.

Pause.

> Yitzak (wendet sich an Leila)
> Leila – du kannst dich entscheiden. Willst du mit ihnen mitgehen? ... Oder willst du mit uns fahren? ... Dann steig ein.

Pause.

Dann steigt Leila in den Jeep.

Hakîm folgt ihr.

Yitzak setzt sich ans Steuer.

Ali setzt sich mit gezogener Pistole neben ihn.

Der Jeep fährt davon.

Die Beduïnen schauen ihnen reglos nach. Keiner sagt ein Wort.

Schnitt.

59. Hamburg. Lesesaal der Universitätsbibliothek   Innen / Tag

Die Kamera schwenkt langsam über den riesigen Lesesaal und das Labyrinth seiner Bücherregale – über die imposanten Buchbestände, über die in ihre Lektüre vertieften Studenten und Professoren ...

Es herrscht absolute Stille.

Nach längerem Schwenk verharrt die Kamera kurz auf einem der lesenden Studenten. Es ist Sönke Bertram, 22, der schon bei der Hausmusik in Szene 6 mitgewirkt hat.

Sönke, stud. iur., sitzt an einem Tisch vor mehreren aufgeschlagenen Büchern; er macht sich Notizen, schreibt was ab.

Nach kurzem Verharren auf Sönke schwenkt die Kamera weiter durch den Lesesaal ...

Schnitt.

60. Polizeistation Rahat　　　　　　　　　　　　　　Innen / Tag

Auf einer Bank sitzen Leila und Hakîm und warten.

Sie sind allein im Raum.

Die Einstellung steht möglichst lange, ohne daß was geschieht.

Dann, schließlich:

> Rachel Rosenfeld (*off*)
> Und paß auf dich auf in Jerusalem!

Schnitt.

61. Kibbuz. Haus Rosenfeld　　　　　　　　　　　　Außen / Tag

Ruth Rosenfeld, 24, verabschiedet sich mit Küssen und stürmischen Umarmungen von ihren Großeltern: dem israelischen Reservegeneral Mosche Rosenfeld, einem ehrfurchtgebietenden alten Mann in häuslicher Sommerkleidung, und dessen ebenfalls alter Ehefrau Rachel.

Dann reißt Ruth sich los und steigt in ihr sehr voll gepacktes Auto. Sie läßt den Motor an.

> Rachel (*on*)
> Und vergiß uns nicht in Jerusalem!
>
> Ruth (durchs Autofenster, bei laufendem Motor)
> Was hast du gesagt?
>
> Rachel (sehr laut)
> Du sollst uns nicht vergessen in Jerusalem!
>
> Ruth
> Aber Oma! Wenn irgendwas ist: ich bin doch in drei Stunden hier! Also – macht's gut!

Sie fährt mit ihrem Auto davon. Die Großeltern sehen und winken ihr nach.

> Rachel (unter Tränen)
> Und weg ist sie ... Jetzt sind wir ganz allein.
>
> Mosche
> Aber Rachele – wir sind doch nicht allein.

Mosche nimmt Rachel in den Arm. Rachel schlingt ihre Arme um Mosche und schluchzt.

So stehen die beiden alten Leute umklammert da. ... Nach einer Weile:

Schnitt.

62. Polizeistation Rahat — Innen / Tag

Leila und Hakîm sitzen noch immer auf der Bank und warten.

David kommt aus dem Hinterzimmer und holt etwas von seinem Schreibtisch: Zigaretten oder Kugelschreiber oder eine Akte ...

> Hakîm
> Also, was ist? Was macht ihr mit uns?

> David
> Ein bißchen Geduld noch.
>
> Hakîm
> Wir brauchen euren Schutz.
>
> David
> Es dauert nicht mehr lange.
>
> Hakîm
> Es dauert schon sehr lange. Sperrt uns ein! Verhaftet uns!
>
> David
> Wofür denn? Ihr habt doch nichts verbrochen – tut mir leid.

David geht ab ins Hinterzimmer.

Pause.

Hakîm steht auf und geht hinaus.

Pause.

> Prof. Bertram (*off*, entwickelt eine mathematische Formel)

Schnitt.

63.   Hamburg. Universität. Hörsaal   Innen / Tag

Prof. Dr. Werner Bertram, *circa* 47, der schon bei der Hausmusik in Szene 6 mitgewirkt hat, hält eine astrophysikalische Vorlesung und hat gerade eine komplizierte mathematische Formel entwickelt.

> Prof. Bertram (*on*)
> Und damit hätten wir dann folgendes Ergebnis ...

Er wendet sich zu einer hinter ihm befindlichen großen Tafel, auf der schon viele mathematische Formeln stehen, und schreibt im folgenden noch eine weitere dazu.

In diese Sprechpause hinein sagt

> David (*off*)
> Aber was wollten denn diese Beduïnen?

Schnitt.

64. Polizeistation Rahat. Hinterzimmer　　　　　　Innen / Tag

Die Polizisten Ali und Yitzak von der Aktion auf der Apfelsinenplantage beraten mit David (und einem Vorgesetzten?), was sie mit Leila und Hakîm anfangen können.

Sie sitzen um einen kleinen Tisch, trinken Kaffee und rauchen.

> David (*on*)
> Ich meine, was hätten sie mit dem Mädchen gemacht?
>
> Ali
> Das weiß ich auch nicht so genau. Aber sie haben ihre eigenen Gesetze.
>
> David
> Was sind das für Gesetze? Wo stehen die geschrieben?
>
> Ali
> Im Sand der Wüste.
>
> David
> Unsinn. Wir leben im Staate Israël, und der Staat Israël hat Gesetze, die sind auf Papier geschrieben. Und aus der Wüste: da machen wir fruchtbares Land.

Yitzak
Ja, aber was machen wir mit den beiden? Sie können ja nicht hier bleiben.

David
Am besten, sie gingen ins Ausland.

Yitzak
Und wer bezahlt das?

David
Na, schlimmstenfalls die Sozialbehörde, das ist kein Problem.

Ali
Nein, am besten, wir sprechen mit Scheich Abdul-Elmoti.

David
Wer ist das?

Ali
Auch ein Beduïnen-Scheich. Aber seine Söhne studieren in Deutschland.

David
Was soll das heißen?

Yitzak
Deswegen gibt er noch kein Geld für Auswanderer.

Ali
Nein. Aber er hat verschiedene Brillen. Auch europäische.

David
Auch israëlische?

Ali
Ja. Scheich Abdul-Elmoti kann eine Sache ganz nah sehen – oder auch ganz weit entfernt, als wäre er selbst in Deutschland: je nachdem.

> **David**
> Und welche Gesetze kann er mit seinen Brillen lesen?

> **Yitzak**
> Wahrscheinlich alle.

> **Ali**
> Aber das muß man ihn selbst fragen. Er hat schon mal so eine Frau beschützt.

> **David**
> Na gut, wir gehen ihn morgen fragen.

David ergreift die Kaffeekanne und zwei Trinkgefäße.

> Ich gebe den beiden erst mal einen Kaffee.

Er geht hinaus.

Schnitt.

65. Polizeistation. Vorderzimmer   Innen / Tag

Leila sitzt allein auf der Bank.

David kommt mit dem Kaffee herein.

> **David**
> Es dauert noch etwas.

Er gießt Kaffee in die beiden Trinkgefäße.

> Wo ist Hakîm?

Leila gibt gestisch-mimisch zu verstehen, daß sie es nicht weiß.

> Hier ist Kaffee.

David geht ab ins Hinterzimmer.

Leila nimmt sich ihren Kaffee.

Die Kamera konzentrietrt sich (Zoom) auf den Kaffee für Hakîm.

Schnitt.

66. Rahat. Haus des Scheichs Halil   **Innen / Abend**

Abendliche Männerversammlung bei Kaffee und Tee.

Anwesend sind außer dem Scheich Halil auch dessen Söhne Hatem, Akif und Abdallah, ferner Salim und seine Brüder Rasi und Talal sowie einige Männer, die mit auf der Apfelsinenplantage waren, und einige Greise, die nicht dort waren.

Sie sprechen über Preise, Wetter, Krankheiten, Todesfälle ...

Dann sagt

> Salim (beiläufig)
> Es war übrigens keine Entführung.
>
> Rasi
> Nein. Sie hat es gewollt.
>
> Akif
> Sie war auch nicht bekifft.
>
> Salim
> Nein.
>
> Ein alter Mann
> Abdul-Wahab hat auf dem Markt zwei Schafe verkauft.
>
> Ein anderer alter Mann
> Mir hat er gesagt, drei Schafe.
>
> Ein dritter alter Mann
> Dann war es wohl nur ein Schaf.
>
> Scheich Halil
> Dann ist Leila des Todes. Wer sagt das ihrem Vater?

<u>Hatem</u>
Ich muß morgen sowieso nach Ramle.

<u>Ein alter Mann</u>
Der Wind hat heute gedreht, ganz plötzlich.

<u>Ein anderer alter Mann</u>
Ja. Und es ist noch heißer geworden.

Schnitt.

67.   Polizeistation. Vorderzimmer   Innen / Abend

Hakîms Kaffee steht noch immer unberührt da.

Die Kamera zieht auf:

Leila sitzt noch immer auf der Bank und wartet. Ihre Kaffeetasse ist leer.

Pause.

Schnitt.

68.   Rahat. Haus des Scheich Abdul-Elmoti   Innen / Abend

Der Scheich Abdul-Elmoti sitzt mit seinen Söhnen Amir und Chamis, die in Deutschland studieren, und anderen männlichen Verwandten vor dem Fernseher (eventuëll vor einer *"Dallas"*-Folge mit arabischen Untertiteln).

Sie trinken Kaffee.

Amir und Chamis sind mit der Lektüre deutscher Zeitschriften beschäftigt: zum Beispiel mit "SPIEGEL" und "CAPITAL".

Die Polizisten David und Ali kommen herein. Alle Anwesenden erheben sich. Die Polizisten begrüßen alle mit Handschlag und setzen sich dann auf die Matratze neben den Scheich.

Der jüngste Sohn serviert ihnen Kaffee.

Sie trinken.

Schnitt.

69. Ramle. Gasse im Slum (wie Szene 5)   Außen / Tag

Hatem, der Sohn des Scheichs Halil, geht die Gasse durch den Slum entlang, auf Ibrahims Asbestpappen-Hütte zu und betritt sie.

Schnitt.

70. Rahat. Haus des Scheichs Abdul-Elmoti   Innen / Abend

Fortsetzung der Szene 68: Männerversammlung mit den beiden Polizisten.

Im Fernsehen läuft noch *"Dallas"*, aber mit gedrosseltem Ton.

Pause. Alle scheinen zum Fernseher zu schauen.

> Polizist Ali
> Ja, und wäre das hier möglich?

> Scheich Abdul-Elmoti
> Ich weiß es nicht. Ich kenne die ganze Geschichte überhaupt nicht.

> Ali
> Aber Leila braucht Schutz ... Wir bitten dich um deinen Schutz für sie ...

Pause.

        Kannst du ihr deinen Schutz verweigern?

Pause.

        <u>Abdul-Elmoti</u>
        Ich werde die Angelegenheit untersuchen.

Pause.

Schnitt.

71. Ramle. Ibrahims Wohnung   Innen / Tag

Hatem und Ibrahim sitzen sich auf Matratzen gegenüber und trinken Tee.
Hinter dem Vorhang lauscht und lauert Fatma.

Pause.

        <u>Hatem</u>
        Aber sie ist eine Schande ... für unsern ganzen Stamm ... solange sie lebt ...

        <u>Ibrahim</u>
        Ich weiß Bescheid. Aber wo finden wir sie?

        <u>Hatem</u>
        Bei der Polizei kann sie nicht bleiben. Wir müssen sie suchen.

Schnitt.

72. Rahat. Haus des Scheich Abdul-Elmoti   Innen / Abend

Fortsetzung der Szene 70: Männerversammlung, aber jetzt wieder ohne die Polizisten.

Alle trinken Tee, rauchen, sehen *"Dallas"*.

Pause.

> Amir
> Was andres kann die Polizei nicht tun.
>
> Chamis
> Wie wirst du dich also entscheiden?
>
> Abdul-Elmoti
> (schweigt.)
>
> Amir
> Ich glaube, du solltest sie aufnehmen.
>
> Abdul-Elmoti
> Das ist sehr gefährlich.
>
> Chamis
> Aber sie wird sonst umgebracht.
>
> Abdul-Elmoti
> Ja, mein Sohn: das ist ein altes Gesetz bei den Beduïnen ...
>
> Amir
> Es ist Lynch-Justiz.

Pause.

> Abdul-Elmoti
> Ihr habt zu lange in Deutschland studiert.
>
> Chamis
> Aber du lebst nicht mehr in der Wüste.

> Abdul-Elmoti
> Aber wenn ihr Stamm sie hier bei uns findet, ist es für unsern ganzen Stamm sehr gefährlich.

Pause.

> Amir
> Sie könnte unsern Frauen bei der Arbeit helfen.
>
> Abdul-Elmoti
> Ich werde darüber nachdenken.

Schnitt.

73. Yafo. Straße in der Altstadt — Außen / Tag

In einer belebten Altstadtgasse taucht zwischen vielen Passanten jählings Hakîm auf. Er schaut sich häufig um – wie jemand, der sich verfolgt fühlt.

Plötzlich entdeckt er in einiger Entfernung hinter sich zwei Männer, die Beduïnen sein können. Sofort beschleunigt er seinen Schritt, fängt an zu laufen, biegt hektisch in eine enge Seitenstraße ein und verschwindet kopflos im nächsten besten Torbogen ...

Schnitt.

74. Rahat. Straße — Außen / Tag

Ein Auto fährt langsam durch die Straßen von Rahat.

Am Volant sitzt Hatem, neben ihm Ibrahim. Beide tragen andere Kleidungsstücke als in Szene 71, denn es ist einige Tage später.

Hinter ihnen sitzen Akif und Rasi.

Das Auto fährt aus dem Bild.

Schnitt.

75. Rahat. Haus des Scheich Abdul-Elmoti　　　　　Innen / Tag

Leila arbeitet im Frauenbereich bei den Frauen der Scheichfamilie.

Sie verrichtet die schwerste Arbeit.

Die andern Frauen ignorieren sie.

Die andern Frauen sprechen über ihre Kinder.

Wenn Leila sich am Gespräch beteiligen will, wird ihr Beitrag überhört.

Schnitt.

76. Rahat. Straße　　　　　Außen / Tag

Das Auto mit Hatem und Ibrahim fährt wieder langsam durch die Straßen von Rahat.

Nur daß im Fond jetzt statt Akif der Scheich Halil sitzt.

Schnitt.

77. Rahat. Haus des Scheich Abdul-Elmoti　　　　　Innen / Tag

Die Frauen bei Arbeit und Tratsch im Frauenbereich.

Auch Leila arbeitet, ist aber nach wie vor isoliert.

Chamis kommt herein und gibt den Frauen eine Anweisung, ihre Arbeit betreffend.

Dann bleibt er bei Leila stehen und schaut ihr bei der Arbeit zu. Er kritisiert ihre Arbeit. Dann –

> Chamis
> Wo ist denn Hakîm geblieben?
>
> Leila
> Weiß ich nicht.
>
> Chamis
> Ich will wissen, wo Hakîm ist.
>
> Leila
> Weg. Ich weiß nicht.

Chamis geht hinaus.

Schnitt.

78. Rahat. Haus des Scheich Abdul-Elmoti, Divan   Innen / Tag

Männerversammlung bei laufendem Fernseher (nicht mehr *"Dallas"*).

Wo zuvor die Polzisten saßen, sitzen jetzt Scheich Halil, dessen Sohn Hatem, Leilas Vater Ibrahim und Salims Bruder Rasi.

Alle trinken Tee, rauchen und sehen fern.

> Halil (nach einer Weile)
> Und Leila? ... Ist sie hier bei euch?

Pause.

> Abdul-Elmoti
> Ja.

Dann sehen wieder alle fern.

Schnitt.

79. Rahat. Haus des Scheich Abdul-Elmoti   Innen / Tag

Die Frauen arbeiten, tratschen und kichern im Frauenbereich.

Auch Leila arbeitet, aber isoliert und von den Frauen gemieden.

> Schifa (eine Tochter des Scheichs)
> He, Leila!

Leila schaut zu Schifa.

> Schifa
> Deine Familie sucht dich.

Leila schaut weg.

> Schifa
> Aber warum bloß? Wollen sie dich verheiraten?

Die Frauen lachen:

> *Im* off *läutet ein Telefon.*

Schnitt.

80. Kibbuz. Wohnung Rosenfeld   Innen / Tag

Man sieht zuerst nur das klingelnde Telefon.

Dann nimmt eine alte Männerhand den Hörer ab.

> Mosche Rosenfeld (*off*, ins Telefon)
> Rosenfeld?

Die Kamera zieht auf und zeigt den General Mosche Rosenfeld in seiner häuslichen Sommerkleidung.

Im Hintergrund sieht man seine Frau Rachel und seine Enkelin Ruth beim Kaffeetrinken.

> Mosche (*on*, ins Telefon)
> ... Nein, noch nicht. Ich bespreche es gerade mit meiner Familie. ... Ja, natürlich, es eilt, das ist mir klar. Ich gebe Ihnen heute noch Bescheid ... im Laufe des Abends, ja. Auf Wiederhören.

Mosche legt den Hörer auf und kehrt zur Kaffeetafel zurück.

> Mosche
> Die Polizei. Wegen des Beduïnenmädchens. Es eilt.

> Rachel
> Es eilt, es eilt. Warum eilt es?

> Mosche
> Na, weil es jetzt lebensgefährlich ist.

> Rachel
> Wieso, für wen?

> Mosche
> Na, für den Stamm, der sie bisher versteckt hat. Es ist rausgekommen, und darauf steht der Tod bei den Beduïnen, frag mich nicht, warum. Ist noch Kaffee da?

> Rachel
> Ja, ich geb dir, komm.

Rachel gießt Mosche Kaffee ein.

> Ruth
> Naja, und es ist lebensgefährlich für das Mädel selbst, in erster Linie.

> Rachel
> Warum machen sie dann solche Sachen?

> Mosche
> Aber Rachele!

> Ruth
> Du warst auch froh, als dich die polnische Familie damals versteckt hat, in Litzmannstadt.

Rachel
Aber Ruth: das war ja wohl was anderes!

Mosche
Ich weiß nicht. Solange Menschen verfolgt werden ... egal, warum ... sollte es auch Menschen geben, die sie beschützen.

Rachel
Aber dafür ist die Polizei da, in unserm Staat.

Mosche
Aber was kann sie machen, die Polizei? Das Mädel ins Gefängnis stecken?

Rachel
Ja, und wir? Wie können wir sie schützen?

Ruth
Na, ihr lebt im Kibbuz. Da kommen die Beduïnen nicht ran an sie ... glaubt die Polizei.

Mosche
Nein, die Polizei sagt, weil ich General war: das respektieren die Beduïnen, weil sie selbst eigentlich Krieger sind, und ein General, das ist sowas wie ein Kriegsheld für sie – so daß die Schande abgewaschen wird ... sagt die Polizei.

Rachel
Und wenn die Polizei sich irrt?

Ruth
Aber ihr habt doch ein Zimmer frei ...

Rachel
Wenn die Beduïnen uns trotzdem totschlagen?

Mosche
Schau, Rachele, warum sind wir ein Leben lang Sozialisten gewesen? Na?

Rachel
Ja, ich weiß.

Mosche
Nein, weil wir für den Fortschritt waren, immer. Damit es mehr Humanität gibt auf diesem Planeten. Und jetzt?

Ruth
Und in der Woche ist es doch auch so einsam hier ... wenn ich auf der Uni bin ...

Rachel
Aber sie muß auch bissel helfen, vor allem bei der Feldarbeit.

Schnitt.

81. Kibbuz. Tomatenfeld   Außen / Tag

Leila pflückt reife Tomaten und legt sie in einen Korb.

Überblendung.

82. Hamburg. Garten der Villa Bertram   Außen / Tag

Tomatenbeet mit reifen Früchten *à l'Europe*.

Eine schwarzhäutige Männerhand pflückt die Tomaten.

Die Kamera zieht auf und zeigt Hakîm, wie er im Gemüsegarten der Villa Bertram als Gärtner arbeitet.

Im off *plötzlich Mozart-Musik: der Vierte Satz des Klarinettenquintetts (aus Szene 6).*

Hakîms Blick folgt der Musik: er schaut zur Villa.

Schnitt oder Schwenk.

83. Hamburg. Villa Bertram. Musikzimmer   Innen / Tag

Familie Bertram und ihre Freunde machen Hausmusik und üben wieder das Klarinettenquintett von Mozart (aus Szene 6), im Augenblick die Allegretto-Variationen des Vierten Satzes.

Großmutter Bertram, die nahe am Fenster sitzt, blickt zunächst zu den Musizierenden; dann läßt sie ihren Blick durchs Fenster hinaus ins Freie schweifen.

Schnitt.

84. Hamburg. Garten der Villa Bertram   Außen / Tag

Hakîm pflückt weiter seine Tomaten.

Die Mozart-Musik spielt weiter.

Überblendung.

85. Kibbuz. Tomatenfeld   Außen / Tag

Leila pflückt Tomaten.

> Rachel (*off*, ruft)
> Leila! Medele!

Leila blickt zum Hause.

        Rachel (*off*, ruft)
        Feierabend! Badewanne!

Leila lacht.

Schnitt.

86. Kibbuz. Haus Rosenfeld. Küche   Innen / Nacht

Das Ehepaar Rosenfeld sitzt mit Leila beim Abendessen.

Leila ist europäisch gekleidet.

Aus dem Radio ertönt dieselbe Mozart-Musik, die auch die Familie Bertram zu spielen pflegt.

Rachel
Na, Medele? Schmeckt dir der Gefilte Fisch?

Leila
Ja.

Rachel
Was? Moschele, sei so gut, mach das Radio bissel leiser, daß man sich besser verstehen kann.

Mosche stellt die Radiomusik leiser.

Rachel
Na, magste noch bissel mehr Gefilte Fisch?

Leila
Nein.

> Mosche
> Aber wie gut sie gelernt hat, mit Messer und Gabel essen. Und so schnell.
>
> Rachel
> Na, ist doch a kluges Medele. Komm, ich geb dir Kischke. Hab ich extra für dich gemacht.
>
> Mosche
> Aber hübsch sieht sie aus mit der blauen Bluse.
>
> Rachel
> Hat ihr auch die Ruth mitgebracht, aus Jerusalem. Aber nächste Woche fahren wir nach Tel Aviv, Medele: kaufen wir dir a ganzes Kleid, auf der Dizengoff Street.
>
> Mosche
> Weil du immer so fleißig bist.
>
> Rachel
> Willst du noch bissel Sauce, Leila?

Leila nickt.

Rachel versorgt sie mit Sauce.

> Frauke (*off*)
> Na, Hakîm? Willst du noch bißchen Sauce?

Schnitt.

87. Hamburg. Villa Bertram. Terrasse   Außen / Tag

Familie Bertram sitzt beim Mittagessen, das sie bei sommerlichem Wetter auf der großen Balkon-Terrasse unter Sonnenschirmen einnimmt.

Die Kamera beginnt auf dem Eßtisch, dessen Geschirr und Bestecke man von Szene 33 wiedererkennen sollte, zieht dann langsam auf und präsentiert nach und nach die einzelnen Familienmitglieder.

Die Familie besteht aus Prof. Dr. Werner Bertram (aus Szene 63), seiner Frau Ingeborg, *circa* 42, Sohn Sönke (aus Szene 59) und Tochter Frauke, 19, sowie der Großmutter väterlicherseits, 67.

Außerdem sitzt auch Hakîm als Tischgast an dieser Mittagstafel.

Im Hintergrund sieht man die hochsommerliche Außenalster und das Panorama der Hamburger Innenstadt mit ihren pittoresken Türmen.

> Frauke (noch *off*)
> Ohne Sauce schmeckt es ja gar nicht. Komm, ich tu dir einfach noch was drauf.

Frauke versorgt Hakîm mit Sauce. Ihre hellen und seine dunklen Hände beherrschen das Bild.

> Hakîm
> Danke schön.

> Ingeborg
> Sie sind ja ungeheuer fleißig, Hakîm. Unser Garten war noch nie so gut in Schuß wie unter Ihrer Pflege jetzt, Kompliment.

> Werner
> Ja, das stimmt. Das ist wirklich unübersehbar. Sehr schön. Auf Ihr Wohl, Hakîm.

Prof. Bertram prostet Hakîm zu.

> Hakîm
> Danke schön.

> Oma
> Und in Afghanistan: haben Sie da auch schon als Gärtner gearbeitet?

> Ingeborg
> Hakîm ist doch nicht aus Afghanistan. Das war Saber. Hakîm ist Beduïne aus der Negev-Wüste.

> Sönke
> Das ist doch Israël, oder?

Werner (zu Hakîm)
Wir haben uns schon öfter um Asylbewerber gekümmert. Meine Frau ist Vorstandsmitglied im Evangelischen Kuratorium für Asylbewerber, deshalb.

Frauke
Wie steht es denn überhaupt mit seinem Asylantrag? Hat das Chancen?

Sönke
Wieso überhaupt Asyl? Ist er nicht Israëli, ich meine paßmäßig?

Ingeborg
Das ja. Aber wenn er nach Israël zurückgeht, ist er da in akuter Lebensgefahr. Deshalb.

Sönke
Versteh ich nicht. Wegen dieser Liebesgeschichte?

Frauke (zu Hakîm)
Noch paar Kartoffeln?

Sie versorgt Hakîm mit Kartoffeln.

Hakîm
Danke schön.

Sönke
Ich meine, in Israël gibt es doch keine Todesstrafe ... zumindest nicht für Sexualdelikte. Oder?

Ingeborg
Nein, weil er dunkelhäutig ist.

Pause.

Sönke
Was soll das heißen?

Oma
Ich wußte gar nicht, daß es in Israël Neger gibt.

> Werner
> Nein, es ist so – ich hab' das jetzt noch mal nachgelesen: also, die Beduïnen – als arabische Nomaden, ja? ...

> *Ton: eine Haustür-Klingel.*

Schnitt.

88.   Kibbuz. Haus Rosenfeld. Flur   **Innen / Tag**

Die Haustür von innen.

> *Es klingelt erneut.*

> Rachel (*off*)
> Ich komm ja schon!

Rachel kommt ins Bild und geht auf die Tür zu.

> Rachel (an der Tür, *on*)
> Wer ist denn da?

> Fatma (*off*)
> Fatma.

Rachel öffnet die Tür. Draußen steht Leilas Mutter Fatma.

> Fatma
> Schalom.

> Rachel
> Schalom?

> Fatma
> Ich bin Leilas Mutter.

Rachel
Leilas Mutter? Na, das ist ja nett. Na, so eine Überraschung. Das freut uns aber. Bitte, kommen Sie doch herein.

Fatma tritt ein.

Frauke (*off*)
Das ist Tiramisu: probier doch mal.

Schnitt.

89. Hamburg. Villa Bertram. Terrasse   Außen / Tag

Fortsetzung des Familien-Mittags mit Hakîm von Szene 87.

Frauke (*on*)
Das schmeckt toll: aus Italien.

Hakîm
Danke schön.

Werner
– Naja, um es kurz zu machen: auf ihren Beutezügen – oder Eroberungszügen: da machten die Beduïnen oft auch Gefangene. Und wenn das zum Beispiel in Nordafrika passierte, dann waren diese Gefangenen natürlich dunkelhäutig, ist ja klar. So: und diese farbigen Gefangenen, die wurden dann den betreffenden Beduïnenstämmen einfach einverleibt – aber: als Sklaven. Als erbliche Sklaven, sozusagen. Stimmt doch, Hakîm – oder?

Hakîm (lacht)
Danke schön.

Werner
Naja, und im 20. Jahrhundert, als diese Negersklaven dann endlich freigelassen wurden, da blieben sie trotzdem alle bei ihren Stämmen – als absolut gleichberechtigte, voll anerkannte, freie Familienmitglieder. Und das sind sie heute noch. Nur ein einziges Tabu ist übrig geblieben aus der Sklavenzeit: das Konkubinat mit einer Beduïnentochter. Darauf steht der Tod, auch heute noch – für beide Beteiligten.

Oma
Pfui, das ist ja scheußlich!

Frauke
Perfekter Rassismus.

Sönke
Also auch bei denen, interessant.

Werner
Nein, Moment, das ist kein Rassismus. Es geht nämlich nicht um die Hautfarbe – nein, wirklich nicht; sondern um diese Abstammung von Sklaven. Nachkommen von Sklaven sind nicht ebenbürtig – für ein Volk, bei dem seit Jahrhunderten die strengste Endogamie herrscht.

Werner wendet sich erklärend an Hakîm.

> Unter Endogamie verstehen wir Verwandtschaftsehe, als Gesetz.

Er wendet sich wieder erklärend an seine Familie.

> Ein Beduïnenmädchen darf nur einen Beduïnen heiraten, und zwar aus der eigenen Familie – eigentlich nur einen Vetter ersten Grades, stimmt's?

Oma
Aber das ist ja Inzest!

Werner
In diesem Fall ist es Gesetz. Gesetz der Wüste. Mit unsern Maßstäben kommen wir da nicht mit, aber –

Oma
Aber trotzdem ist es barbarisch. Und ungesund!

Sönke
Also, juristisch ist das ja hochinteressant. Nach Beduïnengesetzen ist unser Gast also zum Tode verurteilt, rechtskräftig. Aber als israëlischer Staatsbürger ist er es nicht. Er unterliegt also zweierlei unterschiedlichen Rechtssprechungen.

Werner
Sogar dreien. Denn als Moslem unterliegt er islamischem Recht: der Schari'a.

Sönke
Wahnsinn. Das wäre direkt ein Thema für meine Doktorarbeit.

Ingeborg
Und ich muß das den deutschen Asylbehörden klarmachen.

Oma
Das ist aussichtslos.

Frauke
Wer will Kaffee? Hakîm?

Hakîm (strahlt sie an)
Danke schön.

Frauke serviert ihm Kaffee.

Rachel (*off*)
Und das hier – das ist Leilas Zimmer.

Schnitt

90. Kibbuz. Haus Rosenfeld   **Innen / Tag**

Rachel zeigt Fatma Leilas Zimmer.

> Rachel (*on*)
> Hier hat sie ihr Reich für sich, das Medele.

> Fatma
> Wer schläft hier?

> Rachel
> Na, die Leila.

> Fatma
> Und wer noch?

> Rachel
> Na, keiner. Hier ist sie ungestört.

> Fatma
> Ihr haltet sie gefangen.

> Rachel
> Aber um Gottes Willen!

> Fatma
> Sie hat es verdient.

> Rachel
> Ganz im Gegenteil: sie hat hier volle Freiheit, im Kibbuz. Fragen Sie sie selbst, wenn sie von der Arbeit kommt.

> Fatma
> Sie ist mit einem Schwarzen durchgebrannt.

> Rachel
> Sie ist ein süßes Medele, wir lieben sie schon wie unser Kind.

> Fatma
> Ein Schandfleck ist sie.

Schnitt.

91. Hamburg. Diskothek   Innen / Nacht

Frauke und Hakîm tanzen in einer Disco.
Sie sind beide sehr vergnügt und lachen viel.

Schnitt.

92. Kibbuz. Haus Rosenfeld   Innen / Nacht

Familienrat des Ehepaars Rosenfeld mit Enkelin Ruth.

> Mosche
> Ich weiß nicht, ich weiß nicht. Ich habe kein gutes Gefühl dabei.
>
> Ruth
> Ich auch nicht. Aber haben wir das Recht, Nein zu sagen?
>
> Mosche
> Wer soll denn überhaupt der Bräutigam sein?
>
> Rachel
> Ein Vetter. Ein gewisser Abdallah.
>
> Ruth
> Ein Vetter welchen Grades?
>
> Mosche
> Vermutlich ersten Grades. Das ist normal bei Beduïnen, das ist sogar Vorschrift.

Rachel
Die Mutter hat gesagt, sie kann froh sein, daß überhaupt noch einer sie nimmt, nach dieser Vorgeschichte mit dem Neger.

Ruth
Ihr könnt sie ja auch nicht ewig hierbehalten.

Mosche
Und wenn sie ihr was antun? Ich habe ihren Schutz übernommen, ich bin verantwortlich für sie.

Rachel
Ja, ich glaube, wir sollten diesen Heiratsantrag besser ablehnen.

Ruth
Was sagt denn Leila selbst?

Mosche
Na, gar nichts.

Rachel
Doch. Sie sagt "maktub". Immer nur "maktub".

Ruth
Und was heißt das?

Mosche
Es steht geschrieben.

Rachel
Im Himmel geschrieben.

Mosche
Ein wichtiges Wort im Leben der Beduïnen.

Ruth
Aber das heißt, sie ist einverstanden.

Rachel
Das glaube ich nicht. Sie fühlt sich so wohl bei uns.

Ruth
Ich glaube, ihr müßt sie heiraten lassen.

Mosche
Und wenn diese Hochzeit nur eine Finte ist?

Rachel
Sie ist doch wie unsre Tochter schon.

Ruth
Aber sie ist nicht eure Tochter. Und sie braucht nicht nur Pflegeeltern, sondern auch einen Mann. Und Kinder. ... Sie kann ihr Leben nicht nur damit verbringen, auf einem Kibbuz Tomaten zu pflücken.

Mosche
Rachele: ich glaube, die Ruth hat recht.

Rachel
Und wenn dieser Mann ihr was antut?

Mosche
Na, wie soll er das? Wir lassen sie heiraten, aber weiterleben wird sie hier bei uns im Kibbuz.

Ruth
Und der Mann?

Mosche
Kann sie hier besuchen. So oft es ihn verlangt.

Rachel
Und seine Familie? Glaubst du, die macht das mit?

Mosche
Also, die beiden sind Moslems. Und bei denen, da ist die Eheschließung nur ein ziviler Privatvertrag – also, mit Klauseln und speziellen Vereinbarungsmöglichkeiten und mit Zusatzvertrag und Urkunde. Und mit Zeugen. Mit mehreren Zeugen. Laßt mich nur machen, ich weiß jetzt schon ...

Schnitt.

93. Hamburg. Alsterufer — Außen / Tag

Spazierweg an der Außenalster.

Nieselregen.

Hakîm und Frauke gehen spazieren.

Frauke hat sich bei Hakîm eingehakt.

Hakîm hält einen aufgespannten Regenschirm über Frauke.

Die beiden bleiben stehen.

Sie küssen sich unter dem Regenschirm.

Andere Spaziergänger und Jogger kommen vorbei, ohne auf das Liebespaar zu achten.

Schnitt.

94. Polizeistation Rahat — Innen / Tag

Die Eheschließung zwischen Leila und Abdallah findet nach islamischer Vorschrift in Form eines privaten Vertragsabschlusses statt.

Um ihm im vorliegenden Fall einen öffentlich-rechtlichen Nachdruck zu verleihen, hat General Rosenfeld veranlaßt, daß die Prozedur auf der Polizeistation stattfindet.

So sind außer dem ausführenden Kadi, dem Brautpaar und dessen beiden (islamischen!) Zeugen – Abdallahs Brüdern Hatem und Akif – auch der Polizist David und General Rosenfeld als zusätzliche Zeugen anwesend.

Der Bräutigam Abdallah ist jetzt siebzehn Jahre alt.

Kadi
So, dann darf ich jetzt das Brautpaar bitten, sich zu äussern. Leila?

Leila (mechanisch, auswendig gelernt)
"Heirate mich".

Kadi
Ja. Und Abdallah?

Abdallah (mechanisch, auswendig gelernt)
"Ich habe dich geheiratet".

Kadi
Gut. Dann verlese ich jetzt die Urkunde des Ehevertrages.

Der nachstehende Wortlaut wird zitiert nach

Josef Prader, Das religiöse Eherecht der christlichen Kirchen, der Mohammedaner und der Juden unter besonderer Berücksichtigung der Staaten im Vorderen Orient. Alfred Metzner Verlag, Frankfurt am Main, 1973

Kadi
"Im Namen Allahs des Gütigen und Barmherzigen.
Dieser Vertrag wurde geschlossen in Rahat am 15. Mai 1986 zwischen Abdallah Alataune und Leila Alataune. Ehemann und Ehefrau bekennen sich zum Islam.
Beide Parteien sind einverstanden, eine Ehe zu schliessen.
Die Ehefrau hat den Antrag mit den Worten gestellt: 'Heirate mich'. Der Ehemann hat dieses Angebot mit den Worten angenommen: 'Ich habe dich geheiratet'.
Zusatzvertrag.
Es wird hiermit vereinbart, daß die Ehefrau bis auf Weiteres im Hause des Generals Mosche Rosenfeld und seiner Frau Rachel, geborener Levintzki, wohnen wird. Der Ehemann hat das Recht, sie dort jederzeit zu besuchen.
Ehemann und Ehefrau bestätigen hiermit in Gegenwart

     von zwei Zeugen" – Entschuldigung: "von vier Zeugen
     – ,

Er ändert im Vertrag die Anzahl der Zeugen.

     – , daß sie die Ehe geschlossen haben."
     So, wenn ihr jetzt bitte unterschreiben würdet.

Zuërst unterschreibt Abdallah, dann Leila. Während dann die beiden Brüder des jungen Ehemannes als Zeugen unterschreiben, wendet sich Mosche Rosenfeld an David.

     Mosche
     Wir machen dann eine kleine Hochzeitsfeier in meinem
     Hause, in kleinem Kreise natürlich. Wir würden uns
     freuen, wenn du dabei wärst – mit deinen Kollegen ...

     Im off *klingelt eine Haustürglocke.*

Schnitt.

95. Hamburg. Villa Bertram. Flur + Speisezimmer Innen / Tag

Flur mit Haustür.

     Es klingelt erneut.

     Ingeborg (*off*)
     Ich komm ja schon.

Ingeborg kommt ins Bild und geht zur Haustür.

     Ingeborg (*on*, fragt hinaus)
     Wer ist denn da?

     Briefträger (*off*)
     Die Post.

Ingeborg öffnet die Tür.

> Briefträger
> Guten Morgen. Bitte sehr.

Er reicht Ingeborg einige Briefe und ein Päckchen.

> Ingeborg
> Danke schön.
>
> Briefträger
> Auf Wiedersehen.
>
> Ingeborg
> Auf Wiedersehen.

Ingeborg schließt die Tür, sieht die Post durch, öffnet hastig einen der Briefe und überfliegt ihn.

> Ingeborg
> Diese Schweine ... Werner? Das gibt es doch nicht ...

Ingeborg geht ins Speisezimmer, wo am gedeckten und halb abgegessenen Frühstückstisch nur noch Frauke sitzt.

> Frauke
> Er ist schon weg.
>
> Ingeborg
> Ach so. Wohin denn?
>
> Frauke
> Na, zur Vorlesung.
>
> Ingeborg (setzt sich zu Frauke)
> Die haben den Asylantrag abgelehnt.
>
> Frauke (weiter frühstückend)
> Überrascht dich das?
>
> Ingeborg (aus dem Brief ablesend)
> Als israëlischer Staatsbürger hätte er bei einer Abschiebung nichts zu befürchten ... Meine ganze ausführliche Argumentation: daß er als Beduïne mit der Todesstrafe

rechnen muß ... Gar nicht zur Kenntnis genommen!
Diese Schweine!

Frauke
Reg dich nicht so auf.

Ingeborg
Doch, das ist eine Unverschämtheit! Und der arme Hakîm! Er muß jetzt zurück!

Frauke
Nein, ich heirate ihn.

Ingeborg
Was?

Frauke
Ja. Ich heirate ihn.

Ingeborg
Also, Frauke ... das ist ja sehr human, aber ... Aus Asylgründen heiraten? Die Ehe ...

Frauke
Nein, wir heiraten sowieso.

Musikeinsatz aus dem off.

Schnitt.

96. Kibbuz. Haus Rosenfeld   Innen / Tag

Musik vom Plattenspieler: zum Beispiel Wiener Operettenseligkeit.

Im Hause der Familie Rosenfeld wird in kleinem Kreise die Eheschließung von Leila und Abdallah gefeiert.

Anwesend sind außer dem Brautpaar das Ehepaar Rosenfeld, dessen Enkelin Ruth, Abdallahs Brüder Hatem und Akif, Leilas Eltern, die Polizisten David, Ali und Yitzak, vielleicht auch der Kadi.

Die Gesellschaft sitzt beim (koscheren) Essen.

Einige essen mit der Hand, andere mit Bestecken.

Es wird kaum gesprochen.

Die Stimmung ist eher kühl und reserviert.

Es fallen nur ein paar Sätze über das Essen.

Rachel Rosenfeld singt ab und zu mit der Schallplatte mit; ab und zu bietet sie auch ihre Speisen an; oder sie fragt, ob es schmeckt.

Die Szene sollte nicht zu kurz sein.

Es klopft (*off*).

> Frauke (*off*)
> Ja: bitte?

Schnitt.

97. Hamburg. Villa Bertram. Fraukes Zimmer   Innen / Tag

Frauke liegt auf ihrer Couch und liest.

> Frauke (*on*)
> Herein!

Sönke kommt herein und setzt sich im Folgenden möglichst nah zu Frauke.

> Sönke
> Darf ich mal stören? Ich brauche nämlich eine theologische Auskunft von dir – also, ganz offiziell ...
>
> Frauke
> Na?

Sönke
Also, ich sitze doch grade an diesem Referat über die Grundrechte – du weißt, für dieses Seminar übers Grundgesetz ... also, mein Referat ist natürlich kritisch, das ist ja klar ...

Frauke
Und?

Sönke
Naja, und im Augenblick sitze ich grade über Artikel 3, also über der vielzitierten Gleichheit aller Menschen vor dem Gesetz, du weißt ... Also, meines Wissens hat doch die christliche Theologie ... also, die hat doch mit diesem Begriff der *égalité*, wie er im Blutrausch der Französischen Revolution die Köpfe verwirrte – und guillotinierte, ganz egalitär ... Ich meine, mit einer solchen Gleichheit hat doch die christliche Theologie eigentlich nie was im Sinne gehabt ... Oder?

Frauke
Sag schon, auf was du hinauswillst.

Sönke
Naja, zum Beispiel Grundgesetz Artikel 3: *"Niemand darf wegen seiner Rasse undsoweiter benachteiligt werden"* ... (Übrigens auch nicht bevorzugt, interessanter Weise, das wird immer gern übersehen!) ... Ich meine, die Christen ... Ich frag dich das nicht persönlich, sondern als Theologiestudentin ... Also, meines Wissens hatten die Christen doch nie was gegen den Rassismus. Oder?

Frauke
Meinst du jetzt Luthers Antisemitismus oder was?

Sönke
Na, unter anderm. Oder die Bibel selbst. Ich meine, was da zum Thema Mischehe gesagt wird – im Buche Esra, zum Beispiel: da werden doch die Leute, die in Misch-

ehen leben ... ja: die werden eindeutig selektiert. Und zum Pogrom freigegeben ... Übrigens, Takayama behauptet ja, sogar die Gaskammern gebe es schon in der Bibel ...

Frauke
Sönke, was soll das alles? Dies ganze Rumdrucksen.

Sönke
(schweigt.)

Frauke
Ich weiß, was du willst. Du willst verhindern, daß ich Hakîm heirate. ... Das steht doch hinter deinem ganzen Gerede.

Sönke
(schweigt.)

Frauke
Aber ich liebe ihn.

Schnitt.

98. Kibbuz. Haus Rosenfeld   Innen / Nacht

Mosche Rosenfeld räumt Geschirr, Gläser, Essensreste, Flaschen und Aschenbecher von der Hochzeitstafel ab und bringt alles nach und nach in die angrenzende Küche. Dort hat Rachel bereits mit dem Abwasch begonnen.

Rachel
Unsre Hochzeit war lustiger. Weißt du noch?

Mosche
Ja. Sie war auch ohne Polizeischutz.

> Rachel
> Obwohl die Polizisten heute noch die lustigsten waren.

Mosche geht Nachschub holen.

Wenn er zurückkommt, sagt

> Rachel
> Aber Beduïnen brauchen für eine Hochzeit unbedingt ein Zelt, sonst ist es keine Hochzeit. Das Zelt hat ihnen gefehlt.

> Mosche
> Sie hätten sich eins bauen können, ich hab' ihnen einen Platz draußen angeboten. Aber sie wollten nicht.

Mosche geht wieder Nachschub holen.

Wenn er zuückkommt, sagt

> Rachel
> Ich mach kein Auge zu, heute nacht ... Meinst du, sie schreit?

> Mosche
> Wer?

> Rachel
> Na, die Leila natürlich.

> Mosche
> Aber das wollen wir ihr doch wünschen, daß sie schreit.

> Rachel
> Mach keine schmutzigen Witze jetzt. Ich meine doch, wenn er ihr was antut.

> Mosche
> Aber selbstverständlich tut er ihr was an: ist doch ihre Hochzeitsnacht!

> Rachel
> Eine traurige Hochzeitsnacht. Wenn er sie jetzt würgt ...

>Mosche
>Kann sie sich doch wehren. Das Jüngele ist noch ein Kind ...
>
>Rachel
>Aber die wehrt sich doch nicht. Die sagt nur *"maktub"* und läßt sich umbringen. Moschele, komm, wir gehen lauschen, an der Tür. Mir ist so bang ums Herz ...

Auf Zehenspitzen schleichen die beiden Alten aus dem Bild.

Schnitt.

99. Hamburg. Villa Bertram. Fraukes Zimmer   Innen / Nacht

Frauke und Hakîm lieben sich bei abgedimmtem Licht. Man sieht nur einzelne unbekleidete Körperteile – eines schwarzhäutigen Mannes und einer weißhäutigen Frau.

Sie stöhnen oder flüstern.

Nach einigen Sekunden:

Schnitt.

100. Kibbuz. Haus Rosenfeld   Innen / Nacht

Das Ehepaar Rosenfeld lauscht an der Tür zu Leilas Zimmer.

Es ist nichts zu hören.

>Rachel (flüstert)
>Totenstill.
>
>Mosche
>(legt den Finger auf den Mund.)

Schnitt.

101. Hamburg. Villa Bertram. Fraukes Zimmer   Innen / Nacht

Frauke und Hakîm lieben sich noch immer bei abgedimmtem Licht.

Man sieht die Verschlingung schwarz- und weißhäutiger Körperteile.

Wenn es sein muß, sieht man auch für einen Bruchteil von Sekunden ihre verzückten Gesichter.

<u>Frauke (flüstert)</u>
O Hakîm ...

Nach einigen Sekunden

hört man das Klingeln eines Weckers.

Schnitt.

102. Kibbuz. Haus Rosenfeld   Innen / Tag

Man hört das Klingeln des sehr hartnäckigen Weckers. Endlich wird er abgestellt (im off).

Dann kommt Rachel in Nachthemd und Morgenrock, mit schlafzerwühltem Haar, aus ihrem Schlafzimmer. Es ist früher Morgen.

Rachel lauscht kurz an der Tür zu Leilas Zimmer, hört aber offenbar wieder nichts.

Sie geht in die Küche und beginnt, das Frühstück zu bereiten.

Sie erschrickt, weil sich plötzlich die Küchentür öffnet. Leila kommt herein.

> Rachel
> Ja, Medele, da bist du ja!

Rachel umarmt Leila übertrieben stürmisch und leidenschaftlich.

> Rachel
> Ach, guten Morgen, du! Bist du also noch am ... Bist ja schon auf, so früh ... ! Wo ist denn dein Mann? Schon weg?
>
> Leila
> Der schläft noch.
>
> Rachel
> Meiner auch. Diese müden Männer ...

Beide lachen.

Rachel setzt ihre Frühstücksvorbereitungen fort. Leila hilft ihr.

> Rachel
> Und hast du gut geschlafen, mein Kind?
>
> Leila
> Ja.
>
> Rachel
> Auch was Schönes geträumt?
>
> Leila
> Nein.
>
> Rachel
> Und dein Mann?
>
> Leila
> (schweigt.)
>
> Rachel
> Hat er auch gut geschlafen?
>
> Leila
> Ja.

Rachel
Aber nicht nur, will ich hoffen?

Beide
(kichern.)

Rachel
Ich meine, Hochzeitsnacht ist Hochzeitsnacht ... trotz allem, maktub, oder? ... Na, wie war es?

Leila
(kichert.)

Rachel
Also war es schön.

Leila
(kichert.)

Rachel
Bravo. Na, erzähl schon!

Leila
(kichert.)

Aus dem off *hört man das Stimmen einer Geige.*

Schnitt.

103. Hamburg. Villa Bertram. Musikzimmer — Innen / Tag

Familie Bertram und ihr engerer Freundeskreis bereiten sich auf eine bevorstehende Hausmusik vor.

Nach und nach versammeln sie sich im Musikzimmer.

Die Musizierenden kommen mit ihren Instrumenten, stellen Notenpulte auf, legen Noten aus, stimmen ihre Instrumente, üben schon im Voraus bestimmte schwierige Stellen *et cetera*.

Die Zuhörer stellen Stühle auf.

Zuerst ist nur Prof. Werner Bertram im Raum und stimmt seine Geige.

Bald kommt Sönke dazu und beginnt, sich seinerseits auf das Konzert vorzubereiten. Währenddessen verwickelt er den Vater fast gewaltsam in ein Gespräch, in dessen Verlauf nach und nach die anderen Beteiligten dazustoßen. Sie hören zu, aber greifen nicht ein.

Das Gespräch wird vom Stimmen der Instrumente untermalt.

<u>Sönke</u>
Sag mal, was tust du eigentlich, um zu verhindern, daß Frauke diesen Neger heiratet?

<u>Werner</u>
... Gar nichts.

<u>Sönke</u>
Und warum nicht?

<u>Werner</u>
Weil sie ein mündiger Mensch ist. Genau wie du.

<u>Sönke</u>
O ihr Liberalen! Ihr führt uns noch in die Anarchie mit eurem Liberalismus!

<u>Werner</u>
Naja, du ... auch strikte Ordnung kann ins Chaos führen – das hatten wir schon.

<u>Sönke</u>
Übrigens interessant: ich habe mich notgedrungen mit der Rechtsprechung der Beduïnen beschäftigt – also, ob das überhaupt stimmt, mit diesem Todesurteil et cetera pp. ... Es stimmt –

Ingeborg (ist inzwischen dazugestoßen und will ablenken)
Entschuldige, Werner: spielen wir heute wieder den Mozart?

Werner
Ja, natürlich, der hat es noch dringend nötig.

Sönke
Naja, und dabei habe ich festgestellt, daß es ganz verblüffende Parallelen gibt: zwischen dem beduïnischen und unserm altdeutsch-germanischen Recht – also, wirklich verblüffend.

Werner
Zum Beispiel?

Sönke
Na, die ganzen gefühlsmäßigen Sachen. Zum Beispiel die Ehre. Ein ganz zentraler Rechtsbegriff: bei den Beduïnen – und im germanischen Recht genau so. Oder die Gewohnheit. Das Gewohnheitsrecht – frag mal den Hakîm. Der muß doch diesen sogenannten Rassismus total gewöhnt sein ...

Hakîm
(ist inzwischen hereingekommen, hat seinen Namen gehört und lacht.)

Sönke
Oder die Familie, ganz wichtig. Überhaupt die Gemeinschaft. Das Recht der Gemeinschaft ist wichtiger als das Recht des Einzelnen. Bei beiden. Ein erstaunlich demokratischer Gedanke. Und ein sozialer Gedanke, sehr modern.

Werner
Naja, also demokratisch ...

Sönke
Oder das Strafmaß – das auch extreme Härten nicht scheut. Für Hakîm ist es doch völlig normal, daß auf sein Delikt die Todesstrafe steht: ohne großes Diskutieren oder Protestieren. Und diese ganze Humanitätsduselei in unserm heutigen Strafrecht, die steht in krassem Gegensatz auch zur deutschen Tradition. Eindeutig.

Frauke (ist vor einiger Zeit eingetreten und hat aufmerksam zugehört)
Sag mal, Sönke? Du hast nicht den Eindruck, daß das tiefstes Mittelalter ist, was du da predigst?

Sönke
Was? Doch, klar: total. Aber weißt du, was "tiefstes Mittelalter" ist? "Tiefstes Mittelalter", das bedeutet romanische Basiliken und gotische Kathedralen. Es bedeutet Nibelungenlied und Sachsenspiegel. Und Minnesang und Walther von der Vogelweide. Uta von Naumburg und Bamberger Reiter. Es bedeutet Hochkultur.

Frauke
Stimmt. Aber eine Hochkultur ... jenseits des Humanismus.

Sönke
Sehr richtig: jenseits der Überfremdung durch die Renaissance – mitsamt diesem sogenannten Humanismus, der doch –

Oma (tritt ein)
Ach, das ist aber schön, daß hier wieder Musik gemacht wird! Endlich mal wieder bißchen Kultur im Hause!

Alle (lachen.)

Es klingelt im off.

Schnitt.

104. Kibbuz. Haus Rosenfeld — Innen / Tag

Die Haustür von innen.

Es klingelt erneut.

<u>Mosche Rosenfeld (*off*)</u>
Ich komm ja schon.

Mosche kommt ins Bild und geht auf die Tür zu.

<u>Mosche (*on*, an der Tür)</u>
Wer ist denn da?

<u>Abdallah (*off*)</u>
Abdallah.

Mosche öffnet die Tür: draußen steht Abdallah.

<u>Mosche</u>
Abdallah: Schalom. Komm rein, sie wartet schon. Aber ich hab' ihr gesagt: "Geduld – er kommt. Bisher ist er immer gekommen, am Besuchstag, immer: du hast den zuverlässigsten Ehemann der Welt!" Hat sie gelacht, die Süße. Denn du hast die süßeste Ehefrau der Welt. Na, nu komm.

Die beiden gehen aus dem Bild.

<u>Standesbeamter (*off*,</u>
spricht einen Satz des obligaten BRD-Eheschließungs-Textes.)

Schnitt.

105. Hamburg. Standesamt	Innen / Tag

Der Standesbeamte vollzieht die Eheschließung von Frauke und Hakîm.

Er spricht den zentralen vorgeschriebenen Text mit den entsprechenden Fragen, die das berühmte Jawort der Brautleute zur Folge haben.

Zwei Freundinnen Fraukes fungieren als Zeuginnen.

> Sönke (*off*)
> Das ist ja bloß, damit er nicht abgeschoben wird –

Schnitt.

106. Hamburg. Studentenkneipe	Innen / Nacht

Sönke schüttet seinem Freunde und Kommilitonen Hartmut sein Herz aus. Dabei trinken sie Bier.

Eventuëll ist noch ein Dritter dabei, der aber nur zuhört.

> Sönke
> Nein, im Ernst: dieser standesamtliche Zirkus, der kratzt mich nicht. Das ist reine Formsache, Bürokratie –

> Hartmut
> Wegen dieser Asylgeschichte?

> Sönke
> Genau. Nein, in unserer Familie hat immer nur die kirchliche Trauung gegolten, ausschließlich.

> Hartmut
> Und wenn es auch noch dazu kommt?

Sönke
Dazu darf es nicht kommen. Noch zwei Bier, bitte. Du weißt, was ein Kopf wie Ernst Jünger über Neger schreibt?

Hartmut
Du meinst, das im Tagebuch?

Sönke
Er schreibt, daß auch Hunde keine Neger mögen. Sogar in Afrika nicht. Wenn afrikanische Hunde da einen Neger sehen, werden sie sofort aggressiv und bissig.

Hartmut
Ja, aber Vorsicht mit Ernst Jünger.

Sönke
Während sie die Weißen für Götter halten. Afrikanische Hunde!

Hartmut
Nämlich in seinem Tagebuch schreibt Ernst Jünger: "Mir sind Neger angenehm". Wörtlich!

Sönke
Ja, ich weiß. Aber er schreibt auch, daß ein Neger ... also, für Neger, sagt er, ist Gleichberechtigung bloß ein anderes Wort für Gewaltanwendung. Verstehst du?

Hartmut
Na, nicht schlecht, Herr Specht.

Sönke
Nee. Aber nun ist ja dieser Kerl nicht bloß Neger, sondern auch noch Israëli – also Jude. Jetzt stell dir vor, meine Schwester kriegt Kinder von dem.

Hartmut
Das muß man verhindern.

Sönke
Und Moslem ist er auch noch.

>   Hartmut
>   Das kommt ja gar nicht in Frage. Da muß man was tun.

Das Bier wird serviert.

>   Hartmut
>   Prost, Sönke.
>
>   Sönke
>   Prost.

Sie trinken.

Schnitt.

107. Kibbuz. Feldweg   Außen / Tag

Abdallah und Leila gehen Hand in Hand einen Feld- oder Gartenweg entlang.

Sie entfernen sich von der Kamera, die sie von hinten beobachtet.

>   Rachel Rosenfeld (*off*, nach einer Weile)
>   Nu, wie die Täubchen sind sie.
>
>   Mosche (*off*)
>   Ja.
>
>   Rachel (*off*)
>   Noch nach einem Jahr.
>
>   Mosche (*off*)
>   Hab' ich ihm wohl doch Unrecht getan.
>
>   Rachel (*off*)
>   Heute hat er ihr wieder alten Silberschmuck mitgebracht. Ein wunderschönes Armband, so breit.
>
>   Mosche (*off*)
>   Ich glaube, der tut ihr wirklich nichts mehr zuleide.

> Rachel (*off*)
> Ach iwo. Der liebt sie richtig.
>
> Mosche (*off*)
> Oder sie hat ihn schon gezähmt. Das trau ich ihr zu.
>
> Rachel (*off*)
> Wie die Täubchen sind sie, schau ...

Abdallah und Leila sind aus dem Bild gegangen.

Schnitt.

108. Hamburg. Verbindungshaus. Paukboden   Innen / Tag

Mensur auf dem Paukboden, beziehungsweise der Launch einer schlagenden Studentenverbindung.

Die beiden fechtenden Corpsstudenten wie auch ihre Sekundanten tragen Couleur.

Nach einiger Zeit ist die Mensur beëndet.

Die beiden Fechter nehmen die Schutzbrillen ab und reichen sich die Hände.

Die Kamera zeigt mit Nachdruck ihre (blutenden?) Gesichter: der eine ist Hartmut, Sönkes Freund aus Szene 106; der andere ist Volkmar aus Szene 110.

Volkmar muß so nachhaltig gezeigt werden, daß man ihn in Szene 110 sofort wiedererkennt, obwohl er dann Zivil tragen wird.

> Ruth (*off*)
> Also: um was geht es eigentlich?

Schnitt.

109. Kibbuz. Haus Rosenfeld   Innen / Nacht

Das Ehepaar Rosenfeld bei einer Lagebesprechung mit seiner Enkelin Ruth, die es extra aus Jerusalem hergebeten hat.

Es ist Sabbat.

> Mosche
> Um was es geht? Es geht darum –
>
> Rachel
> Nu, der Abdallah hat plötzlich ein kleines Haus gemietet, sagt er.
>
> Ruth
> Ich verstehe.
>
> Rachel
> Mit einem Atrium und eigenem Süßwasserbrunnen, sagt er.
>
> Mosche
> Aber in Kafr Kassem.
>
> Ruth
> Also, wo nur Araber leben.
>
> Mosche
> Das ist der Punkt, genau.
>
> Rachel
> Und jetzt will er uns die Leila wegnehmen.
>
> Ruth
> Wieso wegnehmen? Sie ist seine Frau.
>
> Mosche
> Aber ich habe die Verantwortung, daß er ihr nichts antut.
>
> Rachel
> Ja, wenn er ihr was antut, hast du die Verantwortung.

Ruth
Aber was soll er ihr antun: nach zwei Jahren!

Rachel
Na, umbringen kann er sie – immer noch. Er ist Beduïne.

Mosche
Aber Rachele!

Ruth
Das hätte er doch schon längst machen können, in den zwei Jahren.

Rachel
Aber wieso denn? Wir haben doch aufgepaßt, Tag und Nacht.

Mosche
Aber er ist doch wie ein Täubchen mit ihr!

Rachel
Ja. Aber Tauben sind heimtückisch.

Ruth
Und was sagt sie selbst dazu?

Mosche
Na, was sie immer sagt: maktub.

Ruth
Das heißt, sie will.

Rachel
Nein, das heißt: So steht es geschrieben.

Ruth
Ja, ich weiß. Ich meine: sie hat offenbar nichts dagegen.

Rachel
Nu, weil sie ihn liebt, das dumme Dingele.

Ruth
Dann müßt ihr sie lassen.

Rachel
(fängt an zu weinen.)

Parteifunktionär (*off*)
Deutsche Universitäten sind für deutsche Studenten.

Schnitt.

110. Versammlungsraum in Hamburg   Innen / Nacht

Im Hinterzimmer einer Kneipe findet eine Mitgliederversammlung (oder eine Werbeveranstaltung) des *Republikanischen Hochschulverbandes der Universität Hamburg* statt.

An Biertischen sitzen anämisch aussehende junge Studenten, die meisten mit Jackett und Krawatte.

Sie hören der Rede eines rechtsradikalen Parteifunktionärs zu, den man aber wohl besser gar nicht zu sehen bekommt.

Die Kamera wandert stattdessen langsam über die Gesichter der Zuhörer.

Dabei entdeckt sie auch Volkmar, den Mensurschläger aus der Szene 108. Neben ihm sitzt ein ausnehmend kräftiger, stark gebauter Bursche in Leder- und Nietenzeug und mit militantem Schmuck. Er und Volkmar wechseln während der Rede des Parteifunktionärs ein paar einvernehmlich geflüsterte Worte, die man nicht versteht.

Parteifunktionär (*off*)
Darum müssen wir verhindern, daß immer mehr ausländische Studenten unsere Universitäten als Stützpunkte zur Einwanderung mißbrauchen. Wir müssen dafür sorgen, daß unsere Schlagkraft an den Universitäten täglich wächst.

Wir sind auch keine Partei der Biertrinker, Stammtischstrategen und alten Ritterkreuzträger. Wir müssen auch für die intellektuëllen und gebildeten Schichten des deutschen Volkes interessant werden. Denn gerade die Bildung von Eliten gehört zum Programm unserer Partei. Und darum ist uns ein schlagkräftiger, wehrhafter Hochschulverband von lebenswichtiger Bedeutung. Wehrt euch gegen die Überfremdung an eurer Uni! Kämpft mit allen Waffen, die euch zur Verfügung stehen! Wir sind keine Rassisten, aber wenn sich in eurem Kampf mal gewisse Ausrutscher nicht vermeiden lassen – wir haben volles Verständnis dafür!

Applaus.

Schnitt.

111. Kibbuz. Haus Rosenfeld　　　　　　　　　　Außen / Tag

Vor dem Hause der Rosenfelds steht ein Auto mit offenen Türen.

Mosche Rosenfeld und Abdallah kommen aus dem Hause. Sie tragen eine alte Matratze zum Auto.

Rachel, die ihnen folgt, ist nicht zu sehen, aber sie gibt den Männern aus dem *off* unentwegt Ratschläge, wie sie die Matratze anfassen, tragen und im Auto verstauen sollen.

Dabei empfiehlt sie immer gerade das, was die Männer sowieso schon tun.

Zwischendurch sagt

> Mosche (zu Abdallah)
> Ach, im Keller hätte ich auch noch einen Spiegel, für euer Badezimmer ...

Die Matratze verschwindet im Auto.

Schnitt.

112. Hamburg. Villa Bertram. Gartenmauer   Außen / Nacht

Es ist Nacht. Im schwachen Licht einer entfernten Straßenlaterne sieht man nur ein Stück weißgekalkte Mauer.

Ein kurzärmelig bekleideter tätowierter Männerarm hält eine Spraydose in der Hand und schreibt damit das Wort R A S S E N S C H A N D E auf die Mauer. Dann fügt er auch noch einen gesprayten Totenkopf hinzu.

Der Arm verschwindet aus dem Bild.

Der Graffito steht einige Sekunden.

Man hört Schritte, die sich entfernen.

Dann Schnitt.

113. Kafr Kassem. Abdallahs Haus   Außen / Tag

Abdallahs Auto fährt vor. Am Steuer sitzt Abdallah, neben ihm Leila.

Das Auto hält. Abdallah und Leila steigen aus.

> Abdallah (zeigt aufs Haus)
> So. Das ist es ...

Sie gehen ins Haus hinein.

> Sönke (*off*)
> Bitte enger zusammenrücken.

Schnitt.

114. Hamburg. Garten der Villa Bertram   **Außen / Tag**

Sönke schaut durch einen Fotoapparat.

> Sönke (*on*)
> Ja, so ist es schon viel besser.

Man sieht nicht, was er fotografieren will.

Er hantiert noch mit der Blendeneinstellung herum.

> Abdallah (*off*)
> Ja, gradeaus, gradeaus.

Schnitt.

115. Kafr Kassem. Abdallahs Haus   **Innen / Tag**

Abdallah führt Leila durchs Haus.

> Abdallah
> So, und jetzt kommt die Überraschung: das Atrium mit dem Süßwasserbrunnen ...

Er öffnet eine Tür zum Atrium.

Leila tritt ins Atrium und sieht sich mit Abdallahs und ihrer eigenen ganzen Familie konfrontiert, die wie zu einem Gruppenfoto aufgebaut ist und Leila mit vielen kalten, prüfenden, unbarmherzigen Augenpaaren entgegenschaut.

Leila bleibt stehen.

Pause.

Eisiges Schweigen.

> Sönke (*off*)
> Bitte noch etwas dichter zusammenrücken!

Schnitt.

116. Hamburg. Garten der Villa Bertram   Außen / Tag

Familie Bertram ist mit Sippschaft und Freunden zum Gruppenfoto angetreten und aufgebaut.

In der Mitte stehen Frauke und Hakîm in klassischer Hochzeiskostümierung: offensichtlich haben sie gerade ihre kirchliche ("weiße") Trauung hinter sich gebracht.

Sönke macht das obligate Hochzeitsfoto.

Die Gesellschaft witzelt und lacht.

> Sönke
> Ja ... Frau Schneeberg, bitte noch einen Schritt nach rechts – nein, nach rechts ... Und Oma bitte zu mir gukken!
>
> Ingeborg
> Du mußt aber auch mit drauf ... Sönke!
>
> Sönke
> Ja, nachher. So ... jetzt nicht mehr bewegen, bitte ... Oma, hierher gucken1
>
> Oma
> Was steht denn da auf der Mauer?
>
> Ingeborg
> Wo?
>
> Oma
> Da gegenüber. Wie kommt denn die Schmiererei da hin?

Alle Augen starren jetzt erschreckt auf die gegenüberliegende Mauer.

Gegenschnitt auf den Graffito R A S S E N S C H A N D E ☠.

> Frauke (*off*)
> Ein Graffito, na und?
>
> Sönke (*off*)
> Und Achtung ...

Schnitt zurück auf die Hochzeitsgesellschaft und ihre verstörten Gesichter.

> Sönke (*off*)
> ... fertig ...

Man hört das Klicken des Fotoapparates.

Schnitt auf Sönke.

> Sönke (*on*)
> Danke schön, das war's.

Er dreht den Film in seinem Fotoapparat weiter.

> Abdallah (*off*)
> Ja, das hier ist der Süßwasserbrunnen.

Schnitt.

117. Kafr Kassem. Abdallah Haus. Atrium   Außen / Tag

Abdallah steht mit den Polizisten David und Ali am Brunnen seines Atriums.

> David
> Und da lag sie drin?
>
> Abdallah
> Ja, ein Unfall.
>
> Ali
> Und wie ist sie da reingekommen?

> Abdallah
> Das weiß ich nicht. Als ich sie fand, war sie schon tot.
>
> David
> Und wer war sonst noch im Hause?
>
> Abdallah
> Niemand.
>
> Ali
> Nur du und Leila?
>
> Abdallah
> Ich war draußen am Wagen. Ich holte einen Spiegel rein, den uns General Rosenfeld für unser Badezimmer geschenkt hatte.
>
> David
> Und hast du sie schreien hören? Oder rufen?
>
> Abdallah
> Nichts. Keinen Laut. Ein Unfall.

Pause.

> Werner Bertram (*off*)
> Und gibt es keine Zeugen?
>
> David (zu Abdallah)
> Du bist verhaftet.

Schnitt.

118. Hamburg. Villa Bertram. Wohnzimmer   Innen / Tag

Prof. Werner Bertram im Gespräch mit Kriminalkommissar Stoll.

Stoll
Nein, es gibt wohl keine Zeugen. Es war halb ein Uhr nachts. Da sind diese kleinen S-Bahnhöfe meistens menschenleer.

Werner
Und das Personal? Ich meine –

Stoll
Die Abfertigung der Züge erfolgt dann automatisch, über Computer, um diese Zeit.

Werner
Ja, und haben Sie einen Verdacht? Ich meine. hat ihn jemand gestoßen oder – ?

Stoll
Entweder hat ihn jemand gestoßen, oder er hat sich selbst vor den Zug gestürzt.

Werner
... Aber warum?

Stoll
Das wüßte ich gern von Ihnen.

Werner
Es ging ihm gut. Er war frisch verheiratet. ...

Stoll
Und die Ehe? Ihre Tochter ...

Werner
Alles bestens. Wie die Täubchen. Nein, da gibt es mit Sicherheit keine Motivation, mit Sicherheit. O Gott, ist das furchtbar. ... Entschuldigen Sie ...

Stoll
Er war Israëli.

Werner
Aber kein Jude. Falls Sie an sowas denken. Er war Beduïne.

Stoll
Und wer wußte das?

Werner
Sie glauben, es war Mord.

Stoll
Oder Selbstmord. ... Hat er vielleicht unter Depressionen gelitten? Unter Heimweh?

Werner
Ich glaube, nicht. Aber was weiß man ... !

Stoll
Hatte er denn noch Kontakte zu seiner Familie?

Werner
Nein, konnte er ja nicht – wegen so 'ner Geschichte ... Also, da fällt mir ein: bei Beduïnen ...

Stoll
Was?

Werner
Also, für uns hier ist das eine Lappalie – total. Aber bei den Beduïnen, da steht auf sowas die Todesstrafe ... also, völlig abstrus, aber vielleicht ...

Stoll
Sie denken jetzt an Lynch-Justiz?

Werner
Oder an Fememord, was weiß ich. Das wäre doch denkbar, oder nicht? Daß Beduïnen ihre Opfer auch hier bei uns noch erwischen, oder?

<u>Stoll</u>
Denkbar ist alles.

<u>Werner</u>
Doch. Das Gesetz der Wüste. Das ist es ... Oder Selbstmord. Was sagt denn der Zugführer? Von der S-Bahn?

<u>Stoll</u>
Es war eine Frau. Die steht unter Schock. Kann sich an nichts erinnern.

<u>Werner</u>
Verstehe. Ja, und was kann man jetzt tun?

<u>Stoll</u>
Ich fürchte, nicht viel ...

<u>Werner</u>
Also gar nichts ... O Gott.

Pause.

<u>Salim (*off*)</u>
Heute haben sie Abdallah verurteilt.

Schnitt.

119. Rahat. Haus des Scheichs Halil   Innen / Tag

Abendliche Männerversammlung bei Kaffee und Tee.

Anwesend sind Scheich Halil, dessen Söhne Hatem und Akif, sein Neffe Salim, dessen Vater und die Brüder Rasi und Talal sowie andere Familienangehörige, die man zuletzt in Abdallahs Atrium gesehen hat (Szene 115).

Sie sprechen über das Wetter.

<u>Salim (*on*)</u>
Er hat Lebenslänglich bekommen.

<u>Halil</u>
Was heißt schon Lebenslänglich bei diesen Gerichten? Nach fünfzehn Jahren ist er frei.

<u>Hatem</u>
Aber er ist siebzehn.

<u>Halil</u>
Darum haben wir es ja auch auf ihn geschoben und nicht auf dich.

<u>Alle</u>
(lachen.)

<u>Halil</u>
Wenn er rauskommt, ist er 32. Das beste Alter zum Heiraten.

<u>Alle</u>
(lachen.)

Musikeinsatz: das Mozart-Quintett der Familie Bertram.

Schnitt.

120. Hamburg. Villa Bertram. Musikzimmer   Innen / Tag

Hausmusik bei Familie Bertram.

Gespielt wird wieder das Mozart-Quintett.

Frauke trägt ein schwarzes Kleid.

Unter den Zuhörern sitzt auch die Oma. Sie blickt zu den Musizierenden. Dann schweift ihr Blick ab: sie schaut zum Fenster hinaus.

Schnitt.

121. Negev-Wüste Außen / Tag

Die Wüste wie in Szene 1: lange.

Die Kamera steht. (Oder sie fliegt.)

Dann schwenkt die Kamera langsam über die endlose Wüste.

Dazu spielt unentwegt die Mozart-Musik.

Über die Wüsteneinstellung läuft dann auch der Nachspann –

auch noch bei Mozart-Musik ...

EINE FELDSTUDIE

1982/83

Die Personen

Jakob

Henriëtte Spörhase
Gotthard Zilinski
Magda Zilinski
Brigitte Zilinski
Dr. Gerhard Rosenlöcher
Jutta Rosenlöcher
Kai Rosenlöcher
Michael Rosenlöcher
Ekkehard Pape
Wiebke Hecht
Gabriele Oberlack
Lydia Radelmann
Astrid Gleitzsch
Rudi Jacke
Klara Jacke
Lutz Schleginsky
Bettina
Peter
Andreas
Klaus
Bernhard Gutekunst
Dr. Engelhard
Claudia
Pastor Schiewelbein
Esteban der Chilene
Raffaele der Barkeeper
Ralf Paschke

Kinder, Hunde, Katzen, Vögel und Pflanzen

Erster Teil

1. Hochhaus-Komplex   Außen / Tag

Totale: Hochhaus-Komplex – zuerst von oben, dann von unten, etwa aus einem Innenhof, die Fassaden entlangkreiselnd;

dann von verschiedenen Seiten und aus verschiedenen Entfernungen, jeweils mit stehender Kamera und hart geschnitten.

Jede Einstellung steht ein paar Sekunden.

Ton: Großstadtlärm, abrupt, off.
Dazu eventuëll Disco-Rhythmus.

Dann Ranspringen an die Hochhaus-Fassade.

Kamera wandert langsam an der Fassade entlang: unsystematisch, unregelmäßig – aufwärts, seitlich, abwärts, aufwärts ... Wechselndes Tempo, gelegentliches Verharren auf einzelnen Fenstern, Balkonen, Loggien ...

Hierüber Titel-Vorspann.

Danach Fortsetzung der Fassaden-Wanderung.

Nirgends sind Menschen zu sehen.

Schneller Zoom auf ein bestimmtes Fenster zu.

Ton: Ende.

Schnitt auf

2. Wohnung Spörhase   Innen / Tag

Kamera blickt durch Fenster (quergestellte Blinds) auf Henriëtte Spörhase, die, schwarz gekleidet, an sorgsam gedecktem Tisch ihr (kaltes) Abendbrot einnimmt: Aufschnitt-Delikatessen, flankiert von einer Tabletten-Batterie.

> *Ton,* off: *Fernseh-Tagesschau, bzw. "heute"-Sendung mit einem Kriegsbericht aus dem Orient oder der Dritten Welt.*

Fernsehgerät zuërst angeschnitten, dann langsamer Zoom auf Henriëttes Gesicht und gabelnden Mund.

Ihre Augen blicken zum Fernsehen.

Schnitt aufs Fernsehgerät, Henriëtte angeschnitten.

Im Fernsehen Bilder vom Kriegsgeschehen.

> *Ton,* off: *Sprechender Papagei wiederholt einen läppischen Satz.*

Schwenk übers Wohnzimmer auf Papagei.

> Henriëtte (*off*)
> Ja, mach schön Fresserchen. Mach schön Fresserchen.
> – Fresserchen sollst du machen.

Schnitt auf Henriëtte, groß. Sie ist Ende siebzig. Hinter ihr die Tagesschau.

> Henriëtte (*on*)
> Fresserchen! Los! – Na, dann eben nicht.

Henriëtte schluckt eine Tablette, wendet sich zum Fernseher.

> Blödes Viech.

Schnitt auf

3. Wohnung Zilinski   Innen / Tag

Groß im Bild Fernsehgerät, größer als Henriëttes. Im Fernseher dieselben Kriegsbilder wie zuvor bei Henriëtte (Zeitsprung zurück).

>Fernseh-Tagesschau
>(gleicher Wortlaut wie in Szene 2, aber leiser)
>
>Zilinski (*off*)
>Diese Leberpastete ist eine einzige Katastrophe.
>
>Magda Zilinski (*off*)
>Das ist die teuerste, die da war.
>
>Zilinski (*off*)
>Von Trüffeln keine Spur.

Zwischenschnitte auf die gut sortierten Abendbrotsteller, auf die fuhrwerkenden Bestecke und auf die kauenden Münder der Familie Zilinski, dann jeweils zurück auf das Kriegsgeschehen im Fernsehen.

>Zilinski (*off*)
>Schmeckt ihr was von Trüffeln?
>
>Magda (*off*)
>Ich mag sowieso keine Trüffeln.
>
>Zilinski (*off*)
>Ich ja. Seit dem Frankreich-Feldzug: das waren noch Zeiten. Aber das hier – das sind wahrscheinlich EG-Trüffeln.

Er lacht.

>Schmeckst du was von Trüffeln, Brigitte?
>
>Brigitte Zilinski (*off*)
>Dreizehn ... vierzehn ... fünfzehn ...

Schnitt auf Tochter Brigitte, 36. Sie träufelt sich gerade ein Tropfen-Medikament auf einen Löffel.

> Zilinski *(off)*
> Ach so. Na, schlagen diese neuen Tropfen nun besser ein?

> Brigitte
> ... neunzehn – zwanzig. Ach wo.

Aufziehen auf die ganze (dreiköpfige) Familie Zilinski beim Abendessen vor dem angeschnittenen Fernseher.

> Ich reagiere auf alle diese Medikamente nicht mehr.

Brigitte schluckt ihre Medizin.

> Magda
> Ich kann aber nichts dafür, Brigitte.

Zilinski schiebt seinen Teller weg. Anschließend nimmt er eine Tablette.

> Zilinski
> Nee. Da strecke ich die Waffen.

> Brigitte
> Ich glaube, ich bin ein aussichtsloser Fall.

> Magda (zu Zilinski)
> Bei Dr. Engelhard bekommst du sicher gleich was Besseres.

> Zilinski
> Rotarisches Essen ist immer gut. Hieb- und stichfest.

> Magda
> Aber immer zu wenig. oder?

Magda schluckt eine Tablette.

> Fernseher *(off)*
> (Heftiger Schußwechsel.)

> Zilinski
> Mein Gott, mach doch mal etwas leiser, Magda! Diese ewigen Stellungskriege heutzutage ...

Magda drosselt den Fernsehton per Fernbedienung.

Magda
Übrigens, diese Tropfen, Brigitte: die hat dir doch diese Frau Oberlack empfohlen.

Zilinski
Das kommt davon. Eure ewige Tuchfühlung mit diesen dämlichen Weibern hier im Hause: da müßt ihr euch ja dauernd selbst in den Fuß schießen!

Magda
Ich denke, die Frau Oberlack hatte dir auch neulich diese Leberpastete empfohlen.

Zilinski
Ach, Quatsch!

Er schaut auf die Uhr. Er erhebt sich und will hinausgehen.

Ich muß mich langsam auf die Socken machen.

Magda
Doch, Schätzchen: letzten Freitag, beim Kegeln.

Zilinski bleibt in der Tür stehen.

Zilinski
Und was eine Frau Oberlack empfiehlt, das holst du?

Er geht hinaus ins Nebenzimmer.

Brigitte
Übrigens, am Wochenende hatte sich die Frau Oberlack wieder einen Ausländer mitgebracht.

Zilinski (*off*)
Wieder einen Türken?

Magda
Wieso, meistens sind es doch Neger.

Zilinski erscheint in der Tür, ohne Jacke.

> Zilinski
> Aber diese Leberpastete, Magda: die gehst du reklamieren, gleich morgen früh. Aber ohne Rücksicht auf Verluste. Sowas darf man sich nicht gefallen lassen.
>
> Brigitte
> Still.

Zilinski geht hinaus.

> Mach doch mal lauter, Mutti.
>
> Fernsehen (*off,* lauter werdend)
> (Verkündung der Lottoërgebnisse)

Mutter und Tochter glotzen andächtig auf die Lottoërgebnisse.

Schnitt auf

4. Wohnung Pape – Hecht   Innen / Tag

Groß im Bild Fernseher, wieder ein anderes Gerät, der letzte Schrei. Auf der Mattscheibe dieselben Kriegsbilder wie zu Beginn der vorigen Szenen (Zeitsprung zurück).

> Fernseh-Tagesschau
> (gleicher Wortlaut wie zuvor, aber bei abgedrehtem Ton)
>
> Wiebke Hecht (*off*)
> ... muß ich morgen auf der Redaktionskonferenz letztendlich durchsetzen, eine Serie über das Thema Kindergeld zu schreiben ...

Schnitt auf Wiebke, groß. Sie trägt eine Plakette mit modischem Polit-Slogan und löffelt gerade einen Yoghurt.

Wiebke (*on*)
... also klar aufdecken, daß Kindergeldzahlung in ihrer jetzigen Handhabung letztendlich eine total pseudo-demokratische Benachteiligung der Kinderlosen darstellt: die von diesem sogenannten Sozialstaat ins Ghetto einer Minderheit verstoßen werden, bloß weil sie beim Geschlechtsverkehr etwas vorsichtiger sind oder einfach viel politischer als die andern, bewußter ...

Ekkehard (*off*)
Der Lachs ist völlig versalzen.

Schnitt auf Ekkehard Pape, groß, der ein ziemlich lukullisches Abendbrot verzehrt. Er schluckt auch zwei Tabletten. Er trägt einen Walkman.

Wiebke (*off*)
Ich meine, diese unheimlich faschistoïde Fortsetzung von Fruchtbarkeitsprivilegien mit den finanziellen Mitteln des kapitalistischen Staates muß jetzt endlich durch eine totale Gleichberechtigung von Kinderlosen und Bekinderten definitiv abgelöst werden.

Ekkehard
Das kriegst du nicht durch.

Ekkehard blickt erstmals zu Wiebke: Aufziehen auf beide.

Wiebke
Dann geh ich damit zu Augstein.

Ekkehard
Das Kindergeld ist ein geheimer NATO-Beschluß zur Vermeidung geburtenschwacher Jahrgänge für den sogenannten Verteidigungsfall.

Ekkehard ißt weiter und schaut in den Fernseher.

Wiebke
Ja, das Mutterkreuz der achtziger Jahre, genau. Und genau das muß endlich denunziert werden, aber ehrlich, du.

> Ekkehard
> Guck mal. Fernsehen ohne Ton.

Schnitt aufs Fernsehbild (aber nur die Mattscheibe, ohne Rahmen): wiederum die anfänglichen Kriegsbilder.

> Ekkehard
> Das wäre endlich die Emanzipation des Bildes: die Befreiung vom Terror der manipulierten Kommentare.

Schnitt auf

5. Wohnung Dr. Rosenlöcher   Innen / Tag

Kamera aufziehen, so daß das ganze Fernsehgerät sichtbar wird: es ist wieder ein anderes, das dasselbe Programm zeigt.

> Michael Rosenlöcher (*off*)
> Darf man den Ton jetzt wieder einschalten, oder ist die heutige Ausgabe eurer ehelichen Auseinandersetzung noch nicht beëndet?

> Kai Rosenlöcher (*off*)
> Michael hat euch was gefragt.

Schnitt auf Familie Rosenlöcher beim (warmen) Abendbrot. Die Eltern sitzen trotzig zurückgelehnt vor ihren ganz, bzw. halb gefüllten Tellern und rauchen nervös. Die beiden Söhne essen mit betont guten Tischmanieren.

Michael bedient sich aus einer Batterie Tablettenschachteln.

> Dr. Rosenlöcher
> Michael sollte lieber seinen Tablettenkonsum mäßigen.

> Michael
> Gern, Pappi. Aber mein Psychiater hat mir grade gesagt, an meiner Tablettensucht seid nur ihr schuld. Weil ihr mit eurer chronischen Ehekrise unsre ganze Kindheit versaut habt.

> Jutta Rosenlöcher
> Dafür habt ihr uns unsre ganze Jugend versaut, jedenfalls meine. Wir sind also quitt.
>
> Kai
> Einverstanden, Mammi.

Schnitt auf Kai, groß.

> Nur mit dem Unterschied, daß ihr uns hättet verhindern können. Wir euch nicht.
>
> Michael (*off*)
> In diesem Zusammenhang:

Schnitt auf Michael, groß.

> Im 19. Stock steht doch seit Wochen eine Wohnung leer. Mein Psychiater läßt euch sagen, das wäre der einzige Ausweg aus unserm Familiendilemma: ihr mietet uns diese Wohnung, als Zweitwohnsitz sozusagen, damit wir jeweils ausweichen können, wenn ihr eure tägliche Krise habt.

Schnitt auf die Eltern (Zweier), die mechanisch in den Fernseher starren.

> Kai (*off*)
> Da könnten wir endlich mal für die Uni arbeiten, ohne daß ihr uns stört.
>
> Michael (*off*)
> Oder auch mal therapeutischen Besuch bekommen.

Kurzer Zwischenschnitt auf das stumme Fernsehgeschehen –

> Kai (*off*)
> Und die Tagesschau auch mal mit Ton sehen.

Dann wieder zurück auf die Eltern.

> Jutta Rosenlöcher
> Moment mal, im 19. Stock?

Einziehen auf Jutta.

> Das ist doch die Wohnung dieses mysteriösen Todesfalls, und neben dem alten Päderasten ...
>
> Kai (erst *off*, dann *on*)
> Mammi, deine Einflußnahme auf unsere Sexualentwicklung –

Schnitt auf Kai, groß.

> – die hat bereits sehr viel früher stattgefunden, als du es weißt, und liegt nun abgeschlossen vor.
>
> Michael (*off*)
> Was da verkorkst werden konnte, hast du verkorkst.
>
> Kai
> Ja, mit dem größten Erfolg. Also, Pappi: geht das klar mit der Wohnung?

Schnitt auf Dr. Rosenlöcher, groß.

> Dr. Rosenlöcher
> Darf ich fragen, ob euer Psychiater auch die Finanzierung eurer Zweitwohnung zu übernehmen gedenkt?

Schnitt auf Kai, groß.

> Kai
> Ich finde diesen Scherz besonders geschmacklos, solange du seine letzten Rechnungen noch nicht beglichen hast.
>
> Michael (erst *off*, dann *on*)
> Außerdem habe ich laut und deutlich gesagt –

Schnitt auf Michael, groß.

> – daß auf Grund eurer Schuld an unseren psychischen Defekten eindeutig du es bist, der uns diese Wohnung mieten muß.

Zwischenschnitt auf Dr. Rosenlöcher.

> Kai (*off*)
> Schließlich ist Michaels verfrühter Haarausfall nachgewiesenermaßen das Ergebnis allzu starker Belastungen durch das Elternhaus.

Schnitt auf Kai, groß.

> Kai (*on*)
> Und wenn du dich jetzt wieder mal weigerst, dann müßte ich diesem Fernsehmenschen, der schon so lange hinter mir her ist, doch endlich dieses Interview geben: über meine glückliche Kindheit als Sohn eines berühmten Kommunalpolitikers.

Zwischenschnitt auf Jutta.

> Michael (*off*)
> Das würde diese Mietsache finanziell natürlich kolossal erleichtern.

> Kai (erst *off*, dann *on*)
> Aber mit deinem Wahlkampf ...

Schnitt auf Kai, groß.

> Da brauchtest du dann wahrscheinlich gar nicht erst anzufangen.

Schnitt auf Dr. Rosenlöcher, groß.

> Dr. Rosenlöcher
> Das ist Erpressung.

> Michael (*off*)
> Das finde ich nicht.

Schnitt auf Michael, groß.

> Michael (*on*)
> Es ist nur die höfliche Bitte um eine dringend benötigte Zweitwohnung für meinen Bruder Kai und mich.

Schnitt auf Dr. Rosenlöcher, groß.

> Jutta (*off*)
> Jetzt kommt der Wetterbericht. Den will ich aber wenigstens mit Ton hören. – Michael!

Aufziehen: Vierer. Michael schaltet den Fernseh-Ton ein. Er und Kai setzen sofort Walkmen auf und essen weiter.

> Fernseher (*off*)
> (Stereotyper Wortlaut des Wetterberichts.)

Schnitt auf

6.   Wohnung Spörhase   **Innen / Tag**

Fernsehgerät mit Wetterbericht, groß.

> Fernseher
> (Wetterbericht wie in der vorausgehenden Szene)

Das Telefon klingelt.

Schwenk über verhängten Papageienkäfig auf Henriëtte Spörhase am Telefon.

> Henriëtte (*off, abnehmend*)
> Spörhase. –
> Moment, ich kann nichts hören. Moment.

Sie drosselt den Ton des Fernsehers.

> Henriëtte (*on*)
> So. Spörhase. – Frau Oberlack: ich habe Ihnen doch gesagt, ich will nicht mehr mit Ihnen sprechen.

Schnitt auf

7. Wohnung Oberlack   Innen / Tag

Gabriële Oberlack steht telefonierend am Fenster, schaut dabei hinaus.

> Gabriële Oberlack
> Ich spreche auch gar nicht mit Ihnen. Ich sage Ihnen nur Bescheid: werfen Sie doch mal einen kleinen Blick aus dem Fenster, aber schnell. – Frau Spörhase, hallo? Aufgelegt.

Sie legt auf, wählt sofort wieder, wartet.

> Blöde Kuh, neurotische. Keine Nerven, keine energy. Aber wetten, daß sie trotzdem zum Fenster stürzt. ... Hallo, Frau Jacke? Hier ist Oberlack, guten Abend. Nur ganz kurz. Ihr Mann möchte doch schnell mal aus dem Fenster schauen.

Schnitt auf

8. Wohnung Jacke   Innen / Tag

Klara Jacke am Telefon, im Flur.

> Klara Jacke
> Tut mir leid, der ist grade aus der Tür, Sperrmüll runtertragen. – Ja, heute ist Sperrmüll, wußten Sie das gar nicht? – Bitte schön.

Klara legt auf, geht dann in die Küche.

> Blödes Flittchen. Als wenn wir was für den Sperrmüll hätten. Rudi!
>
> Rudi Jacke (*off*)
> Was is?

Schnitt auf Rudi Jacke vor dem Fernseher (Fußball).

> Klara (*off*)
> Fräulein Oberlack möchte, daß du "mal aus dem Fenster schaust".

Rudi steht auf, kommt in den Flur.

> Rudi
> Hast du grade gesagt, heute ist Sperrmüll?
>
> Klara (in der Küchentür)
> Ja, aber du bleibst oben.
>
> *Das Telefon klingelt.*

Klara geht an Rudi vorbei zum Telefon.

> Klara
> Geh mal nach dem Fenster, rausgucken.

Klara hebt den Hörer ab.

> Jacke?
>
> Rudi (*off*)
> Ich guck jetzt Fußball.
>
> Klara (ins Telefon)
> Warum denn rausgucken? Wer spricht denn da?

Schnitt auf

9. Wohnung Spörhase   **Innen / Tag**

Frau Spörhase steht telefonierend am Fenster.

> Henriëtte Spörhase
> Niemand. Dies ist ein anonymer Anruf.

Sie legt auf, wählt sofort, mit Hilfe eines Telefon-Verzeichnisses, eine andere Nummer, wartet.

> ... Ich will sie mit Skorpionen züchtigen, die gottlosen Bolschewiken hier: die Rotte Korah ... Da wird sein Heulen und Zähneklappern, wenn ihr sehen werdet –
>
> Hallo? Ja, schnell mal aus dem Fenster schauen, schnell. Dies ist ein anonymer Anruf. Ende.

Schnitt auf

10. Wohnung Wohngemeinschaft   Innen / Tag

Die vier Mitglieder einer Wohngemeinschaft beenden ihr "alternatives", makrobiotisches Abendessen mit diversen Körnerarten und Kräutertee.

Klaus, groß im Bild, telefoniert auf einem Hochbett.

> **Klaus**
> Hallo, Moment noch ... Aufgelegt, das alte Naziweib.

Klaus legt auf, kehrt zu den andern zurück, setzt sich. Kamera schwenkt mit Klaus mit: Vierer.

> **Andreas** (*off*)
> Wieder die Anonyme?
>
> **Klaus**
> Ja, jetzt sollen wir schnell mal ans Fenster gehen.
>
> **Bettina**
> Dann ist es bestimmt diese miese alte Wuppertalerin aus dem 13. Stock, die glotzt sowieso nur immer aus dem Fenster.
>
> **Klaus**
> Der Stimme nach ist es eher die schlammige Lottokönigin aus dem 4. Stock.

Andreas
Ich trau das eher der DDR-Oma zu, im 7. Stock.

Bettina
Zutrauen tu ich das allen in diesem Hause, nee, ehrlich, also, von den Ischen jeder.

Peter
Jetzt möchte ich mal was sagen, darf ich ...

Schnitt auf Peter, groß.

Ich finde das nämlich einen-einen-einen ... eine unheimlich beschissene reaction vom Andreas, aber echt, daß du-daß du-daß du ... auch vom Klaus, aber ehrlich ... daß ihr da so eine ganz ganz beschissene Aggressionskomponente raushängen laßt, bloß weil diese anonymen Anrufe von einer-einer-einer ... also, von so 'ner Frau kommen, die sich da ...

Bettina (*off*)
Mensch, Peter ...

Schnitt auf Bettina, groß.

Peter (teils *off*, teils *on*)
Nee, ehrlich, Bettina: jetzt nicht wieder deine solidarische Interruptus-Strategie ...

Schwenk über Andreas und Klaus, beide groß, zurück zu Peter, groß.

Ich meine, anonyme Anrufe sind doch in so einem total beschissenen Staat das einzig verfügbare Mittel, um unterdrückte Emotionalitäten noch mal einwandfrei spontan rauszulassen, ich meine, ich finde es unheimlich schlimm, daß ihr so 'ne echte Befreiungsaction wie diese anonymen Anrufe mit euren-euren antifeministischen und scheißelitären reactions total kaputt macht –

Schnitt oder Schwenk auf Bettina, die aufsteht, zum Fenster tritt und hinausschaut.

Peter (noch, *off*)
– indem ihr die anrufende Genossin da als Naziweib und Wuppertalerin und Lottokönigin total disqualifiziert, aber total, nein, ehrlich ...

Bettina
Mensch, das halt ich im Kopf nicht aus.

Sie löst sich vom Fenster; Kamera schwenkt mit.

Wo ist denn das Telefon, Klaus?

Klaus (*off*)
Weiß nicht. Auf dem Hochbett, vielleicht.

Bettina:
Dann hol es bitte mal runter, aber schnell.

Klaus steht gehorsam auf, besteigt das Hochbett und holt das Telefon. Kamera schwenkt oder fährt mit.

Andreas (teils *off*, teils *on*)
Nee, Peter, ich finde, du bist da auf einem Trip, der ist echt unheimlich gefährlich. Ich meine, du läßt da einen-einen-einen ... also, eine Pauschalsanktionierung in diesem Hause raushängen, die ich ehrlich unheimlich beschissen finde, echt ...

Zwischenschnitte auf die Köpfe von Andreas, Peter und Bettina, die sich dann von Klaus das Telefon reichen läßt. Sie wählt eine Nummer.

Ich meine, rein jahrgangsmäßig, also im Durchschnitt, sind doch die meisten Einwohner in diesem Hause ganz zwangsläufig alte Nazis gewesen, ja auch die Frauen, brauchst doch bloß nachzurechnen, und da hab ich total keinen Bock drauf, das jetzt irgendwie pseudo-sozialistisch zu euphemisieren oder-oder-oder-oder ...

Bettina (ins Telefon)
Hier ist die Bettina. Hallo, Lutz. – Seid mal ruhig. – Wo, in Singapur? Ach wo, ich bin hier im 12. Stock. – Ja, die. Okay. Du, ich dachte eben, mich trifft der

Schlag, du mußt unbedingt sofort an dein Fenster gehen und mal rauskucken –

Schnitt auf

11. Wohnung Schleginsky   Innen / Tag

Ton: Musik aus dem Recorder: Keith Jarrett.

Lutz Schleginsky liegt mit kosmetischer Gesichtsmaske auf der Couch. Viele Spiegel.

<u>Lutz (ins Telefon)</u>
Warum denn? Du, ich bin fix und fertig, diese ewigen Zeitverschiebungen – ... Also, du bist wirklich genau so wie die andre Bettina – na, die in Singapur, eine Irre. Du, die hält mich im Ernst für den schönsten Steward aller Fluggesellschaften, verrückt, aber Vergleichsmöglichkeiten hat sie ja, und verlangt auch immer die wahnsinnigsten Sachen von mir ...

Lutz geht mit Telefon an langer Schnur zum Fenster. Kamera schwenkt mit.

Ja, ich geh ja schon – und auch immer, wenn ich fix und fertig bin, durch diese ewigen Zeitverschiebungen –

Lutz schaut durchs Fenster hinaus.

Nein, das gibt es doch nicht! Also, ich kann nicht mehr! Du, da muß ich sofort das Radelmännchen anrufen, die kriegt einen Schreikrampf ...

Schnitt auf

12. Wohnung Radelmann   Innen / Tag

Lydia Radelmann sitzt im Schlafzimmer an ihrem Spiegeltisch und bependelt das Textbuch eines Theaterstücks.

Kamera zeigt erst nur das Pendel, zieht dann langsam auf und gibt das bependelte Textbuch, dann Lydias Hand (Ringe, lackierte Fingernägel), Arm (Armband, Amulett), schließlich ihr Gesicht preis.

Das Telefon klingelt anhaltend im off.

<u>Lydia (erst *off*, dann *on*)</u>
Der Lärm verstärkt die Ruhe.

Der Lärm verstärkt die Ruhe.

Der Lärm verstärkt – verdammte Scheiße.

Sie greift zum Telefonhörer, gereizt.

Ja, was ist denn? – Moment mal, das Badewasser läuft.

Sie legt den Hörer beiseite, polkt sich ein Oropax aus dem rechten Ohr und legt es auf ein Tablett mit zahllosen gebrauchten und ungebrauchten oropaxen: teils in Plastiktüten, teils in Schächtelchen und teils unverpackt. Greift zum Hörer.

So, ich bin wieder da, die Wanne muß warten, wer sind Sie eigentlich? – Welcher Lutz? – Ach, der kleine Steward mit den ewigen Zeitverschiebungen?

Lydia zündet sich eine Zigarette an.

Schätzchen, du störst mich grade wahnsinnig, ich liege schon im Bett und lerne Text –

Lydia geht mit dem Telefon an überlanger Schnur in der ganzen Wohnung herum, schaut bisweilen in einen der zahllosen Spiegel. Dabei wechselt sie einmal das Ohr, merkt, daß sie im linken Ohr noch Oropax hat, holt auch dies heraus. Dann drückt sie die gerade angerauchte Zigarette im Blumentopf einer verkümmerten Zimmerpflanze aus, zündet sich sofort eine neue an, dies eventuëll mehrmals, dabei pausenlos sprechend.

> Lydia (noch)
> – ich habe morgen eine irrsinnig schwere Probe, im vierten Bild rede ich 26 Minuten allein, das mir, und dabei habe ich wieder so katastrophal – , ja, die Nächte sind eine einzige – , und die Albträume, kann ich dir sagen, sowas hast du in deinem spießigen kleinen Fliegerleben noch nie – , na, fürchterliche Theaterträume natürlich, versäumte Vorstellungen, Texthänger undsoweiter, undsoweiter, davon ahnst du ja nichts, aber

Schnitt auf

13. Wohnung Schleginsky   Innen / Tag

Der Lydia zuhörende Lutz mit dem Telefonhörer am Ohr. Zwischendurch legt er den Hörer neben sich, schaltet den Fernseher an (Fußballspiel), drosselt den Ton, hebt den Telefonhörer wieder ans Ohr und schaut dem Fußballspiel zu.

Auch Lutz raucht, macht Zigarette im Blumentopf oder in abgestandenem Whiskyglas aus.

> Lydia (*off*, weitersprechend)
> meistens Kriegsträume, von abstürzenden Flugzeugen, die brennend vom Himmel fallen, davon ahnst du ja nichts, immer mir auf den Kopf natürlich, das Trauma eines Kriegskindes, du Wohlstandskrüppel, du problemloser, ich denke, du bist in – , haben sie dich auch rausge-, was willst du überhaupt, warum störst du mich mitten im Meditieren, mein Gott, habe ich eine Migräne, von Rücksichtnehmen weiß man in zehn Kilometer Höhe – , naja, meine Schuld, meine Schuld, warum laß ich mich auch mit so einem – , genau wie mein zweiter

Mann, aber der hat mich wenigstens mit Geschenken über-, kleinen Aufmerksamkeiten und Flieder, jeden Tag weißen Flieder, dabei hasse ich Flieder, aber das ist

Schnitt auf

14. Wohnung Radelmann　　　　　　　　　　Innen / Tag

Lydia (weitersprechend)
typisch für euch Steinböcke, du bist doch Steinbock ... was ist los? ... Jetzt bist du plötzlich Wassermann, na, noch schlimmer, wer war denn neulich – , ach, ich weiß schon, diese aufdringliche Ziege aus dem 20. Stock, die mir auflauert, wo ich geh und – sag mal, Schätzchen, was willst du eigentlich schon wieder, warum rufst du mich zu einer so unmöglichen Zeit – , du bist hier nicht in Hongkong, also, was ist, mach schnell ... Was? ... Aber warum denn? ...

Lydia ist wieder an ihrem Spiegeltisch gelandet, setzt sich, macht die Zigarette in einem halbvollen Weinglas aus und betrachtet sich beim Sprechen im Spiegel, betätigt zwischendurch diverse Sprays (Hals, Haar, Körpergeruch *et cetera*).

... Du bist wahnsinnig. ... Du, ich habe seit acht Tagen eine schwere Depression ... was? ... na, grundlos natürlich, sei doch nicht so blöde, und da verlangst du plötzlich, ich soll mitten in der Nacht aus der Wanne steigen und zum Fenster – , wenn du nicht so irrsinnig unsensibel wärst, würdest du jetzt selbst – und mir dann erzählen, ich arbeite nämlich, ich habe wahnsinnig viel zu – , und da verlangst du, ich soll zum Fenster – , bloß so, du bist unverschämt, völlig rücksichtslos, eine Zumutung, leck mich doch am Arsch. –

Sie knallt den Hörer auf die Gabel.

Ich werde wahnsinnig.

Sie wirft einen Blick in den Spiegel.

Was soll ich bloß am Fenster?

Sie faßt sich kurz ins Haar und geht dann schnell und zielbewußt quer durch die ganze Wohnung auf das entfernteste Fenster zu.

Ton: Musik begleitet – crescendamente – Lydias Gang zum Fenster.

Dort bleibt sie stehen, schaut hinaus und erstarrt.

Ton: Die Musik akzentuiert Lydias Blick.

<u>Lydia</u>
Ich werde wahnsinnig.

Schnitt auf

15. Straße vor dem Eingang zum Hochhaus   Außen / Tag

Ton: Fortsetzung der Musik.

Die Kamera blickt durch Lydias Fenster (Gardine? Jalousie?) hinunter auf die Straße und sieht weit unten einen VW-Bus, aus dem Jakob gerade viele hochgewachsene Zimmerpflanzen hervorholt und auf den Bürgersteig stellt.

Rechts und links neben dem VW-Bus ist Sperrmüll auf der Straße deponiert.

Schneller Zoom (oder Ranspringen) auf Jakob zwischen seinen Pflanzen, neben denen man jetzt auch einige Tierkäfige, Katzentaschen, Vogelbauer und verheißungsvolle Kartons mit Luftlöchern erblickt: teils von Tieren okkupiert, teils aber auch leer. Auch einigen Ramsch, als sei er vom Flohmarkt, hat Jakob aus dem Wagen auf die Straße gestellt.

> Jakob
> (singt oder pfeift vor sich hin, redet auch bisweilen mit seinen Tieren und Pflanzen.)

Jetzt ergreift er einen gewichtigen Pflanzenkübel, um ihn ins Haus zu tragen.

In der gläsernen Eingangstür (Pendeltür? Drehtür?) kommt ihm Astrid Gleitzsch entgegen, gleichfalls beladen: mit leeren alten Koffern, Pappkartons und sperrigem Verpackungsmaterial, das auf den Sperrmüll soll.

Wenn Jakob mit Astrid zusammentrifft, stellt er seinen Kübel ab, ist Astrid beim Öffnen (Drehen?) der Haustür behilflich.

> Jakob
> Guten Abend.
>
> Astrid Gleitzsch
> Wie bitte?
>
> Jakob (lachend)
> Darf ich Ihnen helfen?
>
> Astrid
> Warum denn?

Sie geht an Jakob vorbei. Ein Koffer fällt ihr aus der Hand. Jakob hebt ihn auf.

> Jakob (lachend)
> Oh, der ist aber leicht. Wollen Sie zum Bahnhof?
>
> Astrid
> Nee, zum Sperrmüll.

Astrid tritt zum Straßenrand, deponiert ihren Sperrmüll. Jakob tritt hinzu, setzt den Koffer ab.

> Jakob
> (lacht)
>
> Astrid
> Lachen Sie über mich?

> Jakob
> Nein, über Ihren Witz.

> Astrid
> Welchen Witz?

> Jakob
> Ihren Esprit. Schön.

Sie stehen zwischen und vor Tierkäfigen, hochgewachsenen Topfpflanzen und ausrangierten alten Möbeln.

Astrid kann eine leicht sächsische Sprachmelodie nicht verheimlichen.

Jakob sucht etwas, kramt in Jacken- und Hosentaschen, fördert viel Krimskrams zutage, unter anderem ein Katapult.

> Jakob
> Sie sind neu hier.

> Astrid
> Wieso, was soll das heißen?

> Jakob
> In diesem Haus: eine reizende neue Mieterin, erfreulich. Schauen Sie mal hier: ein Katapult.

> Astrid
> Was wollen Sie denn damit?

> Jakob
> Neonröhren kaputtschießen.

Jakob zielt zum Spaß auf die Hausfassade.

> *Ton: Musikeinsatz.*

Dabei fällt sein Blick auf die herabspähenden Gesichter hinter den Fenstern.

Schnitt auf

Hochhausfassade, durch das Katapult gesehen. Zoom auf ein Fenster: Lydia Radelmann.

Schneller Schwenk über die Fassade (nah), man erkennt (möglichst noch durch das Katapult) die hinter Gardinen und Jalousien nur schlecht verborgenen Gesichter von Lutz, Bettina und Henriëtte Spörhase (mit Telefonhörer am Ohr).

Schnitt oder Ranspringen auf

16. Wohnung Spörhase   Innen / Tag

Ton: Musik abrupt aus!

Henriëtte steht am Fenster, schaut auf Jakob hinunter und telefoniert.

> Henriëtte (ins Telefon)
> ... um euch Philister zu schlagen und zu töten, ist herabgestiegen vom Himmel ein neuer David mit der Schleuder und mit dem Stein.

Schnitt zurück auf

17. Straße vor dem Hauseingang   Außen / Tag

Jakob mit Katapult in Henriëttes Perspektive, groß.

> Henriëtte (*off*, ins Telefon)
> Dies ist ein anonymer Anruf.

Umschnitt auf Hausfassade, durch Katapult gesehen.

> Henriëtte (*off*, ins Telefon)
> Ende.

Ton: Musik Fortsetzung.

Fortsetzung des Schwenks über die Hausfassade, nun mit den Fenstern, hinter denen Gabriële Oberlack, Klara Jacke, aber auch Ekkehard Pape, Michael und Kai Rosenlöcher, Brigitte Zilinski sowie Claudia lauern.

Jakobs Katapult (und die Kamera) verharren plötzlich und scheinen ein bestimmtes Fenster aufs Korn zu nehmen.

Ton: Abruptes Ende der Musik.

Astrid (*off*)
Was machen Sie denn jetzt? Da sind doch gar keine Neonröhren.

Jakob (*off*)
Zur Abwechslung ziele ich auch ganz gern mal auf Fensterscheiben.

Astrid (*off*)
Vandalismus.

Jakob (*off*)
Mögen Sie einen Bonbon?

Schnitt auf Jakobs Hände, groß. Sie halten eine offene Tüte mit roten Himbeerbonbons, aber auch noch das Katapult.

Astrid (*off*)
Schießen Sie mit Himbeerbonbons?

Jakob (*off*)
Sie dachten wohl, mit Steinen? Neenee. – Hier, probieren Sie mal.

Schnitt auf Astrid und Jakob, aus einem der Fenster gesehen.

Astrid
Nein, vielen Dank.

Sie geht auf das Haus zu. Aus dem Hause kommen ihr Leute entgegen, die Gerümpel zum Sperrmüll tragen.

> Jakob
> Übrigens, ich wohne im 19. Stock.

Astrid bleibt stehen. Schnitt auf Astrid, groß.

> Astrid
> Da ist ja gar nichts frei geworden. Ich wohne nämlich selbst im 19. Stock.

> Jakob (*off*)
> Ach nee.

Schnitt auf Jakob, groß.

> Jakob (*on*)
> Noch nie gesehen, wo denn da?

Schnitt auf Astrid, groß.

> Astrid
> – Was geht denn Sie das an?

> Jakob (*off*)
> Jetzt weiß ich: Sie sind die Schwester von Frau Bulthaupt, gleich rechts neben dem Fahrstuhl, stimmt's?

Schnitt auf Jakob, der auf Astrid zugeht.

> Jakob (*on*)
> "Was geht denn Sie das an?", das sagt Ihre Schwester auch immer, auch genau so muffig. Ja, jetzt weiß ich wieder: das war ja schon lange fällig, daß Sie endlich nachkommen aus der DDR, aus Jena. Stimmt's?

Schnitt auf beide (oder aufziehen).

> Astrid
> Nee, aus Gera.

> Jakob
> Richtig, die andern Bulthaupts sind alle aus Jena. Aber Gera ist ja auch eine sehr, sehr schöne Stadt.

> Astrid
> Hier weiß niemand was von Gera. Sie auch nicht.
>
> Jakob
> Gut, wie Sie wollen. Dann stehen die Trinitatiskirche und die Salvatorkirche eben nicht in Gera, und es gibt auch keine alte Stadtmauer, keinen Botanischen Garten und keine Bergbauschule in Gera.

Jakob lacht. Hausbewohner tragen Sperrmüll vorbei.

> Astrid
> – Bei uns im 19. Stock ist aber trotzdem nichts frei für Sie.
>
> Jakob
> Meine Wohnung schon: gleich links neben dem Fahrstuhl.
>
> Astrid
> Ach nee! – Wird die nun doch endlich zwangsgeräumt: na, das ist ja hochinteressant. Sie wissen, wer da vorher gewohnt hat?
>
> Jakob
> Erzählen Sie es mir.

Astrid winkt Jakob für offenkundig sehr geheime Mitteilungen zur Seite.

Ton: Musikeinsatz.

> Ekkehard Pape (*off*)
> Na, sowas.

Schnitt auf

18. Wohnung Pape – Hecht   Innen / Tag

Ekkehard Pape (angeschnitten) steht am Fenster und blickt hinaus auf Jakob und Astrid.

Er wendet sich über die Schulter zur (unsichtbar bleibenden) Wiebke.

> Ekkehard
> Jakob der Ermordete ist wieder da. Sorry.

Er wendet sich wieder zum Fenster.

Kurzer Zwischenschitt auf Astrid, wie sie auf Jakob einredet.

> Brigitte Zilinski (*off*)
> Ach, du liebes Gottchen.

Schnitt auf

19. Wohnung Zilinski   Innen / Tag

Brigitte steht am Fenster und blickt hinunter auf Astrid und Jakob.

Sie wendet sich über die Schulter zu ihren (unsichtbar bleibenden) Eltern.

> Brigitte
> Dieser rote Sympathisant ist wieder auf freiem Fuß.

Sie wendet sich wieder zum Fenster.

Kurzer Zwischenschnitt auf Astrid, wie sie auf Jakob einredet.

> Michael Rosenlöcher (*off*)
> ... da ich aber an Gespenstererscheinungen und sonstige Materialisationen verstorbener Personen nicht glaube,

Schnitt auf

20. Wohnung Rosenlöcher   Innen / Tag

Michael und Kai stehen am Fenster und blicken auf Jakob und Astrid hinunter.

> **Michael**
> ... muß es sich bei dieser Wiederkehr von Mammis mysteriösem Todesfall aus dem 19. Stock schlichtweg um einen simplen Doppelgänger dieses immer schon reichlich unsympathischen Herrn Jakob handeln.
>
> **Kai**
> Oder um seinen Zwillingsbruder.

Michael wendet sich zu seinem (unsichtbar bleibenden) Vater um.

> **Michael**
> Pappi, hätte sein Zwillingsbruder juristisch Anspruch auf unseren Zweitwohnsitz im 19. Stock?

Schnitt auf

21. Praxis Dr. Engelhard   Innen / Tag

Sprechstundenhilfe Claudia steht am Fenster, hat Jakob und Astrid beobachtet und wendet sich jetzt zu ihrem (noch unsichtbaren) Chef.

> **Claudia**
> Herr Doktor: kommen Sie schnell mal her! Ich glaube, dieser gräßliche Suizid-Patient ist wieder da, der aus dem 19. Stock.

Sie wendet sich wieder zum Fenster.

> Aber das ist doch nicht möglich!

Dr. Engelhard tritt dichter hinter oder neben Claudia und schaut hinaus.

> Dr. Engelhard
> Doch. Ich erwarte ihn schon lange. Ja, er ist es. Dann sitzt er bald wieder in unserm Wartezimmer. Wie erfreulich!

Beide lachen komlicenhaft einverständlich.

> Claudia
> Ach, Herr Doktor? Sie haben heute noch rotarischen Kaminabend ...
>
> Dr. Engelhard
> Ach, du lieber Gott! Feierabend!

Schnitt auf

22. Straße vor dem Hauseingang   Außen / Tag

Astrid redet auf Jakob ein.

Ralf Paschke geht mit Sperrmüll an ihnen vorbei und grüßt.

Jakob antwortet, Astrid nicht.

> Astrid
> ... so daß dieses fürchterliche Ende jedenfalls keinen Unschuldigen getroffen hat. Und von alledem hatten Sie überhaupt keine Ahnung?
>
> Jakob
> Nein, wirklich nicht. Außer den Blutspuren im Badezimmer, natürlich.
>
> Astrid
> Ach, tatsächlich!
>
> Jakob
> Naja, und in den Klodeckel, also auf die Innenseite, da war eingekratzt: Revenge for Mogadischu.

> Astrid
> Was heißt denn das? Also, Deutsch wird ja in der kriminellen Szene der BRD bald überhaupt nicht mehr geredet!
>
> Jakob
> (lacht)
>
> Bettina (*off*)
> Aber er ist frei!

Schnitt auf

23. Wohnung Wohngemeinschaft　　　　　　　　　　Innen / Tag

Die Wohngemeinschaft trinkt Tee. Bettina steht am Fenster.

> Bettina
> Er ist raus aus der U-Haft. Da unten steht er!

Peter steht auf, geht langsam auf Bettina zu. Die Kamera schwenkt mit.

> Peter
> Entschuldige, Bettina, aber das ist doch bloß ein weiterer Beweis für die chauvinistisch korrumpierte Macho-Moral dieses-dieses-dieses ... dieser hierarchisch perfekt antifeministischen Justiz-Behörden in unserm total beschißnen Staat, der solche linken Emanzipations-Saboteure eben einfach laufen läßt, wie du siehst ...

Peter ist bei Bettina angekommen, schaut durchs Fenster hinaus.

Schnitt auf

24. Straße vor dem Hauseingang   Außen / Tag

Jakob noch im Gespräch mit Astrid.

> Astrid
> ... Also, was dieser Mann für einen Leumund hatte, hier im Hause – : na, wenn der jetzt bloß nicht auf Sie übertragen wird!
>
> Jakob
> (lacht)
>
> Astrid
> Naja, als Nachmieter ...
>
> Jakob
> Ach, das kann ich mir nicht denken. Das sind doch alles intelligente und gutartige Menschen, in diesem Hause. Da: schaun Sie mal ...

Jakob zeigt Astrid die Spione an den Fenstern der Hausfassade. (Eventuëll Zwischenschnitt auf die Hausfassade oder einzelne Fenster.)

> ... mit wieviel liebenswürdigem Interesse dort an allen Fenstern unser Gespräch beobachtet wird!
>
> Astrid
> Wo denn?

Ton: Ende der Musik.

> Jakob
> Da – hinter allen Gardinen und Jalousien ...

Jakob wirft Kußhände zur Fassade hinauf, dann macht er einen Kniefall mit opernhaften Herzensgesten vor der Fassade.

> Astrid
> Tatsache: wir werden observiert.

Astrid flüchtet hektisch zum Hauseingang. Jakob erhebt sich lachend.

> Jakob
> Wir werden beneidet. Wir werden bewundert, verehrt.

Jakob folgt ihr, der Fassade weiterhin zuwinkend.

> Zilinski (*off*)
> Da – wie er ihr nachsteigt ...

Schnitt auf

25. Wohnung Zilinski   Innen / Tag

Am Fenster stehen jetzt außer Brigitte auch deren Eltern, Vater Zilinski im Unterhemd und mit Rasierschaum im Gesicht.

> Zilinski
> ... dieser Zimtzicke aus der Ostzone! O über euch Weiber!

> Magda
> Aber wieso denn, Gotthard! Die dumme Kuh kann doch unmöglich wissen, daß sie sich da an einen Geiselnehmer ranschmeißt.

> Zilinski
> Wo sind sie denn jetzt?

Ton: Musikeinsatz.

Brigitte Zilinski öffnet die Balkontür und tritt hinaus, um das zur Haustür verschwindende Paar nicht aus den Augen zu verlieren. Die Eltern folgen ihr.

Die Kamera entfernt sich dergestalt vom Balkon der Zilinskis, daß sie wahrzunehmen vermag, wie sich alle Fensterspione gleichzeitig auf ihre Balkone vorschieben. Sie beugen sich alle synchron über die Brüstungen, um die beiden an der Haustür noch ertappen zu können.

> Magda Zilinski (*on* oder *off*)
> Du kommst noch zu spät wegen dieser Kommunisten.
>
> Zilinski
> Ach wo, Dr. Engelhard hält ja da selbst noch die Stellung, auf seinem Balkon ...
>
> Brigitte
> Ja, mit dieser Claudia ... Schamlos!

Schnitt auf

26. Hauseingang   Außen / Tag

Jakob und Astrid vor dem Hauseingang.

> Jakob
> Warten Sie: darf ich Ihnen aufschließen?
>
> Astrid
> Hören Sie endlich auf mit Ihrer ironischen Höflichkeit. Ich brauche Ihr Mitleid nicht, ich habe selbst einen Schlüssel.

Astrid sucht ihren Schlüssel: lange und vergeblich.

Das Neonlicht über dem Hauseingang flackert auf. Jakob schaut zum Neonlicht hoch und zückt sein Katapult.

> Astrid
> Wir in der DDR, wissen Sie, wir haben den Krieg nicht alleine verloren.

Schnitt auf das Neonlicht, groß.

> Jakob (*off*)
> Nee, den haben alle Beteiligten gemeinsam verloren.

Vom katapultierten Himbeerbonbon getroffen, zersplittert die Neonbeleuchtung und erlischt.

> Astrid (*off*)
> Um Gottes Willen, was soll das denn?

Schnitt auf Astrid, groß, die deutlich erkennbar neben einer Videokamera steht. Sie macht Jakob gestisch darauf aufmerksam.

> Astrid (*on*)
> Hier wird man doch observiert.

Schnitt oder Schwenk auf die Videokamera.

> Jakob (*off*)
> Ach wo, das ist doch nur die Kamera für den Hausmeister. Weil er es so interessant findet, wer hier ein- und ausgeht.

Jakob tritt dicht vor die Videokamera.

> Jakob (*on*, direkt in die Kamera)
> Guten Abend, Herr Gutekunst! Wie geht es Ihnen? Sind Ihre Kinder alle gesund?

Schnitt auf

27. Wohnung Gutekunst　　　　　　　　　　Innen / Nacht

Auf dem Monitor der Videoanlage Jakob in Großaufnahme.

Davor, angeschnitten, Hausmeister Gutekunst, der seine große Kinderschar versorgt: füttert, wickelt, auf den Topf setzt, ihr die Nasen putzt *et cetera*.

> Jakob (im Monitor)
> Ich bin wieder da. Schön, nicht? Ich muß Sie dann nachher noch dringend sprechen, wegen der Neonröhre. Bis gleich also, ja?

> Gutekunst
> Vonwegen.

Auf dem Monitor wendet sich Jakob ins *off*, das heißt: zu Astrid.

Gutekunst geht los zu seiner Sprechanlage.

Schnitt auf

28. Hauseingang   Außen / Tag–Nacht

Jakob und Astrid vor der Videokamera.

> Jakob (zu Astrid)
> Herr Gutekunst ist ein sehr, sehr engagiertes Gewerkschaftsmitglied mit sechs ganz reizenden Kindern, die er allerdings leider ohne Mutter aufziehen muß, der Arme.
>
> Astrid
> Ich muß jetzt gehen.
>
> Jakob
> Oh, Verzeihung. Selbstverständlich.

Jakob schließt ihr die Haustür auf. Astrid will gerade durchgehen.

> Gutekunst (*off*, aus der Sprechanlage)
> Hallo, Herr Jakob?

Astrid bleibt stehen.

> Gutekunst (*off*, aus der Sprechanlage)
> Das wird aber heute abend nichts mit uns. Ich habe jetzt meine Ruhezeit, das ist gesetzlich.

Schnitt auf

29. Wohnung Gutekunst — Innen / Nacht

Gutekunst spricht in die Sprechanlage. Die Kinder hängen an ihm, zerren an ihm, plärren, reden dazwischen.

> Gutekunst
> Sprechstunde Montag und Donnerstag acht Uhr dreißig bis neun Uhr dreißig.
>
> Jakob (*off*, aus der Sprechanlage)
> Morgens oder abends?
>
> Gutekunst
> Habe ich gesagt zwanzig Uhr dreißig – Ruhe! – oder acht Uhr dreißig?
>
> Jakob (*off*, aus der Sprechanlage)
> Ach, Gottseidank! Morgens paßt es mir auch sehr viel besser.

Schnitt auf

30. Hauseingang — Außen / Tag–Nacht

Jakob vor der Sprechanlage, Astrid in der offenen Haustür.

> Jakob (in die Sprechanlage)
> Also, bis nächsten Donnerstag dann, ich freu mich schon!
>
> Gutekunst (*off*, aus der Sprechanlage)
> Donnerstag ist gesetzlicher Feiertag.
>
> Jakob (in die Sprechanlage)
> Wie schön, dann eben bis Montag in acht Tagen, tschüs. Und schöne Grüße an die Kinder.

Gutekunst (*off*, aus der Sprechanlage)
Nee, die schlafen schon.

Jakob (zu Astrid)
Entschuldigung. Aber so eine Türkontrolle, die verführt mich jedes Mal zu einem kleinen Schwätzchen, herrlich!

Astrid
Sagen Sie bitte, ich hörte da grade –

Gutekunst (*off*, aus der Sprechanlage)
Und Herr Jakob? Nehmen Sie da sofort den Pflanzenkübel weg.

Eventuëll Zwischenschnitt auf Jakobs Pflanzenkübel im Eingang, dann wieder zurück zu Jakob und Astrid.

Gutekunst (*off*, aus der Sprechanlage)
Der Eingang darf grundsätzlich nicht behindert werden, das ist gesetzlich.

Jakob (in die Sprechanlage)
Ausgezeichnet, Herr Gutekunst, da sieht man wieder, wie klug der Gesetzgeber ist. Leider sind Sie aber damit der jungen Dame hier ins Wort gefallen.

Zu Astrid:

Entschuldigen Sie ihn, bitte: er ist bei der Gewerkschaft. Was sagten Sie grade?

Astrid
Ich sagte, ich hörte da grade Ihren Namen. Sie heißen Jakob?

Jakob
Ja. Und Sie?

Astrid
Gleitzsch.

Aus der Haustür tritt Rudi Jacke. Er trägt einen funkelnagelneuen Staubsauger.

> Rudi Jacke
> Guten Abend, Fräulein Gleitzsch.
>
> Astrid
> Guten Abend.

Rudi schaut zur zerstörten Neonbeleuchtung hinauf.

> Rudi
> Im Dunkeln ist wohl gut munkeln. Was? Na, Jakob? Von den Toten auferstanden?
>
> Jakob
> Ja.
>
> Rudi
> Und? War's schön?
>
> Jakob
> Sehr.
>
> Rudi (zu Astrid)
> Ich bring nur eben den alten Staubsauger zum Sperrmüll. Ich hab meiner Frau das neue Modell gekauft, sie muß von allem immer das Neueste haben. Soll sie auch. Das Geld ist ja da.
>
> Jakob
> (lacht)

Rudi geht weiter zum Sperrmüll.

> Astrid
> Sie kennen den?
>
> Jakob
> Ja, das ist Rudi Jacke. Ein Glückspilz.
>
> Astrid
> Und er kennt Sie auch.

Jakob
Ja, und wie. Er hat doch neulich im Lotto gewonnen, und die sechs richtigen Zahlen, die hatte er sich grade –

Gutekunst (*off*, aus der Sprechanlage)
Herr Jakob, der Kübel muß weg. Ich zähle bis drei.

Jakob (zur Videokamera)
Das genügt mir, Herr Gutekunst, Sie zählen ja nicht so schnell.

Jakob geift zum Kübel.

Jakob
Eins – zwei –

Zu Astrid:

Ach, würden Sie vielleicht so nett sein und schnell mal mit anfassen, der ist nämlich schwer.

Astrid
Ach, so ist das. Ich verstehe. Nein, tut mir leid, Herr Jakob. Sie sind gar kein neuer Mieter, Sie sind der alte. Aber mich locken Sie nicht so leicht in Ihre leerstehende Wohnung – auch wenn ich bloß aus der DDR bin. So dumm sind wir da drüben auch nicht. Ich werde oben zum Dinner erwartet. Auf Wiedersehen.

Astrid geht ab ins Haus.

Jakob (ruft ihr nach)
Guten Appetit! Und schönen Abend noch. Und angenehme Ruhe! Tolle Träume!

Jakob ergreift den Pflanzenkübel und passiert mit ihm die Dreh-, bzw. Pendeltür.

Schnitt auf

31. Hausfassade Außen / Tag–Nacht

Ton: Musikeinsatz.

Die noch immer über ihre Balkonbrüstungen gebeugten Lauscher richten sich synchron auf und ziehen sich gleichzeitig, weil sie nichts mehr sehen können, in ihre Wohnungen zurück, schließen die Balkontüren.

Ton: Musik Ende.

Schnitt auf

32. Hausflur und Fahrstuhl Parterre Innen / Nacht

Jakob schleppt seinen Kübel zum Fahrstuhl, dessen Türen sich soeben geöffnet haben.

> Jakob
> (singt vor sich hin)

Astrid betritt den Fahrstuhl und drückt sofort den Knopf (Zwischenschnitt), so daß die Türen sich direkt vor Jakob und seiner Pflanze schließen.

> Jakob
> Sehr nett, dankeschön. –
> Naja: vielleicht sind die Fahrstuhlknöpfe in der DDR irgendwie andersrum.

Jakob läßt besagte Kübelpflanze vor dem Fahrstuhl stehen und geht hinaus, weitere Pflanzen und Tiere holen.

Schnitt auf

33. Hauseingang und Straße vor dem Haus   Außen / Abend

Jakob kommt aus der Haustür, geht zum VW-Bus.

Rudi hat sich hinter einem Mauervorsprung versteckt und wartet auf Jakob.

>Rudi (*off*)
>He! He, Jakob! Ist sie weg? Mit dem Fahrstuhl, ab und nach oben?

Jakob ist stehengeblieben und erblickt Rudi in seinem Versteck. Schnitt auf Rudi.

>Jakob (*off*)
>Leider ja. Eine reizende Neuerwerbung.

Rudi kommt aus seinem Versteck. Die Kamera begleitet ihn zu Jakob: Zweier.

>Rudi
>Ach was. Die ist die schlimmste von allen: Nachholbedarf. Ist die Claudia hier schon durchgekommen?

>Jakob
>Wer ist Claudia?

>Rudi
>Na, die Sprechstundenhilfe beim Dr. Engelhard, Junge! Ein Traum.

>Jakob
>Die heißt doch nicht Claudia, die heißt Ruth.

>Rudi
>Quatsch, Ruth: das war zu deiner Zeit, die ist lange weg. Wie lange warst du eigentlich weg?

>Jakob
>Weiß nicht: gutes halbes Jahr?

>Rudi
>Na, da hast du ja keine Ahnung, was sich hier abspielt.

Rudi tritt vor die Klingelknöpfe mit den Namensschildern der Einwohner oder vor ihre Briefkästen.

> Rudi
> Komm mal her, dann zeig ich dir alles, los, komm schon, komm.

Jakob folgt ihm zögernd.

> Rudi
> Also, ich unterteile ja das Ganze in A, B und C. Verstehste?

Gegenschnitt auf die Namensschilder, auf die Rudis hindeutender Finger im folgenden wie ein Spechtschnabel aus dem *off* herunterhackt.

> Rudi (*off*)
> Erst mal A. Das war die – die – die – die – die – hier beide – hier auch beide – hier nur die Mutter – dann die – die – warte mal – und die. Ja. Das war A. Jetzt kommt B. Das ist die – die – die – die – hier alle drei, auch noch die Oma – hier die Gleitzsch, haste ja grade gesehn – dann die – die – die hier ist ganz schlimm – ja, und die hier – die – die – naja, undsoweiter undsoweiter *et cetera* pp. Einer wie du kann sich die gar nicht alle merken.

Schnitt auf Rudi und Jakob vor den Namensschildern.

> Rudi (*on*)
> C sind natürlich nicht so viele, so circa sieben bis neun, die heißen bei mir nur WOW.

> Jakob
> Was soll denn das heißen?

> Rudi
> Na, Wohnung ohne Weiber. Nicht schlecht die Abkürzung, oder? Selbst erfunden.

> Jakob
> Und was war A und B?

> Rudi
> Na, hab ich dir doch grade erzählt, Junge. Wie wär's mal mit Zuhören?

Ralf Paschke kommt vom Sperrmüll zurück und geht mit seiner Beute aufs Haus zu.

> Ralf Paschke
> Guten Abend.

Jakob nickt ihm lachend zu, Jacke ignoriert ihn. Paschke geht ins Haus.

> Rudi
> Den brauchst du nicht zu grüßen.

Rudi nimmt Jakob etwas beiseite: in eine Ecke oder weiter weg von der Sprechanlage.

> Rudi
> Also nochmal, jetzt paß aber auf: A sind die Weiber im Hause, die es schon mal mit mir versucht haben, also regelrechte Verführungsversuche, verstehste? Und B, das sind die andern, die haben's noch vor sich, Vorher/Nachher, verstehste: scharf auf mich wie Oskar, aber warten noch auf irgendwas, weiß der Himmel.

Jakob geht lachend zu seinem VW-Bus. Rudi folgt ihm. Die Kamera fährt mit: auf Tiere, Pflanzen und Sperrmüll zu. Dort angelangt, spricht Jakob zwischendurch mit seinen Tieren, stellt eventuëll weitere Pflanzen oder Tierkäfige auf die Straße neben das Auto.

> Rudi
> Du, das kannst du dir nicht vorstellen, wie die Weiber hinter einem her sind, wenn man erst mal Lottokönig ist, eine wie die andre, unersättlich. Bloß wegen der lumpigen sechs Richtigen. Nicht daß die was davon abhaben wollen, das sowieso nicht, von mir kriegt keiner was ab, das wissen sie auch alle, nee, bloß so: der Ruhm, verstehste, mit einem Lottokönig im Bett zu liegen. Das macht sie alle ganz vogelig. Am schlimm-

sten ist es an Sperrmülltagen. Ich will jetzt nicht raufgucken: steht sie am Fenster?

<u>Jakob</u>
Wer denn?

Rudi inspiziert beiläufig den Sperrmüll.

<u>Rudi</u>
Na, Kläre, meine Frau. Nicht so auffällig hingucken, bloß so aus dem Augenwinkel.

<u>Jakob</u>
Also, direkt am Fenster steht sie nicht.

<u>Rudi</u>
Dann telefoniert sie. Gott sei Dank. Wenn die mit ihren Kerlen telefoniert, dann dauert es Stunden. Naja, auf die sind nu die Männer natürlich genau so scharf, ist ja klar: als Lottokönigin. Naja, wie gesagt, und an Sperrmülltagen ist die Hölle los.

<u>Jakob</u>
Hier: fassen Sie mal mit an – eben was reintragen helfen.

<u>Rudi</u>
Nee, Junge, tut mir leid, aber das ist schlecht für die Potenz. Lastentragen, das ist vorbei für mich, seitdem das mit den Weibern so läuft.

Jakob packt eine hochgewachsene Pflanze und trägt sie ins Haus bis vor den Fahrstuhl, Rudi, immer neben ihm her, steckt sich eine Zigarre an.

<u>Rudi</u>
Aber wenn sonst mal was ist, also, dir mal den Lottoschein ausfüllen helfen oder sowas, also, da muß schon mal die eine Hand auch die andre waschen, verstehste?

<u>Jakob</u>
(lacht)

Rudi
Wo warst du eigentlich so lange?

Jakob
Verreist.

Rudi
Mit einer oder mit mehreren? Na, muß ja auch mal sein.

Jakob setzt den schweren Kübel zwischendurch mal ab.

Rudi
Wir wollen auch bald wieder los: Falkland-Inseln, schöne Gegend. Hier gab es natürlich viele Gerüchte über dich, also schlimm. Mord war noch das Wenigste. Na, du kennst ja die Leute. Schwamm drüber.

Jakob
Ja.

Jakob trägt weiter. Rudi folgt.

Rudi
Mir persönlich ist das völlig wurscht, wo einer abbleibt. Hauptsache, ich bin da. Oder? Zweitens müssen die Piepen stimmen und drittens die Weiber quietschen. Alles andre ist mir wurscht. Siehst du, da kommt schon wieder eine. Die ist ganz schlimm. B.

Gabriële Oberlack kommt aus dem Haus, um was auf den Sperrmüll zu tragen: ein aufgezogenes Großfoto, das Jakob darstellt. Demonstrativ hält sie es so, daß Jakob es sehen muß (– eventuëll Zwischenschnitt).

Jakob
Hallo, Gabi, wie geht's?

Rudi
Guten Abend.

Gabi O.
Guten Abend, Herr Jacke.

Gabriële geht vorbei. Die Kamera folgt ihr.

> Rudi (*off*)
> Hast du gehört: Guten Abend, Herr Jacke! Zu dir kein Wort. Andre Männer gibt es für die gar nicht mehr, wenn sie mich erst mal irgendwo entdeckt hat. Komm, ich helf dir mit der Tür.

Schnitt: Jakob mit Pflanze und Rudi passieren die Haustür.

> Jakob
> Vielen Dank.
>
> Rudi
> Ach was. So kleinlich bin ich nun auch wieder nicht. Ach, Moment mal, jetzt hab ich doch ganz vergessen, mir was vom Sperrmüll mitzunehmen. Bis gleich.

Rudi hastet zum Sperrmüll. Jakob verschwindet mit der Pflanze im Haus.

Schnitt zum Sperrmüll.

Gabi Oberlack deponiert ihren Sperrmüll – nicht ohne ein Auge auf Jakobs Fuhre zu werfen.

> Rudi
> Na, Fräulein Oberlack, Sie haben vorhin angerufen?
>
> Gabi
> Ja, damit Sie der Schlag trifft, wenn Sie sehen, daß Jakob wieder da ist.
>
> Rudi
> Also, wann soll ich kommen?
>
> Gabi
> Gar nicht. Sie kotzen mich an.
>
> Rudi
> Dann erzähl ich dem Jakob, mit wem Sie es alles getrieben haben, seit er weg ist. Zuerst mit dem Lehrer aus der Wohngemeinschaft –

> Gabi
> Wenn Sie das machen, erzähle ich ihm, daß Sie den Lottoschein mit den sechs Richtigen bei ihm geklaut haben.

Gabi läßt Rudi stehen und geht zum Haus.

Rudi bleibt beim Sperrmüll.

Gabi trifft vor dem Hause mit Jakob zusammen, der singend zu seinem VW-Bus unterwegs ist.

> Gabi
> Also, wo warst du so lange? Nein, ich will es gar nicht wissen. Weil es mich nicht interessiert. Aber wenn du heute abend nicht kommst, dann gibt es eine Katastrophe, die sich gewaschen hat, das schwöre ich dir.

> Jakob
> Toll: du hast dich überhaupt nicht verändert, seit damals. Komm, willst du mir nicht eben helfen, meine neuen Pflanzen und Tiere nach oben tragen?

> Gabi
> Du, ich bin lange genug deine Sklavin gewesen. Jetzt lasse ich mir nichts mehr gefallen von dir. Paß auf, der Jacke klaut.

Jakob blickt zu Rudi Jacke beim Sperrmüll.

Schnitt: Rudi macht sich an Jakobs Eigentum zu schaffen.

> Gabi (*off*)
> Also, du weißt Bescheid: heute abend um neun.

Schnitt auf Gabi, die ins Haus davonrauscht.

Jakob schaut ihr lachend nach, wendet sich dann zu Rudi, geht auf diesen zu.

> Jakob
> (singt vor sich hin.)

Schnitt auf

34. Fahrstuhl: davor (Parterre) und innen   Innen / Nacht

Gabi Oberlack steht vor dem Fahrstuhl und drückt ungeduldig-nervös mehrfach auf den Knopf.

Eventuëll Zwischenschnitt auf den Etagen-Anzeiger (K – E) über der Fahrstuhltür.

Die Fahrstuhltür geht auf. Im Fahrstuhl befindet sich Lydia Radelmann.

> Lydia
> Ach!

> Gabi
> Guten Abend.

> Lydia
> Haben Sie mich raufgeholt?

> Gabi
> Ach, Entschuldigung.

> Lydia
> Nein, kommen Sie, ich habe geträumt – wieder mal.

Gabi steigt in den Lift, drückt den Knopf zum 20. Stock, die Türen schliessen sich.

> Lydia
> Ich wollte mir nur in der Tiefgarage schnell ein paar Zigaretten ziehen, aber bevor ich aussteigen konnte, ging es schon wieder nach oben.

Der Fahrstuhl fährt nach oben

> Was ist denn jetzt los? Ach, Sie fahren nach oben?

> Gabi
> Ach, Entschuldigung ...

Gabi drückt Knopf K.

> Lydia
> Nein, nein, auf die paar Minuten – , ich bin mit meinem Pensum sowieso – , nein, ich vertrage nur das Fahrstuhlfahren so – , ja: genau deshalb wohne ich auch – , seit den Bombennächten, bei Fliegeralarm –
>
> Gabi
> Ihnen kann man ja gratulieren.
>
> Lydia
> Oh, vielen Dank, sehr lieb. Waren Sie drin?
>
> Gabi
> Nein, ich meine, daß Ihr Giacomo zurückgekommen ist.
>
> Lydia
> Giacomo, Giacomo? Wer ist Giacomo?
>
> Gabi
> Jakob der Vermißte: dem Sie so viel Geld geliehen haben. Nannten Sie ihn nicht Giacomo?
>
> Lydia
> Ach so, der. Kann sein, bisweilen. Aber wer hat ihn vermißt? Sie?

Der Fahrstuhl bleibt stehen. Die Türen öffnen sich.

> Was ist denn jetzt los, ist der Fahrstuhl schon wieder kaputt? Ach so.

Ralf Paschke steigt ein.

> Paschke
> Guten Abend.
>
> Lydia und Gabi (knapp)
> Guten Abend.

Paschke drückt auf einen Knopf, die Türen schließen sich, der Fahrstuhl fährt weiter nach oben.

Die drei Fahrgäste schweigen. Jeder sieht betreten vor sich hin oder auf den aufwärts springenden Etagenanzeiger: Gegenschnitt.

Der Fahrstuhl hält, die Türen öffnen sich, Rald Paschke steigt aus.

> Paschke
> Guten Abend.
>
> Lydia und Gabi (knapp)
> Guten Abend.

Gabi drückt auf ihren Knopf, die Türen schließen sich. Der Fahrstuhl fährt weiter nach oben.

> Lydia
> Kannten Sie den?
>
> Gabi
> Nein. Sie?
>
> Lydia
> Nein. Nie gesehen.
>
> Gabi
> Das ja. Er wohnt hier schon ewig im Hause.
>
> Lydia
> Das deprimiert mich hier immer so: diese Anonymität –
>
> Gabi
> Wollen Sie nicht nachher auf einen Drink bei mir vorbeischauen, so um neun?
>
> Lydia
> Um Gottes Willen, ich muß heute noch zwanzig Seiten Text – , ich habe morgen eine wahnsinnig schwere – , und dieser Regisseur, Sie haben ja keine Ahnung, wie der Arbeitsmarkt, also, besonders für Freischaffende ...

Der Fahrstuhl bleibt stehen, seine Türen öffnen sich.

> Steigen Sie nicht aus?

>   Gabi
>   Doch, doch. Wie schade.

Gabi steigt aus.

>   Lydia
>   Sonst käme ich natürlich wahnsinnig – , warten Sie!

Lydia arretiert den Fahrstuhl per Hebeldruck. Zwischenschnitt auf ihre Hand, die den Hebel auf HALT schaltet.

>   Lydia (*off*)
>   – lieber als noch zwanzig – , aber Sie können sich
>   nicht vorstellen, was unsereins – , was das ständig für
>   eine Existenzangst –

Schnitt auf

35. Straße vor dem Haus   Außen / Abend

Jakob steht abwechselnd in und neben dem VW-Bus, entlädt den Rest seiner mitgebrachten Habe.

Rudi Jacke steht neben ihm, raucht und schaut ihm zu.

>   Jakob
>   (spricht mit den Tieren, ohne auf Rudi zu achten.)

Bisweilen sind Jakob und Rudi auch aus der Perspektive eines der Tiere zu sehen.

Gerade inspizieren zwei junge Burschen den Sperrmüll und ziehen eine Stehlampe und ein Sitzkissen an Land, die Jakob gerade erst vor kurzem aus seinem VW-Bus ausgeladen und auf die Straße gestellt hatte.

>   Rudi
>   He-he-he, Moment mal. Das gehört dem Herrn hier.
>   Das ist Umzugsgut, kein Sperrmüll, ja?

Zu Jakob:

Noch mal Glück gehabt, Junge, haste mir zu verdanken.
Ist aber wirklich leicht zu verwechseln, der Plunder,
den du so mitbringst, und der echte Sperrmüll.

Jakob
(lacht.)

Rudi
Und was erst mal beim Sperrmüll steht, das ist Gemeingut: das kann jeder nehmen, da gibt es kein Zurück. Also, vorhin, wie du mit der Oberlack poussiert hast, da waren auch welche an deinem Ramsch hier, die haben mächtig was mitgehen lassen. Die Oberlack dann auch, die ist sowieso kleptomanisch, die hat sich so eine kleine Schachtel hier von deinem Kram einfach vorn in die Bluse gesteckt.

Jakob
(lacht.)

Rudi
Ist dir wohl egal, wenn sie dich hier beklauen?

Jakob
Ich glaube, ja.

Rudi hat vom Sperrmüll das Großfoto ergriffen, das Gabi dort deponiert hat.

Rudi
Das hier, das hat die Oberlack auf den Sperrmüll gelegt. Schönes Foto. Hat Ähnlichkeit mit dir. Oder? Sag mal.

Jakob
Ja.

Rudi
Steht sie jetzt am Fenster? Guck noch mal. Aber unauffällig.

Jakob
Ich sehe nichts.

Rudi
Dann steht sie hinter der Gardine.

Rudi markiert den Unschuldigen, bemüht sich um harmlose Haltung und beiläufigen Ton:

Die läßt mich keine Sekunde aus den Augen, Tag und Nacht nicht. Alles wegen der Erbschaft, Tag und Nacht nicht. Ich sage dir, der trau ich alles zu, der Kläre, auch das Letzte, verstehst du? Ich lebe Tag und Nacht in Todesangst: Tag und Nacht, verstehst du?

Jakob
(lacht.)

Rudi
Wir müssen uns noch mal unterhalten, Jakob. Wegen dem Schlüssel von deiner Wohnung. Läßte die einfach ein halbes Jahr leerstehen, bei der Wohnungsnot heutzutage, und ich weiß nicht, wohin, wenn die Claudia plötzlich will. Dann steh ich da. Überleg es dir. Ich bin zu jeder Gegenleistung bereit, das hab ich dir schon damals gesagt. Zu jeder. Ein Ort, wo die Kläre mich nicht erwischt.

Jakob belädt sich links mit einem Tierkäfig und einem Blumentopf. Mit der Rechten nimmt er vom Sperrmüll Jackes Staubsauger. Er geht aufs Haus zu. Rudi folgt ihm aufgeregt. Die Kamera begleitet beide.

Rudi
He-he-he, Moment mal, der Staubsauger ist von mir, den kannste nicht einfach mitnehmen, das ist meiner.

Jakob
"Was beim Sperrmüll steht, das ist Gemeingut: das kann jeder nehmen, da gibt es kein Zurück."

Rudi (gleichzeitig)
Aber doch nicht mein Staubsauger, das ist doch nur pro forma, du, der ist neu gekauft, extra für den Sperrmüll, als Lottokönig, doch bloß zum Runtertragen –

> Jakob (gleichzeitig)
> Ich kann ihn aber grade gut brauchen, und was ein Lottokönig für Probleme hat, das ist mir wurscht.
>
> Rudi
> Los, gib den Staubsauger her, stell ihn hin, das ist Diebstahl!

Rudi wird handgreiflich. Jakob bleibt stehen, hält den Staubsauger fest und versucht, Rudi abzuwehren. Gerangel.

Schnitt auf

36. Wohnung Spörhase   Innen / Nacht

Henriëtte Spörhase, am Fenster, beobachtet Rudis und Jakobs Gerangel.

> Henriëtte
> Jakobs Kampf mit dem Engel: mit dem Lottokönig.

Schnitt auf

37. Vor dem Hause   Außen / Abend

Rudi und Jakob im Ringkampf.

Jakob zwingt Rudi zu Boden und geht samt Staubsauger ab ins Haus.

Rudi bleibt allein im Bild, groß:

> Rudi
> Ein Dieb. – Der Lottokönig bietet ihm ein Geschäft an, und das ist der Dank.

Rudi steht langsam auf und geht auf Jakobs VW-Bus zu.

Na warte, Bürschchen. ... Aber so jagt ein Prozeß den andern.

Schnitt auf

38. Fahrstuhl: innen und davor (20. Stock)   Innen / Nacht

Der Arretierungshebel des Fahrstuhls steht noch immer auf HALT, die Fahrstuhltüren sind geöffnet.

Die Kamera zieht langsam auf und offenbart:

Lydia und Gabi stehen inzwischen draußen vor dem Fahrstuhl.

> Lydia (erst *off*, dann *on*)
> ... ich arbeite und arbeite, bloß um zu leben, und dabei verpasse ich – , also, um neun, das ist ausgeschlossen, aber wenn ich sehr fleißig – , welche Etage wohnen Sie hier eigentlich?

Schnitt auf

39. Vor dem Fahrstuhl, Parterre   Innen / Nacht

Jakob steht mit Pflanzen, Tieren und Staubsauger vor der geschlossenen Fahrstuhltür und bedient nachdrücklich, aber geduldig den Rufknopf.

> Jakob
> (singt vor sich hin.)

Am Etagen-Anzeiger (Zwischenschnitt) sieht er, daß der Fahrstuhl im 20. Stock vor Anker liegt.

Schnitt auf

40. Vor dem Fahrstuhl, 20. Stock   **Innen / Nacht**

Lydia und Gabi noch immer im Gespräch.

> Gabi Oberlack
> Also, egal, wie spät es wird: Jackie wird sich sicher wahnsinnig freuen, Sie wiederzusehen.
>
> Lydia
> Jackie, Jackie? Wer ist Jackie?
>
> Gabi
> Na, Jakob der Giacomo. Ich nenne ihn immer Jack.
>
> Lydia
> Ach so, der. Wieso? Na und?

Dr. Rosenlöcher kommt mit Aktenkoffer, betritt den Fahrstuhl.

> Dr. Rosenlöcher
> Guten Abend.
>
> Lydia und Gabi
> Guten Abend.
>
> Lydia
> Oh, nehmen Sie mich mit, Herr Doktor?
>
> Dr. Rosenlöcher
> Aber mit Vergnügen.

Lydia tritt zu Rosenlöcher in den Fahrstuhl.

> Dr. Rosenlöcher
> Hinauf oder hinunter?
>
> Lydia
> Hinunter, hinunter: in die Grube, zu den Zigaretten.

Dr. Rosenlöcher betätigt Knopf K.

> Dr. Rosenlöcher
> Was ist denn jetzt los? Ist der Fahrstuhl schon wieder kaputt?

> Lydia
> Ich weiß nicht. Eben ging er noch.

Dr. Rosenlöcher entdeckt die Arretierung und befreit den Fahrstuhl.

> Dr. Rosenlöcher
> Aha! Da hatte ihn jemand auf HALT gestellt.
>
> Lydia (*off*)
> Vielleicht die Frau Oberlack.

Die Fahrstuhltüren schließen sich vor Gabis verdutztem Gesicht.

41. Im Fahrstuhl Innen / Nacht

Der Fahrstuhl fährt abwärts.

Dr. Rosenlöcher sucht was in seinem Aktenkoffer.

> Lydia (*off*)
> Eine reizende Person, geht in jede meiner Vorstellungen, in manche sogar zweimal, ein richtiger Fan von –

Dr. Rosenlöcher findet, was er sucht. Er reicht Lydia eine Wahlkampf-Broschüre seiner Partei.

> Dr. Rosenlöcher
> Hier. Das wollte ich Ihnen geben. Unsre neue Broschüre zum Wahlkampf, grade erschienen.
>
> Lydia
> Mein Gott, es hagelt ja heute Geschenke. Was steht da drin?
>
> Dr. Rosenlöcher
> Unser neues Wahlprogramm. Die ersten Pressestimmen sind schon sehr, sehr positiv.
>
> Lydia
> Na sowas: ich gratuliere!

Lydia blättert fortan unausgesetzt in der Broschüre, ohne auch nur ein einziges Wort zu lesen.

> Dr. Rosenlöcher
> Oder gestern abend in Lengenhemmelfeld-Nord. Ich sage bewußt Nord, weil es in Süd normal wäre. Aber in Nord? Aussichtslos seit Jahren. Und gestern abend plötzlich: 63,3 Prozent. 63,3!
>
> Lydia
> Mein Gott!
>
> Dr. Rosenlöcher
> Alles die Broschüre. Das berühmte know how. Schauen Sie doch mal rein.
>
> Lydia
> Und muß ich Sie dann auch wählen, Herr Doktor?
>
> Dr. Rosenlöcher
> Sie müssen nicht, aber Sie können.

Aus Verlegenheit lacht er laut und dreist.

> Lydia
> Was ich vor allem kann, ist, das Wahlgeheimnis hüten. Und Lengenhemmelfeld-Nord ist schließlich nicht die Welt –
>
> Dr. Rosenlöcher
> Das ist egal.

Der Fahrstuhl hat sich verlangsamt und bleibt stehen. Die Fahrstuhltüren öffnen sich, aber niemand steht draußen (Zwischenschnitt).

> Lydia (teils *on*, teils *off*)
> Mein Gott, diese Zeitverluste in so einem – , was könnte man inzwischen alles – , aber so verstreicht das Leben.
>
> Dr. Rosenlöcher
> Richtig.

Dr. Rosenlöcher betätigt den entsprechenden Knopf, die Fahrstuhltüren schließen sich wieder, die Fahrt geht weiter abwärts.

> Dr. Rosenlöcher
> Aber was die Broschüre betrifft: nach den demoskopischen Umfrage-Ergebnissen wird sie schon jetzt von insgesamt 36,5 Prozent der Bevölkerung für hervorragend gehalten. Von 36,5 %!

> Lydia
> Umso bedauerlicher, daß ich sie nie – , nein, ausgeschlossen: ich arbeite rund um die – , sowieso verpasse ich das ganze – , mit Ihrer Wahl wird es mir da nicht anders – , aber sagen Sie mir noch schnell – weil ich eine politisch sehr bewußte Schauspielerin – : was, glauben Sie, macht den Erfolg Ihrer Broschüre aus, was ist irgendwie neu darin?

> Dr. Rosenlöcher
> Na, das Familienprogramm.

> Lydia
> Ach, wie schön.

Der Fahrstuhl hat sich verlangsamt und bleibt im Parterre stehen.

42. Vor dem Fahrstuhl, Parterre   Innen / Nacht

Die Fahrstuhltüren öffnen sich und offenbaren den singend wartenden Jakob mit Pflanzen, Tieren und Staubsauger.

> Jakob
> Guten Abend zusammen.

> Lydia und Dr.Rosenlöcher (knapp)
> Guten Abend.

Jakob beginnt, seine Utensilien in den Fahrstuhl einzuräumen.

Lydia
Ich glaube, Herr Dr. Rosenlöcher muß dringend zu einer Wahlveranstaltung, er hat es sehr eilig.

Dr. Rosenlöcher
Ein Politiker hat es nie eilig, wenn es um einen Wähler geht.

Jakob
Ich bin aber gar nicht Ihr Wähler.

Dr. Rosenlöcher
So.

Jakob räumt ruhig, aber unentwegt weiter.

Dr. Rosenlöcher
Ja, warum eigentlich nicht?

Jakob
Weil mir Ihr neues Familienprogramm nicht gefällt.

Dr. Rosenlöcher
Nanu. Wieso denn das nicht?

Jakob
Unsre psychischen Probleme sind nicht mit harmonischem Familienleben zu lösen.

Dr. Rosenlöcher
Aber es geht uns doch gar nicht um psychische Probleme.

Jakob
Mir ja.

Dr. Rosenlöcher
Sondern um gesellschaftliche!

Lydia fürchtet, wieder nach oben entführt zu werden, und betätigt – heimlich! – den Arretierungshebel des Fahrstuhls: Zwischenschnitt auf ihre Hand, die den Hebel auf HALT schaltet.

Jakob (*off*)
Auch gesellschaftliche Probleme sind nicht durch harmonisches Familienleben zu lösen.

Schnitt zuück auf das Einladen und die beiden Männer, auch gern in Gegenschnitten, groß.

Dr. Rosenlöcher
Also, Vorsicht, mein Lieber, ich habe Erfahrung.

Jakob
Meinen Sie jetzt politisch oder sexuëll?

Dr. Rosenlöcher
Wie bitte? Ich spreche von meinem harmonischen Familienleben.

Jakob (lachend)
Ach so.

Lydia
Ja, wie geht es Ihren beiden reizenden Söhnen? Haben sie jetzt ihr Abitur bestanden?

Dr. Rosenlöcher
Aber natürlich. Sie haben jetzt beide einen Studienplatz. Sie haben sehr viel Spaß auf der Universität.

Lydia
Und Ihrer lieben Frau geht es auch wieder besser?

Dr. Rosenlöcher
Oh, ich kann wirklich nicht klagen. Ich bin zufrieden.

Jakob hat das Einladen seiner Utensilien beëndet. Er betätigt den Knopf zum 19. Stock (Zwischenschnitt): die Türen rühren sich nicht.

Jakob
Ist der Fahrstuhl schon wieder kaputt?

Lydia
Eben ging er noch. Herr Doktor?

> Dr. Rosenlöcher
> Da ist doch schon wieder auf HALT geschaltet. Der Hebel ist wohl kaputt.

Dr. Rosenlöcher befreit den Fahrstuhl aus der Arretierung und drückt auf den Knopf K. Die Türen schließen sich.

43. Im Fahrstuhl   Innen / Nacht

Der Fahrstuhl bewegt sich abwärts.

> Jakob
> Ach, Sie wollen nach unten?

> Dr. Rosenlöcher
> Ihrem Bruder hat unser Familienprogramm noch sehr gut gefallen.

> Jakob
> Verzeihung, ich habe keinen Bruder.

Der Fahrstuhl bleibt stehen. Die Türen öffnen sich.

44. Vor dem Fahrstuhl, Kellergeschoß   Innen / Nacht

> Dr. Rosenlöcher
> Oh Verzeihung. Ich weiß. –

Dr. Rosenlöcher reicht Jakob die Hand und verbindet rationell die Kondolation mit der eigenen Vorstellung.

> Dr. Rosenlöcher
> Mein herzliches Beileid. – Rosenlöcher.

> Jakob
> Ich heiße Jakob.

> Dr. Rosenlöcher
> Wie bitte? Ach so: als leiblicher Bruder des – natürlich!
>
> Jakob
> (lacht.)

Jakob beginnt, einen Teil seiner Habe wieder auszuräumen, damit die beiden andern überhaupt aussteigen können.

> Dr. Rosenlöcher
> Moment mal. Da muß man doch ...

Dr. Rosenlöcher greift zum Arretierungshebel und schaltet ihn (Zwischenschnitt mit seiner Hand!) auf HALT.

Zwischen Jakobs Bäumen im Fahrstuhl stehenbleibend, improvisiert er dann unverzüglich eine kommunalpolitisch sympathieheischende Grabrede auf Jakobs "verstorbenen Bruder":

> Dr. Rosenlöcher
> Und unter so traurigen Umständen auch noch! Ihr Bruder war hier im Hause ein allgemein beliebter Miteinwohner, ein loyales Glied der Hausgemeinschaft und ein so stiller Nachbar ...

Überblendung auf

45. Vor Jakobs Wohnungstür   Innen / Nacht

Ton: Laute Musik.

Dr. Rosenlöcher steht wutschnaubend vor Jakobs geöffneter Wohnungstür.

> Dr. Rosenlöcher (anders gekleidet)
> ... wiederholte Ruhestörung. Sie sind zu laut für dieses Haus, Herr Jakob: ziehen Sie doch endlich aus!

Überblendung zurück auf

46. Vor dem Fahrstuhl, Kellergeschoß — Innen / Nacht

> Dr. Rosenlöcher
> Ihr verstorbener Bruder war auch Mitglied bei uns in der Partei, ein besonders aktives, immer gern gesehenes, immer opferbereites Mitglied, das wir sehr vermissen werden.

Der noch immer ausladende und vor sich hin lachende Jakob stutzt plötzlich, wird nachdenklich und schaut den redenden Dr. Rosenlöcher an.

Zoom auf Jakobs sinnendes Gesicht, groß.

Überblendung auf

47. Parteibüro — Innen / Tag

Dr. Rosenlöcher hinter seinem Schreibtisch, Jakob (anders gekleidet) davor.

> Dr. Rosenlöcher (anders gekleidet)
> Wir werden Sie nicht vermissen, Herr Jakob. Ein Mitglied zahlt seinen Beitrag. Wer seinen Beitrag nicht zahlt, ist kein Mitglied.

Überblendung zurück auf

48. Vor dem Fahrstuhl, Kellergeschoß — Innen / Nacht

Noch der sinnende Jakob, groß.

> Dr. Rosenlöcher (*off*)
> ... als Mitglied ein wahrhaft unermüdlich engagiertes Mitglied. ... Und Sie, à propos, sind Sie auch ...

> Jakob
> Nein, ich bin ganz anders als mein Bruder.

Lydia hat Jakob seit der Erwähnung seines Bruders aufmerksam betrachtet (Zwischenschnitte auf Lydia!).

> Lydia (*off*)
> Sie sind Ihrem Bruder aber wahnsinnig ähnlich, wirklich zum Verwechseln.
>
> Jakob
> Nein, überhaupt nicht. Wir sind uns ganz und gar nicht ähnlich. Gar nicht.
>
> Dr. Rosenlöcher
> Also, äußerlich schon: als Zwillinge unverkennbar.

Kamera zieht auf.

Dr. Rosenlöcher verläßt den Fahrstuhl.

> Dr. Rosenlöcher
> Sie erlauben: ich darf mich verabschieden. Guten Abend.
>
> Jakob
> Wollen Sie mir nicht wenigstens wieder einräumen helfen?

Während Rosenlöcher wortlos entwischt, verläßt Lydia den Fahrstuhl. Sie bleibt dicht vor Jakob stehen.

> Lydia
> Ihr Zwillings-Bruder hat mir seine Blumentöpfe hinterlassen, also zum Gießen. Wenn Sie die bald mal abholen wollten: heute abend noch, möglichst. Bitte um neun.

Sie geht.

Jakob beginnt mit dem abermaligen Einräumen seiner Habseligkeiten in den Lift.

Überblendung zu

49. Im Fahrstuhl   **Innen / Nacht**

Jakob, allein mit seinen Sachen, fährt aufwärts. Er entspannt mit geschlossenen Augen, atmet tief.

Vielleicht ein weiches Ab- und Aufblenden, als Gegenrhythmus, als Zeitlosigkeit, obwohl es während einiger weniger Stockwerksekunden stattfindet.

Dann öffnet Jakob die Augen: heiter, entspannt, "ein anderer Mensch".

Er holt ein Glockenspielhämmerchen hervor und zerschlägt damit einen Beleuchtungskörper im Fahrstuhl.

>Jakob
>(seufzt erleichtert.)

Dann wendet er sich an die im Fahrstuhl installierte Videokamera.

>Jakob
>Bis nächsten Montag, Herr Gutekunst.

Der Fahrstuhl stoppt, die Türen öffnen sich: Esteban, ein junger Chilene, tritt ein, bedient einen Knopf: die Türen schließen sich. Der Fahrstuhl fährt weiter aufwärts.

Jakob lächelt dem Chilenen zu.

>Jakob (nach einer Weile)
>Guten Abend.

>Esteban
>Guten Abend.

>Jakob
>Kommen Sie aus der Türkei?

>Esteban
>Von Chile.

Jakob
Aus Chile. Schön. Gute Menschen, in Chile.

Esteban
Ja.

Eine Pause.

Jakob
Diese Pflanze hier ist aus Südamerika. Gibt es die auch in Chile?

Esteban
Es geht.

Jakob
Gefällt es Ihnen in Deutschland?

Esteban
Und ob.

Eine Pause.
Der Fahrstuhl stoppt.

Jakob
Ich möchte Ihnen diese Pflanze schenken.

Die Türen gehen auf.

Bitte: nehmen Sie sie mit. Schnell.

Esteban ergreift die Pflanze.

Jakob
Vielen Dank.

Esteban geht mit der Pflanze hinaus.

Jakob
Ich finde es sehr gut, daß es hier bei uns jetzt auch Chilenen gibt.

Esteban
Ich auch nicht.

Die Fahrstuhltüren schließen sich.

Schnitt oder Überblendung auf

50. Jakobs Wohnung Innen / Nacht

Wohnzimmer, Flur, Küche.

Die bürgerlich biedere Ureinrichtung vermischt sich mit umzugsüblichem Chaos und auf Jakobs spielerische Weise mit seinen bereits heraufgebrachten Habseligkeiten, Tieren und Pflanzen, die in dieser Umgebung alle noch etwas zu fremdeln scheinen.

Jakob ist gerade damit beschäftigt, den diversen Tieren ihre jeweiligen Speisen und Getränke zu servieren, wobei er mit den Tieren spricht, sie streichelt *et cetera:* eine unordentliche Idylle.

> <u>Jakob (zu den Tieren)</u>
> Ach, wißt ihr eigentlich schon, daß wir einen Zwillingsbruder bekommen haben? Ja: sie haben mich zu einem Zwillingsbruder gemacht. Nicht so schlecht, was?

> *Das Telefon klingelt.*

Jakob geht zum Telefon, hebt ab und spricht sofort:

> Hier spricht Jakob, guten Abend. Bitte, ich möchte im Augenblick mit niemandem telefonieren, wer Sie auch sein mögen: ich füttere nämlich gerade die Tiere. Dann muß ich noch die Pflanzen gießen, dann meditieren und noch ein paar andere Vordringlichkeiten erledigen, aber dann würde ich sehr, sehr gern mit Ihnen telefonieren, das geht aber sicher erst nach Mitternacht, sagen wir so eins, halb zwei. Bitte rufen Sie mich dann wieder an, ich freue mich schon sehr darauf, und machen Sie's gut

> so lange, ich wünsche Ihnen viel Spaß, also: bis dann. Tschüs, mein Lieber, oder meine Liebe, je nach dem, hehe.

Jakob legt auf und widmet sich weiter seinen Tieren:

> Ich glaube, das war die Spörhase. Eine andere Frau hätte sich nicht so wortlos vertrösten lassen. Eigentlich ganz schön, wenn sofort das Telefon klingelt, kaum ist man wieder da. Aber jetzt seid ihr erst mal dran. Schwer für euch, so ein Umzug-Tag, das merke ich.

> *Es klingelt an der Wohnungstür.*

Die Hunde schlagen an.

> <u>Wiebke Hecht</u> (*off*)
> Halloh. Deine Wohnungstür solltest du aber lieber zumachen.

Schnitt auf Wiebke Hecht, die durch die offenstehende Wohnungstür hereingekommen ist.

> <u>Wiebke</u> (*on*)
> Die Einbruchsquote steigt in diesem Scheiß-Hochhaus monatlich um 16,7 Prozent.

Sie schließt die Tür und dringt weiter in die Wohnung vor.

> Halloh, ich bin die Wiebke. Sagt dir nichts – na, macht nichts. Halloh, das ist ja toll geworden, hier drin, richtig urig, gegen den Spießer-Mief von deinem Bruder, du.

Gegenschnitt: das Chaos der Wohnung im Einzugsstadium. Fahrt oder Schwenk der Kamera durch die Wohnung mit ihrer vorherigen Standardeinrichtung gehobener Mittelklasse.

> <u>Jakob</u> (*off*)
> Sind aber alles seine Sachen.

> Wiebke (*off*)
> Aber mit deinem design, amigo, unheimlich toll. Nee du, das finde ich wirklich ganz, ganz kreativ: wenn man bedenkt, was hier bei deinem Scheiß-Bruder los war.
>
> Jakob (*off*)
> Vorsicht, ich hege sehr viel Hochachtung für meinen Bruder.
>
> Wiebke (*off*)
> Ein Scheiß-Typ war er.

Schnitt zurück auf Wiebke und Jakob, jetzt im Wohnzimmer.

Gegengeschnittene Großaufnahmen, zuërst von Jakob, der aber im übrigen seine Tierfütterung fortsetzt und dann beëndet.

> Wiebke
> Ich weiß genau Bescheid. Ein total frustrierter Spießbürger, sexuëll verklemmt und politisch reaktionär, wie alle hier in diesem Scheiß-Hochhaus. Wo ist er eigentlich: ist er tot oder was?
>
> Jakob
> Das weiß ich leider auch nicht. Deshalb bin ich jetzt hier, um das rauszukriegen.
>
> Wiebke
> Recherchen, hier? Halloh. Völlig aussichtslos. Lauter alte Nazis.

Wiebke setzt sich, aber auf den Boden oder auf ein nicht zum Sitzen geeignetes Möbelstück. Sie steckt sich eine Zigarette an, nachdem sie lange in ihrer Handtasche nach Feuer gesucht hat. Später setzt sich auch Jakob, aber in einen Sessel oder aufs Sofa.

> Wiebke
> Du weißt, daß das hier früher mal ein Geiselversteck war, aber ein ganz, ganz böses, du.
>
> Jakob
> Als mein Bruder –

> Wiebke
> Nee du, ich häng mich da nicht rein, ich bin letztendlich politische Redakteurin, normalerweise auch ziemlich bekannt, ergo: ich weiß genau Bescheid.

Sie reicht ihm eine Einladungskarte, die er liest.

> Halloh: hier, eine Einladung für dich.

Zwischenschnitt auf die Einladungskarte, dann wieder zurück auf Wiebke, die inzwischen ein ganzes Büro etabliert.

> Wiebke (erst *off*, dann *on*)
> Vom Vorstand der Nachbarschaftsinitiative Hochhaus C, e. V., da bin ich auch noch Schriftführerin, aber Verweigerung ist bei mir nicht drin, bei sowas, da bist du als Newcomer ganz, ganz herzlich eingeladen, oben im Dachgarten-Restaurant.

> Jakob
> Ach, das ist ja nett. Vielen Dank. Zum Abendbrot, oder wann? Nur wegen der Kleidung.

> Wiebke
> Nee du, Verzehr auf eigene Kosten. 18 Uhr.

Die mittlerweile gesättigten Tiere kommen und gehen durchs Bild, lassen sich nieder *et cetera*. Später auch Gegenschnitte auf Katzen, Hunde und Blüten, groß.

> Wiebke
> Also, du kommst. Dann füll noch mal schnell diesen Vordruck aus, für die Eintrittsplakette.

Sie hakt seinen Namen auf einer Liste ab, reicht Jakob dann einen Fragebogen.

> Jakob
> Oh, da muß ich leider passen. Ich fülle grundsätzlich keine Fragebögen mehr aus.

Wiebke
Das ist aber Vorschrift. Sonst darfst du da überhaupt nicht teilnehmen.

Jakob
Gut, dann nicht.

Er zerreißt die Einladungskarte.

Das macht nichts, wirklich nicht.

Wiebke
Nee du, das ist eine Vollversammlung. Da kannst du dich nicht einfach verweigern.

Jakob
Ich verweigere mich ja auch gar nicht.

Wiebke (*on – off – on*)
Das stimmt. Toll. Ein Klasse Modellfall für die demokratische Theoriediskussion, wirklich super.

Zwischenschnitt auf eine zufrieden meditierende Katze.

Wiebke (*off – on*)
Tja, müßte unser Vorstand zu einer Sondersitzung zusammentreten. Kann er aber erst nach der Vollversammlung: wenn er wiedergewählt ist, verstehst du?

Jakob
Ich glaube, ja. Dann machen wir es so: ich komme einfach hin zur Vollversammlung, und fertig ist die Laube. Alles klar?

Jakob beginnt, seine Pflanzen zu gießen.

Wiebke
Na, Moment mal, Moment mal, und die Eintrittsplakette? Neenee du, so ein simplifikatorischer Pragmatismus. der macht mich nun wirklich überhaupt nicht an. Nein, ich ziehe die Einladung im Namen des Vorstands hiermit zurück –

Jakob reicht ihr die zerrissene Einladungskarte, die sie mit einer Büroklammer an die anderen Blätter anheftet.

> Wiebke
> Danke schön – und du gibst mir deine Verweigerung schriftlich.
>
> Jakob
> Ich gebe Ihnen gar nichts schriftlich, nicht einen einzigen Buchstaben, für diesen Quark.
>
> Wiebke
> Gut.

Wiebke macht ihre Zigarette aus und packt ihr Büro wieder zusammen.

> Wenn Sie demokratische Basisarbeit als Quark bezeichnen, muß ich letztendlich eine entsprechende Meldung beim Ordnungsausschuß machen.
>
> Jakob
> Oh, vielen Dank.
>
> Wiebke
> Also, bei aller Sympathie für den Anarchismus: irgendwo muß sowas auch mal eine Grenze haben, letztendlich. Aber Ordnungsstrafen sind heute nicht grade billig, das wissen Sie?
>
> Jakob (zu Tieren und Pflanzen)
> Oh, wie schön. Habt ihr das gehört? Ich finde, wenn ich uns unsre Freiheit mit Geld erkaufen kann, dann soll der Preis doch ruhig so hoch wie möglich sein, oder? Dann ist das Geld nämlich plötzlich direkt was wert, versteht ihr?

Zu Wiebke:

> Sie wollen gehen.

Gegenschnitt auf Wiebke, groß.

> Jakob (*off*)
> Haben Sie heute abend noch was vor?

Gegenschnitt auf Jakob, groß. Dann wieder zurück auf Wiebke, groß.

> Wiebke (*on*)
> Naja du, so 'n paar Ferngespräche aus Washington oder sowas, aber die ließen sich auch umleiten, letztendlich ... Und du?

> Jakob (*off*)
> Nur weil ich ja eigentlich im Umzug stecke.

Schnitt auf Jakob und Fortsetzung der gegengeschnittenen Großaufnahmen, gegebenenfalls mit zwischengeschnittenem träumendem Hund oder zuhörenden Hunden und Katzen in immer länger werdenden Einstellungen.

> Jakob
> Sie könnten mir einen riesigen Gefallen tun, wenn Sie mir den Rest, der noch auf der Straße steht, schnell mal raufbringen könnten, es ist gar nicht mehr viel, circa ein Fahrstuhl voll.

> Wiebke (teils *on*, teils *off*)
> – Aber natürlich, wahnsinnig gern, das ist doch selbstverständlich. Solidarität hat für unsre Nachbarschaftsinitiative sowieso die Priorität, letztendlich. Ach, verdammt – da fällt mir ein: der Fahrstuhl ist gesperrt.

Zwischenschnitt: Die geschlossene Fahrstuhltür mit vorgehängtem Schild:

GESPERRT WEGEN MUTWILLIGER ZERSTÖRUNG
GEM. §§ 25 A / III U. 9 L / I GfFuaL.

> Wiebke (*off*)
> Schon vorhin, als ich kam. Sicher eine Schikane von Gutekunst. Sind Sie Gewerkschaftsmitglied?

> Jakob (*off*)
> Ich bin nirgends Mitglied.

> Wiebke (*off*)
> Dann geht es gegen Sie. Er erwartet Ihren Antrittsbesuch und zwar sofort.

Schnitt zurück auf Wiebke.

> Wiebke (*on*)
> Ja, tut mir echt leid. Hätte mir unheimlich Spaß gemacht, aber ohne Fahrstuhl ... Ciao.

Sie geht zur Wohnungstür.

> Jakob (*off*)
> Haben Sie herzlichen Dank für Ihre liebenswürdige Solidarität.

Schnitt auf Jakob, der weiter seine Pflanzen begießt.

> Jakob (*on*, zu den Pflanzen und Tieren)
> Habt ihr das gehört? Eine unheimlich gütige Dame hat uns da besucht. Selbstlosigkeit ist in diesen harten Zeiten ein unschätzbarer Wert – auch wenn sie rein theoretisch bleibt, merkt euch das.

Wiebke ist an der Wohnungstür stehen geblieben und schaut Jakob zu, wie er beim Blumengießen auch ein bißchen tanzt und vor sich hin singt.

> Wiebke (*off*, nach einer Weile)
> Du hast auch keine Kinder. Oder?

> Jakob
> Ich glaube, nicht. Aber was weiß man!

Jakob tanzt selbstversunken weiter. Er lacht, er singt.

> Wiebke
> Ich habe da nämlich ein Projekt in Planung, das ich irgendwie für ganz, ganz wichtig halte, und da brauche ich so einen letztendlich unangepaßten Typen ohne Kinder.

Jakob bleibt abrupt stehen, fixiert Wiebke.

> Jakob
> Oh, das klingt aber sehr interessant.
>
> Wiebke
> Was machst du eigentlich so beruflich?

Reglos starrt Jakob Wiebke an.

> Jakob
> Kinderwagen. Kinderwagen und Särge. Nicht?
>
> Wiebke
> Das finde ich toll. Nee du, ehrlich, das ist echt global.

Wiebke hält seinem Blick nicht länger stand, kehrt ins Wohnzimmer zurück und setzt sich wieder, zündet wieder Zigarette an, sucht Feuer *et cetera*.

> Wiebke (teils *on*, teils *off*)
> Also, im nächsten Jahr, verstehst du?, da haben wir ja das Jahr der Bekinderten, das steht fest, okay, soll auch ruhig, muß ja wohl auch. Aber im übernächsten Jahr, das ist jetzt mein Projekt, da, finde ich, sollten wir ein Jahr der Unbekinderten haben. Das will ich als Vorschlag in allen Medien durchboxen ...

Ohne sich von der Stelle zu rühren, geht Jakob vor einer exotisch blühenden Pflanze langsam in die Hocke.

> *Ton: Wiebkes Redefluß wird ausgeblendet und überblendet von einem irrealen musikalischen Effekt, der lange anhält, statisch.*

Weiche Überblendung zu einer ganz unrealistisch ausgeleuchteten Großaufnahme der vor Jakobs Gesicht stehenden Blüte.

Lange stehende Einstellung.

Dann weiche Überblendung auf eine Großaufnahme von Jakobs introvertierten Augen.

Lange stehende Einstellung.

Ton: Der musikalische Effekt wird langsam wieder ausgeblendet und von Wiebkes wiederkehrendem Redefluß überblendet.

Wiebke (*off*)
... und wenn das erst mal durch ist, dann müssen wir dafür kämpfen, daß im Jahr der Unbekinderten auch für die Unbekinderten das Kindergeld eingeführt wird. Du hörst mir nicht zu.

Jakob
Nein, im Moment wird es mir ein bißchen langweilig.

Jakob steht auf und geht zum Plattenspieler, legt eine Platte von Angelo Branduardi auf.

Wiebke
Nee du, ich finde es einfach unheimlich kapitalistisch und beschissen von diesem Staat, daß er den Geschlechtsverkehr der Bekinderten finanziell belohnt –

Zwischenschnitt auf die schwadronierende Wiebke.

– während der irgendwie doch sehr viel politischere Geschlechtsverkehr der Unbekinderten durch verweigerte Leistungen dieses total asozialen Staates letztendlich bestraft wird.

Ton: Musikeinsatz von der Branduardi-Schallplatte.

Jakob
Bestraft, wie denn das: politisch? Oder sexuëll?

Wiebke
Nein, finanziell.

Jakob
Ach, Sie brauchen Geld. Oh, Entschuldigung! Aber selbstverständlich, überhaupt kein Problem. Nehmen Sie einen Scheck?

Jakob greift zum Scheckheft.

Wiebke
Nein, darum geht es doch gar nicht. So privatistisch bin ich nun doch nicht mehr. Nee du, es geht einfach darum, daß die Kinderlosen hier zu einer total benachteiligten Minderheit abqualifiziert werden.

Jakob
Ach, Sie wollen ein Kind?

Wiebke
Ach, um Gottes Willen. Wir waren zu Hause acht Kinder, verstehst du? Meine Mutter hatte das Mutterkreuz und mein Vater die finanziellen Vorteile der Bekinderten ...

Jakob
Darf ich Sie mal anfassen?

Wiebke
Wie bitte? Nein, warum denn?

Jakob
Warum! Also, erstens mal fasse ich gern an, ganz generell, finde ich schön. Und außerdem möchte ich wissen, ob Ihr Körper auch so verspannt ist wie Ihre Seele, darum.

Wiebke
Hör bloß auf, du, die Masche kenn ich. Die sublimen Formen der Vergewaltigung.

Wiebke steht auf, wendet sich zum Gehen.

Nee du, mit mir nicht. Nicht mit mir. Ich bin kein Sexualobjekt. Als mein Vater aus der Kriegsgefangenschaft kam –

Jakob
Ich bin gern Sexualobjekt, eigentlich mag ich nichts lieber. Da entgeht dir viel.

Wiebke geht zur Wohnungstür. Jakob folgt ihr langsam.

> Und wenn du träumst? Wovon träumst du da am liebsten, sag doch mal.

Wiebke wendet sich abrupt und aggressiv zu Jakob, der jetzt sehr nah vor ihr steht.

> Wiebke
> Ich träume nicht. Genügt das?
>
> Jakob
> Ach, du träumst gar nicht. Ja, und sonst? Was ist dein größtes Geheimnis?
>
> Wiebke
> Diese Unterhaltung wird lächerlich. Psychologistisch und lächerlich.
>
> Jakob
> Hast du einen Bezug zum Sterben, ich meine, zu deinem eigenen Tod?
>
> Wiebke
> Jetzt werden Sie unverschämt. Ich gehe.
>
> Jakob
> Schade: wo es gerade interessant wird.

Wiebke öffnet die Wohnungstür und rauscht davon.

Jakob schaut ihr nach.

> Aber kommen Sie bald mal wieder. Und schönen Abend noch.

Schnitt auf

| 51. Fahrstuhl | Innen / Nacht |

Ton: noch Musik von der Branduardi-Schallplatte.

An der geschlossenen Fahrstuhltür hängt ein Schild mit der Aufschrift GESPERRT WEGEN MUTWILLIGER ZERSTÖRUNG GEM. §§ 25 A / III U. 9 L / I GfFuaL.

Schnitt auf

| 52. Treppenhaus | Innen / Nacht |

Ton: Musik aus!

Jakob trägt einen schweren Pflanzenkübel mit baumartigem Gewächs langsam, geduldig und gut gelaunt die Treppe hinauf.

> Jakob
> (singt oder pfeift die Melodie von der Branduardi-Platte vor sich hin.)

Recht lange Einstellung.

Schnitt auf

| 53. Wohnung Dr. Engelhard | Innen / Nacht |

Rotarischer Kaminabend.

Um den makellos flackernden Kamin sitzen bei Weißwein und Käsegebäck fünf offensichtlich wohlsituierte, konservativ gekleidete Herren, darunter auch Gotthard Zilinski und der gastgebende Dr. Engelhard.

Alle tragen das Abzeichen des Rotary-Clubs im Knopfloch des Revers.

Drei der Herren sind gerade in ein schallendes Gelächter ausgebrochen, aus dem sich Dr. Engelhard als der unverkennbare Autor des auslösenden Bonmots mit schelmisch unterspieltem Triumph zurückhält. Zilinski indes blickt ratlos drein.

> Zilinski
> Verzeihung, wie war das? Als Schlesier habe ich das nicht ganz –
>
> Dr. Engelhard
> "Dat is der ole Jakob met de nee Mütz."
>
> Zilinski (noch immer ratlos)
> Ach so. Das ist der alte Jakob ... : ?
>
> Dr. Engelhard
> Met de nee Mütz.
>
> Zilinski (gibt auf)
> Köstlich.
>
> Pastor Schiwelbein
> Mit der neuen Mütze.
>
> Zilinski
> Ach so. Aber Mütze, Mütze ... Ich verstehe nicht ganz –
>
> Dr. Engelhard
> Mein Gott, die Jakobikirche bekam 1820 einen neuen Turm!
>
> Zilinski
> – Und? Ach, ich verstehe: Mütze nennt man in Hamburg Turm! Alles klar!

Er lacht forciert. Die andern schweigen.

> Pastor Schiwelbein (rettet die Situation:)
> Komisch, meine Mutter, als echte Hamburgerin, die benutzte diese Redewendung auch, aber sie sagte immer: "Dat is de nee Jakob met de nee Mütz".

Zilinski
Ja, ist doch richtig: der neue Turm ist die neue Mütze. Oder?

Schiwelbein:
Der nee Jakob. Nicht der ole. Der nee Jakob met de nee Mütz.

Dr. Engelhard
Na, das ist doch fabelhaft. Das paßt ja noch sehr viel besser, in unserm Fall. Denn als mir Kollege Professor Haberland von der Inneren die ganze Sache erzählte, da dachte er natürlich auch noch, daß es sich um meinen verschollenen Suizid-Patienten Jakob handelt, den er da nolens volens aus dem klinischen Exitus ins Leben zurückgeholt hatte. Aber nachdem uns nun plötzlich dieser mysteriöse Zwillingsbruder ins Haus geschneit ist – köstlich! Da ist "de nee Jakob met de nee Mütz" natürlich noch sehr viel komischer, also wirklich, Freund Schiwelbein, mein Kompliment.

Er erhebt sein Glas und trinkt dem Pointendieb Schiwelbein mit leicht maliziöser Anerkennung zu. Dieser erwidert den Toast.

Schiwelbein
Sehr zum Wohle, Freund Engelhard.

Zilinski
Also, so eine Rückkehr aus dem klinischen Tod, ich weiß nicht, als überzeugter Christ ... Ich möchte da einen Vorschlag machen. Unser nächster rotarischer Kaminabend, der findet ja turnusgemäß bei mir statt – worauf ich mich heute schon sehr freue, liebe Freunde. Aber wie wäre es, wenn uns Freund Engelhard da eine kurze Einführung gäbe, in dieses Problem des klinischen Todes und so einer sonderbaren Rückkehr von so einem Nahtoderlebnis... aus der Sicht der modernen Medizin, meine ich – oder sollte man an sowas lieber gar nicht rühren? Wie? Herr Pastor!

Schiwelbein
Doch, unbedingt. Man soll dem Feinde immer ins Auge blicken. Das sollte dann aber ein Abend mit Damen sein, denn dieser Unfug grassiert ja neuerdings, wie eine Epidemie, und ganz besonders natürlich unter Frauen.

Zilinski
Sehr gut. Auch mit Junioren. Wenn Ihre Herren Söhne ... Freund Engelhard?

Dr. Engelhard
Sehr gern. Allerdings nur unter einer Bedingung: daß dieser Jakob mit seiner neuen Mütze selbst auch anwesend ist. Dann wird es spannend.

Zilinski
Meinen Sie wirklich? Der Bruder eines Sympathisanten bei einem rotarischen Abend mit Damen?

Dr. Engelhard
Grade. Als Demonstrationsobjekt, natürlich.

Zilinski
Ach so. Ja, dann ... Einverstanden, Freund Engelhard.

Zilinski prostet Engelhard zu.

Schnitt auf

54. Treppenhaus   Innen / Nacht

Jakob trägt immer noch langsam und geduldig seine Pflanzen oder andere Habseligkeiten die Treppe hinauf in den 19. Stock.

Zeitraffende Überblendungen zeigen die Etagenbezeichnungen an: 12 – 13 – 14 ... , ohne Jakob deswegen aus dem Auge der Kamera zu verlieren.

Lutz Schleginsky kommt von oben treppab, schnieke in seiner Fliegeruniform und mit schicker Reisetasche. Er geht grußlos an Jakob vorbei, der seine Fracht abgestellt hat.

>Jakob
>Guten Abend.

Lutz bleibt unterhalb Jakobs stehen.

>Lutz
>Wie bitte?

>Jakob
>Runter geht es leichter.

>Lutz
>– Finden Sie das witzig, bei meinem Beruf?

>Jakob
>Eigentlich nur bei deinem Beruf. Aber es sollte gar kein Witz sein, sondern ein Wink mit dem Zaunpfahl, mir bißchen tragen zu helfen.

>Lutz
>Ausgeschlossen, um Gottes Willen! Ich habe gleich einen Flug nach Kuala Lumpur, da macht mir die Zeitverschiebung sowieso schon irre zu schaffen, also kreislaufmäßig ...

>Jakob
>(lacht.)

>Lutz
>Ich darf auch nicht nach Schweiß riechen, in meinem Beruf ...

Das Minutenlicht im Treppenhaus geht aus.

>O Gott.

Jakob macht das Licht wieder an.

>– Und in Kuala Lumpur werde ich erwartet, da verlangt dann jemand die wahnsinnigsten Sachen von mir. ...

> Aber fragen Sie doch mal bei der Wohngemeinschaft im 12. Stock, lauter Lehrer und sowas, die haben sowieso nichts zu tun, und waren mit Ihrem Bruder auch noch befreundet.
>
> <u>Jakob</u>
> Du nicht?
>
> <u>Lutz</u>
> – Nicht so, wie er glaubte. Ich muß los, ich habe vorher noch einen Fototermin, für die Presse.

Lutz tritt näher an Jakob heran.

> Sieht man hier diesen Pickel, fällt er sehr auf? Jedesmal wenn ich nach Kuala Lumpur fliege, ist dieser blöde Fahrstuhl kaputt, und ich kriege Pickel im Gesicht. Jedesmal.

Lutz geht treppab.

> <u>Jakob</u>
> Du bist abergläubisch.
>
> <u>Lutz</u>
> Bei meinem Beruf ... !

Jakob beugt sich über das Treppengeländer und schaut ihm nach.

> <u>Jakob</u>
> Ich dachte immer, wer Flieger wird, der ist mit dem Absturzen einverstanden.

Lutz bleibt stehen, schaut zu Jakob hinauf.

> <u>Lutz</u>
> – Leben Sie mal mit dieser Angst.

Lutz geht weiter.

> <u>Jakob (ruft ihm nach:)</u>
> Leb du doch lieber ohne.

Lutz reagiert nicht und tänzelt eilig treppab.

Jakob wendet sich zu seiner Fracht, lacht vor sich hin.

Schnitt oder Überblendung auf

55. Wohnungstür Wohngemeinschaft　　　　Innen / Nacht

Klingelknopf mit vier oder fünf Namensschildern.

Jakobs Hand betätigt die Klingel.

Die Tür wird geöffnet. Andreas steht in der offenen Tür.

>Andreas
>Halloh, komm doch rein, warum klingelst du, bei uns ist immer offen.
>
>Jakob
>Haben Sie keine Angst?
>
>Andreas
>Doch, tierisch: vor der Bundesregierung. Aber die besucht uns nicht, komm rein.
>
>Jakob
>Vielen Dank, aber ich bin ja mitten im Umzug. Ich wollte nur fragen, ob Sie mir vielleicht ein Stück Brot geben können, ich hab noch nichts im Haus, aber ziemlichen Hunger.
>
>Andreas
>Aber klar. Na, nicht gerade Brot, sowas essen wir nicht, aber ein paar Körner geb ich dir gern ab. Jedenfalls theoretisch. Wir sind hier nämlich eine WG, und ich kann hier nicht einfach so meinen Ego-Trip raushängen lassen, logo. Weil der Peter es sowieso unheimlich feudalistisch findet, daß du deinen Umzug allein machst, wo es so viele arbeitslose Frauen gibt.

Klaus erscheint hinter Andreas, kauend.

Der Klaus auch.

> Jakob
> Und die Bettina?

> Andreas
> Naja, du, also, wenn die Bettina als Frau einem Typen Körner geben würde, also, das wäre schon ein ziemlich anti-emanzipationistischer Kollaborationismus, oder?

Peter erscheint hinter Andreas und Klaus, kauend.

> Andreas
> Nee, paß mal auf, wir diskutieren dein Problem mal durch, bei uns in der WG, und stimmen dann kurz drüber ab, das geht ganz schnell. Morgen oder spätestens übermorgen sag ich dir, was Sache ist. Roger?

Das Minutenlicht im Treppenhaus geht aus. Andreas schaltet es wieder an.

> Jakob
> Ja, vielen herzlichen Dank. Eine gute Lösung. Und bitte eine angemessene Empfehlung an Ihre Damen und Herren Konviven.

> Bettina (*off*)
> Andreas! Klaus!

Andreas und Klaus folgen sofort Bettinas Ruf und verschwinden in der Wohnung.

> Peter
> Frag doch mal bei Rosenlöcher. Der ist zwar ein anti-emanzipationistisches Arschloch, aber er hat zwei unheimlich wohlerzogene Goldsöhne, die drängen sich sowieso überall auf.

Schnitt auf

56. Wohnungstür Rosenlöcher, beidseitig   Innen / Nacht

Klingelknopf mit Namensschild und Sprechanlage.

Jakobs Hand klingelt.

Lange Pause. Sie will abermals klingeln.

> Jutta Rosenlöcher (durch die Sprechanlage, *off*)
> Ja, bitte?

Jakob beugt sich zur Sprechanlage.

> Jakob
> Ja, hallo, hier ist Jakob vom 19. Stock. Guten Abend.
>
> Jutta (Sprechanlage, *off*)
> Guten Abend, Herr Jakob. Bitteschön?
>
> Jakob
> Ich habe eine Bitte. Ich stecke mitten im Umzug, der Fahrstuhl ist gesperrt, und ich habe so einen Durst, aber mein Kühlschrank ist natürlich noch leer. Ob Sie mir vielleicht ein Glas Wasser geben könnten?

Große Pause.

Dann Schnitt auf Wohnung Rosenlöcher innen. Jutta hinter der geschlossenen Wohnungstür.

> Jutta (in die Sprechanlage)
> – Wissen Sie, mein Mann ist nicht da, und wenn ich allein bin, darf ich die Tür nicht aufmachen, wegen der Sicherheitsbestimmungen für Politiker im Wahlkampf.
>
> *Gelächter aus dem* off.

Jutta dreht sich um. Kai und Michael stehen hinter ihr und haben sie belauscht.

>Kai
>Mutterseelenallein!

>Jutta (in die Sprechanlage)
>Aber das Restaurant oben hat sicher noch offen.

>Michael
>Nee. Heute ist Ruhetag.

>Jutta (in die Sprechanlage)
>Oder fragen Sie doch mal bei der alten Frau Spörhase, die hat ja auch Ihrem Bruder immer so viel geholfen.

>Jakob (*off,* durch Sprechanlage)
>Ach, tatsächlich? Vielen Dank.

Schnitt auf Jakob vor der geschlossenen Tür.

>Jakob (*on*)
>Sie haben mir sehr geholfen, Frau Rosenlöcher. Einen schönen Abend noch, und viele Grüße an Ihre lieben Söhne.

Schnitt nach innen. Jutta wendet sich an Kai und Michael.

>Jutta
>Sowas habt ihr immerhin nicht nötig: bei fremden Leuten an der Haustür zu betteln.

>Kai und Michael (kichern.)

>Jutta
>Statt dankbar zu sein.

Schnitt auf

---

57. Wohnungstür Spörhase, beidseitig　　　　**Innen / Nacht**

Klingelknopf mit Namensschild.

Jakobs Hand klingelt.

Sehr lange Pause.

Schnitt nach innen in die Wohnung. Henriëtte Spörhase nähert sich auf Zehenspitzen.

Ton: Türklingel.

Schnitt hinaus zu Jakob. Er klingelt erneut.

Jakobs Blick konzentriert sich auf das Guckloch in der Tür.

Das Minutenlicht im Treppenhaus geht aus, und man sieht, wie es hinter dem Guckloch zuërst hell, dann dunkel wird.

>Jakob
>Ich bin es, Jakob. Guten Abend, Frau Spörhase. – Warum machen Sie nicht auf, haben Sie Angst vor mir?

Schnitt auf Henriëtte.

>Jakob (*off*)
>Ich habe nur eine Bitte. – Ich brauche Ihre Hilfe.

Schnitt auf Jakob durch das verkleinernde Guckloch.

Er tritt nah heran.

>Jakob
>– Ich weiß, daß Sie mich sehen. – Ich kann ja Ihr Auge im Guckloch erkennen.

Der Deckel des Gucklochs fällt zu.

Schnitt auf Jakob, draußen.

>Jakob (*on*)
>Haben Sie doch keine Angst. Wovor?

Er klingelt noch einmal.

58. Wohnung Oberlack + Radelmann, wechselnd Innen / Nacht

Gabi Oberlack, im Morgenrock, flezt sich auf dem Sofa und starrt ins Fernsehen: Ziehung der Lottozahlen.

> *Ihr Telefon klingelt.*

Sie dreht den Ton ab, greift zum Telefon, hebt ab.

> Gabi
> Ja? Oberlack.

Schnitt auf Lydia, im Bademantel. Sie flezt sich auf ihrem Sofa, im Fernsehen läuft die Ziehung der Lottozahlen, ohne Ton. Sie telefoniert.

> Lydia Radelmann (ins Telefon)
> Ja, hier ist Lydia Radelmann, ich grüße Sie. Schlafen Sie schon?

Schnitt auf Gabi. Sie telefoniert und steckt sich eine Zigarette an.

> Gabi (ins Telefon)
> Ach, um Gottes Willen, ich habe doch Besuch. Und Sie?

Schnitt auf Lydia. Sie steckt sich eine Zigarette an.

> Lydia
> Nein, ich arbeite noch, deshalb ruf ich auch – , ich muß leider absagen. Giacomo ist hier und hört mir den Text ab, und der sitzt leider doch noch nicht gut genug. Ich bin so eine Perfektionistin, ich muß also weiter –

Schnitt auf Gabi.

>   Gabi
>   Ach, das macht nichts. Wir haben auch so sehr viel Spaß hier. Hauptsache, Ihr Regisseur ist morgen zufrieden mit Ihnen.

Schnitt auf Lydia.

>   Lydia
>   Oh ja, ich glaube, es wird sehr gut, was wir hier ausarbeiten. Übrigens, Giacomo läßt Sie grüßen.

Schnitt auf Gabi.

>   Gabi
>   Danke. Geben Sie ihm einen dicken Kuß von mir.

Schnitt auf Lydia.

>   Lydia
>   Aber gern, Frau Oberlack, das mach ich. Also tschüs, Frau Oberlack, viel Spaß noch.

Schnitt auf Gabi.

>   Gabi
>   Tschüs, Frau Radelmann, tschüs.

Sie legt auf und dreht den Fernsehton auf.

Ton: Fernsehen, Lottoziehung.

Sie starrt aufs Ende der Lottoziehung.

Schnitt auf Lydia: sie liegt auf dem Sofa, starrt in das Ende der immer noch tonlosen Lottoziehung, trinkt Rotwein.

Schnitt auf

59. Treppenhaus   Innen / Nacht

Jakob trägt langsam und geduldig seine Habseligkeiten treppauf.

> Jakob
> (pfeift die Branduardi-Melodie.)

Von oben kommen Kai und Michael Rosenlöcher, beide *picobello* angezogen, mit einer Eisbox. Bei Jakob bleiben sie stehen.

> Kai
> Guten Abend, Herr Jakob. Mein Name ist Kai Rosenlöcher. Das ist mein Bruder Michael. Wir wollten Ihnen nur etwas zu trinken bringen.
>
> Michael
> Komm, Kai, wir tragen Herrn Jakob schnell seine Sachen nach oben. Ärgerlich, dieser Fahrstuhl.

Sie ergreifen Jakobs Habseligkeiten und tragen sie treppauf. Jakob folgt.

> Kai
> Ich finde viel ärgerlicher, was unsre Mutter Ihnen vorhin geantwortet hat. Wir waren Ohrenzeugen.
>
> Michael
> Ja, bitte vergessen Sie es, Herr Jakob. Unsre Mutter hat immer alles falsch gemacht. Schauen Sie sich nur den allzu frühen Haarausfall meines Bruders Kai an.
>
> Kai
> Während Michael Bettnässer ist.
>
> Michael
> Und Kai Legastheniker.
>
> Kai
> Wir sind beide sitzengeblieben und beide im Abitur erst mal durchgefallen.

Überblendung auf

60. Jakobs Wohnung   **Innen / Nacht**

Jakob führt Kai und Michael, die nach wie vor die Eisbox und Jakobs Umzugsgut tragen, in seine Wohnung.

> Michael
> Unsre sexuëlle Aufklärung haben wir von einem Päderasten bekommen, hier nebenan.
>
> Kai
> Jetzt sind wir beide homosexuëll und drogenabhängig.
>
> Michael
> Alles das Werk unsrer lebensuntüchtigen Mutter.
>
> Kai
> Und ihrer völlig verfehlten Ehe mit einem inkompetenten Mann.

Sie setzen die Sachen ab. Im Nebenzimmer, hinter geschlossener Tür, knurren die Hunde.

> Jakob
> Ach, würden Sie diesen Pflanzenkübel bitte gleich auf den Balkon hinausstellen?
>
> Michael
> Aber herzlich gern. Komm, Kai, faß mit an.

Sie tragen einen großen Pflanzenkübel auf den hinteren Balkon (von dem aus man die Fassaden anderer Hochhäuser erblickt).

Wenn die Brüder den Kübel abgesetzt haben, stehen sie bedrohlich nah neben Jakob: rücken ihm quasi auf den Pelz. Er lacht.

> Michael
> Wir hörten, Sie seien auch ein Zwilling. Wir sind zweieiïg. Sind Sie auch zweieiïg?
>
> Jakob
> – Nein, eineiïg.

>Kai
>Das habe ich mir gedacht. Sie sind Ihrem Herrn Bruder wirklich zum Verwechseln ähnlich.
>
>Michael
>Mit Ihrem Herrn Bruder waren wir nämlich sehr befreundet. Geht es ihm gut?
>
>Jakob
>Das weiß ich nicht. Er ist verschollen.
>
>Kai
>Wir wollen nicht aufdringlich werden, Michael.
>
>Michael
>Schauen Sie, wie tief es da unten ist.
>
>Jakob
>Da drüben, auf dem Balkon, da steht jemand, sehen Sie den?

Schnitt auf

61. Hochhausfassade gegenüber   Außen / Nacht

Wie über einen schacht- oder schluchtartigen Innenhof hinweg sieht man gegenüber, rechts und links gleichfalls Hochhäuser. Ihre erleuchteten Fenster und Balkone sowie die simultan installierten und simultan geschalteten Fernsehgeräte ergeben eine nicht nur erschreckende, sondern auch grafisch dekorative Kulisse.

Auf einem Balkon links, vor erleuchtetem Fenster, ist Esteban der Chilene als reglose Silhouette wahrzunehmen.

>Michael (*off*)
>Das ist ein junger Südamerikaner, da drüben, auch schwul, der leidet immer schubweise unter fürchterlichen Depressionen.

Kai (*off*)
Auch durch so ein katastrophales Elternhaus.

Rechts auf einem Nachbarbalkon steht Henriëtte Spörhase und starrt, gleichfalls reglos, zu Jakob hoch. Falls er sie grüßt, antwortet sie nicht.

Auf einem weiteren Balkon ist auch Ralf Paschke zu erkennen.

Es ist Zeit zum Schlafengehen. In einem geradezu ballettös anmutenden Zeremoniëll werden Fernsehgeräte ausgeschaltet, Wohnzimmerlampen gelöscht, Schlafzimmerlampen eingeschaltet, Vorhänge zugezogen, Balkontüren geschlossen *et cetera*.

Jedenfalls sind die leicht erkennbaren kleinen Badezimmerfenster jetzt bald alle uniform erleuchtet.

In einigen Schlafzimmern wurde das Schließen der Vorhänge vergessen oder vermieden, und man kann Männern wie Frauen beim Entkleiden zuschauen ...

Michael (*off*)
Ich glaube, wir sollten Herrn Jakob nicht länger behelligen, Kai, er wird müde sein. Wo dürfen wir Ihnen die Eisbox mit den Getränken hinstellen, Herr Jakob? Ist es hier recht?

Kai (*off*)
Wir haben Ihnen ein kleinese Sortiment zusammengestellt. Hoffentlich ist etwas dabei, was Sie mögen.

Michael (*off*)
Wir hoffen, Sie werden sich hier wohlfühlen. Gute Nacht, Herr Jakob.

Kai (*off*)
Gute Nacht. Und dürfen wir eben noch zu Ihren Hunden hineinschauen, wir sind so tierlieb. Gute Nacht.

Michael (*off*)
Gute Nacht.

Ton: Diese off-*Sätze von Kai und Michael sind zunehmend leiser geworden und werden langsam überblendet von den Geräuschen, die Jakob aus den Wohnungen gegenüber hört:*

animierte Stimmen, Gelächter und Musik von einigen Balkonen, unisono *Fernsehtöne, möglichst von einem alten Ufa-Film oder einem Western, durch die offenen Fenster und Balkontüren auch Schreibmaschinengeklapper, Telefonklingeln und Lärm von einer recht alkoholischen Party – eine Zivilisationssinfonie.*

Der Schacht des Innenhofes hat auch noch einen Schall- und leichten Echo-Effekt...

Hierüber läuft der Nachspann des Ersten Teils.

Zweiter Teil

62. Hochhausfassade gegenüber   Außen / Nacht

Noch dieselbe Einstellung auf die nächtlichen Hochhausfassaden des Innenhofes wie zu Ende des Ersten Teils (Szene 61, Seite 367).

Unmittelbarer Anschluß.

> *Ton: Noch dieselbe Ton-Collage wie zu Ende des Ersten Teils (Szene 61, Seite 367):*
>
> *Stimmengewirr, Musik, Gelächter, Film-Ton, Schreibmaschine, Telefon et cetera aus den diversen Hochhauswohnungen.*

Hierüber läuft der Vorspann des Zweiten Teils.

> *Ton: Alle diese Geräusche werden zunehmend überlagert von den immer lauter werdenden Stimmen eines Ehestreits einige Etagen unter Jakob.*

Klara Jacke (*off*)
Wer hat den Staubsauger? Raus mit der Sprache.

Rudi Jacke (*off*)
Ich weiß es nicht. Hör auf.

Klara (*off*)
Wer den Staubsauger hat. Die Oberlack?

Rudi (*off*)
Du sollst aufhören. Sperrmüll ist Sperrmüll.

Klara (*off*)
Aber mein Staubsauger ist kein Sperrmüll.

Rudi (*off*)
Dein Staubsauger? Deiner? Deiner!

Klara (*off*)
Ja, meiner! Wer hat ihn: die aus der Ostzone?

Rudi (*off*)
Deiner! Deiner!

Schnitt auf

63. Wohnung Jacke   **Innen / Nacht**

Hochtouriger Ehestreit in Jackes absolut übereingerichtetem Schlafzimmer. Beide Ehegatten sind im Begriff, schlafen zu gehen, und bereits halb entkleidet. Rudi läuft aufgeregt auf und ab, Klara täuscht immer wieder Ruhe vor und beendet im folgenden ihre Nachttoilette, zieht ein Nachthemd an.

Rudi
Wer hat den Staubsauger bar bezahlt? Wem gehört das Geld? Wer hat die sechs Richtigen getippt? Wer ist hier der Lottokönig?

Klara
Ich. Nur ich. Alles ich. Wo der Staubsauger ist.

Rudi
Du? Du willst der Lottokönig sein?

Klara
Wer hat dir denn die sechs Richtigen besorgt, damals vom alten Jakob noch? Ich. Weil du zu doof warst, zu bekloppt. Wo ist der Staubsauger?

Rudi
Ich bin der Lottokönig, ich!

Klara
Na warte, das war das letzte Mal, daß ich dich zum Sperrmüll runtergelassen habe.

> Rudi
> Den nächsten Staubsauger kaufst du dir selbst, aber von deinem Geld.
>
> Klara
> Ein Lottokönig, der Sachen zum Sperrmüll trägt.
>
> Rudi
> Den nächsten Staubsauger kannst du dir vom Sperrmüll besorgen, aber eigenhändig.

Klara legt sich ins Bett.

> Klara
> Wenn mein Staubsauger morgen früh nicht an seinem alten Platz steht, bin ich übermorgen beim Friedensrichter.

Klara löscht das Licht.

64. Jakobs Wohnung   Innen / Nacht

Jakob sitzt nackt im Lotossitz auf dem Fußboden und meditiert.

Nach einer Weile schaltet er ein Diktafon an, wartet, konzentriert sich, überlegt.

> Jakob (ins Diktafon)
> – Sollten uns Politiker doch noch gute Ideen liefern können? Rosenlöchers Einfall, daß ich mein eigener Zwillingsbruder bin, ist hier wirklich außerordentlich brauchbar, entstammt allerdings dem Trauma eines Familienvaters, der von seinen eigenen verkorksten Zwillingssöhnen schwer gebeutelt ist ...
>
> Der erste Tag also im alten Milieu ...

Mein Gefühl, allmählich eine völlig andere Person zu sein, bestätigt sich hier. Dadurch alles leichter als befürchtet. Überwiegend komisch. Komisch auch, wie falsch die alten Freunde jetzt über mich reden. Wie kommt das bloß: schlechtes Gewissen? Ein Buhmann als Strohhalm? Als Alibi? Oder einfach die ordinäre Lust an der üblen Nachrede? Arme Teufel. Spielarten der Angst.

Ton: Jakobs Telefon klingelt.

Jakob ignoriert das Telefon.

<u>Jakob</u>
Ihnen helfen, wie?

Ton: sein Telefon klingelt.

<u>Jakob</u>
Absatz. Sie infizieren.

Ton: sein Telefon klingelt.

<u>Jakob</u>
Manche ahnen was. Aber weichen aus.

Jakob schaltet das Diktafon aus und greift zum Telefonhörer.

<u>Jakob (ins Telefon)</u>
Ja, halloh, hier ist der Jakob: guten Abend. ... Hallo? ... Hallo, wer ist denn da? ... Wollen Sie mich sprechen, hier ist Jakob ... Sie können ruhig sprechen, wir sind doch verabredet ... Also gut, dann rate ich, wer Sie sind: die Frau Spörhase, stimmt's? ... Aha, richtig geraten, sonst würden Sie ja protestieren. Aber ich kann Sie gut verstehen, ich habe auch oft überhaupt keine Lust zum Reden, grade beim Telefonieren. Muß ja auch

gar nicht sein. Ich wollte Ihnen auch nur sagen, daß es
mich ungeheuer freut, daß Sie mich vorhin angerufen
haben, und wie wir uns grade auf dem Balkon gesehen
haben, und vorher durchs Guckloch in der Tür. Aber
jetzt bleibe ich ja erst mal hier, da werden wir uns sicher öfter sehen, einverstanden? Gute Nacht, Frau
Spörhase, schlafen Sie gut. Und träumen Sie was Schönes. Auf Wiedersehen, bis bald, gute Nacht.

Er legt auf.

Schnitt auf

65. Supermarkt in der Ladenstraße   Außen–Innen / Tag

Zuerst Totale der belebten Ladenstraße innerhalb des Hochhaus-Komplexes,
dann Ranfahrt an den Supermarkt.

Durch die Schaufensterscheibe verfolgt die Kamera Frau Magda Zilinski,
die einen Einkaufskarren mit Lebensmitteln vollpackt.

Dann Schnitt ins Ladeninnere auf Magda Zilinski in der Feinkostabteilung
am Ende ihrer anbeorderten Reklamation.

> Magda Zilinski
> Nein, tut mir leid. Nein, diese Pastete hat überhaupt
> keinen Trüffelgeschmack, nein, hat sie nicht, tut mir
> leid. *(Zu sonstwem:)* Guten Morgen.

> Jutta Rosenlöcher *(off)*
> Guten Morgen, Frau Zilinski.

Magda fährt herum. Hinter ihr steht Jutta Rosenlöcher, gleichfalls mit voll-
gepacktem Einkaufskarren.

> Magda
> Ach, guten Morgen, Frau Rosenlöcher.

Jutta
Auch schon unterwegs? Wie geht's?

Magda
Ach, miserabel, Frau Rosenlöcher, ich habe die ganze Nacht kein Auge zugetan. Sie kennen doch diesen Jakob aus dem 19. Stock?

Jutta
Naja, flüchtig, wieso denn? Ist was mit ihm?

Magda
Nun ja, er war doch tot, stellen Sie sich das vor: richtig tot, und nun lebt er wieder.

Jutta
Mein Gott. Heute nacht?

Magda
Nein, nein – ist schon was her.

Magda und Jutta halten ihren Schwatz mitten im Kundenstrom, den sie mit ihren Karren behindern. Umgekehrt werden sie permanent durch die vorbeiflutende Kundschaft und deren Karren im Gespräch gestört.

Unter den Kunden befinden sich diverse Einwohner des Hochhauses C, unter anderen Ekkehard Pape, Esteban der Chilene, Rudi Jacke (mit einem Pflaster auf der Stirn) und Ralf Paschke. Die meisten grüßen.

Die Kamera kreist um Magda und Jutta als ihren Mittelpunkt und zeigt auch viel von dem gut sortierten Supermarkt dieser gehobenen Mittelklasse.

Magda
Aber so ein junger Mensch: und dann plötzlich doch nicht tot und wieder zurück – ist das nicht fürchterlich?

Jutta
Mein Gott, ja: das erklärt ja so manches. Gestern, zum Beispiel, spät abends, da hat er bei mir geklingelt und einfach gebettelt.

Magda
Sehen Sie. Um Geld?

Jutta
Nein, ein Glas Wasser. Hat er behauptet!

Magda
Und mit sowas wohnt man nun unter einem Dach.

Jutta
Ich hab ihm natürlich nichts gegeben. Aber wie er da so durstig hinter der geschloßnen Tür stand: ich hab richtig Angst bekommen ...

Magda
Ich hab die ganze Nacht kein Auge zugetan.

Jutta
Mein Gott. Und von solchen Leuten soll nun mein Mann gewählt werden!

Magda
Ach was! Solche wählen doch Ihren Mann gar nicht erst.

Jutta
Na, hören Sie mal!

Schnitt auf

66. Hobby-Raum im Hochhaus   Innen / Nacht

Die Kamera verfolgt den Hausmeister Gutekunst, wie er durch einen weißgetünchten Kellergang auf eine Tür zugeht, die mit der Aufschrift HOBBY-RAUM gekennzeichnet ist. Ein kleineres, ausführlicheres Schild ist mit dem Wort ÖFFNUNGSZEITEN überschrieben.

Gutekunst öffnet die Tür zu dem recht großen, aber fast leeren Raum, dessen fehlendes Tageslicht durch viele Neonröhren ersetzt wird.

Im Hobby-Raum ist Brigitte Zilinski an einer Töpferscheibe mit der Fabrikation einer Tonvase beschäftigt, Astrid Gleitzsch mit einer Laubsägearbeit. Ein paar andere Frauen sowie Ralf Paschke und ein älterer Mann töpfern gleichfalls oder malen, basteln, modellieren.

Wenn Gutekunst die Tür öffnet, unterbrechen alle und schauen ihn in devot lächelnder Erwartung an.

> Gutekunst
> Guten Abend.

> Alle
> Guten Abend, Herr Gutekunst.

> Gutekunst
> Ich wollte nur eben die Neonröhren kontrollieren. Ob die noch alle ganz sind.

> Astrid (vorlaut)
> Ja, hier war er noch nicht.

Gutekunst, Astrid und Brigitte feixen hämisch und wie Verschworene.

> Gutekunst
> Alles klar. Weitermachen.

Gutekunst geht hinaus und schließt die Tür.

Die Kamera bleibt im Raum und konzentriert sich auf Brigitte und Astrid.

> Brigitte
> An und für sich ist mir dieser Mensch ja völlig gleichgültig.

> Astrid
> Mir auch. Eher unsympathisch.

> Brigitte
> Ach ja, Sie haben sich ja neulich vor dem Hause so lange mit ihm unterhalten. Also, das einzige, was mich an ihm interessieren könnte: ob er sich an irgendwas erinnert ... Ich meine, als er sozusagen klinisch ... also definitiv ...

>   Astrid
>   Das glaube ich kaum. Aus ist aus, da geh ich jede Wette ein. Sie meinen doch, ob es hinterher noch irgendwas ...
>
>   Brigitte
>   Ja, bei uns wird nächstens Dr. Engelhard zu diesem Thema einen Vortrag halten, in Anwesenheit des Opfers und mit anschließender Aussprache. Da dürften dann wohl die Fetzen fliegen ...
>
>   Astrid
>   Oh, das würde mich ... Gibt es da Eintrittskarten?
>
>   Brigitte
>   Um Gottes Willen, in allerengstem Kreise natürlich, streng rotarisch. Also, höchstens als Gast, ich könnte mich ja für Sie verwenden ...
>
>   Astrid
>   Oh, das wäre prima. Allerdings, mein Standpunkt steht fest, ja? Aus ist aus. Oder?

Schnitt auf

67. Sauna des Hochhauses   Innen / Tag oder Nacht

Im Dampfraum sitzen oder liegen Mitglieder der Wohngemeinschaft sowie Lutz Schleginsky und einige andere Männer und Frauen, darunter auch Ralf Paschke.

Langes Schweigen.

>   Lutz
>   Also, diese Zeitverschiebung – die will mir diesmal überhaupt nicht aus den Knochen.

Schweigen.

>
> Bettina
> Dieser neue Jakob, ja? Der soll schon mal ziemlich lange weg gewesen sein, also echt weg. Kurz bevor er hier einzog.
>
> Lutz
> Na und? Bei uns in Asien ist das normal. Von den Buddhisten lebt sowieso jeder mehrere Male.

Schweigen.

> O Gott.

Keiner reagiert.

> Ich stell mir grade vor, er hat vor mir genau auf diesem Platz hier gesessen ... Ich meine, das ist schon irgendwie komisch, oder? Ich meine, rein hygienisch ...

Lutz erhebt sich und wechselt den Platz.

> Besser ist besser. Ich ekle mich immer so leicht.
>
> Bettina
> Mich regt das eher sozialpsychologisch auf. Wie neulich das ganze Haus ihn observiert hat, als er seine Klamotten hochschleppte, und keiner half ihm, das muß schon irre sein, ich meine das feeling, wenn man so frisch vom Totenbett ...

Ein Ehepaar verläßt die Sauna.

> Wir haben ihm wenigstens was zu essen angeboten, als Resozialisierungsbeitrag, hat er natürlich abgelehnt, aber wie, du: noch unwahrscheinlich astral, aber echt ...

Schweigen.

> Peter
> Ich finde das unheimlich toll, was die Bettina da grade gesagt hat. Das provokative Element liegt jetzt sowieso in der angesagten Resozialisierungsarbeit, aber seine-seine-seine ... sein total beschissener Antifeminismus

ausgerechnet Bettina gegenüber ist allenfalls traumatisch zu sanktionieren, durch sein Schockerlebnis, aber echt.

Schweigen.

Klaus
Du meinst, er hätte Bettinas Körner annehmen müssen.

Andreas
Nee, das finde ich nicht. Aber irgendwie seine Resoziabilität eingestehen, wenigstens, als integralen Defekt, irgendwie, oder-oder-oder, nee ehrlich.

Schweigen.

Bettina
Ich finde das unheimlich doof, was ihr da sagt. Also, den Löffel weglegen und ihn dann einfach wieder in die Hand nehmen, das finde ich einfach toll, nee ehrlich, nicht bloß medizinisch, auch menschlich, das schnallt ihr überhaupt nicht, was der Typ für Ängste haben muß, aber echt.

Eine Frau verläßt die Sauna. Schweigen.

Peter
Was die Bettina grade gesagt hat ... also, das finde ich unheimlich schön, nee ehrlich. Sowas kann bloß ne Frau sagen.

Schweigen.

Lutz
O Gott. –

Keiner reagiert.

Ich glaube, hier drin kriege ich noch mehr Pickel statt

weniger. – Tatsächlich. – Kein Wunder, bei diesem Gesprächsthema.

> Bettina
> Ich geh jetzt raus.

Bettina verläßt die Sauna. Sofort folgen ihr Peter, dann auch Andreas und Klaus.

> Eine Frau (aggressiv)
> Tür zu!

Schnitt auf

68. Wohnungstür Gutekunst   Innen / Tag

Klingelknopf mit Gutekunsts Namensschild. Daneben noch viele ordentlich arrangierte Schilder, die über seine Position als Hausmeister, über seine Sprechstundenzeiten, über Notfälle in seiner Abwesenheit sowie über seine Bürostunden als Gewerkschaftsfunktionär Aufschluß geben. Ein improvisierter handgeschriebener Zettel verkündet lapidar: "HEUTE KEINE SPRECHSTUNDE. GEM. § 24 D. HO".

Jakobs Hand betätigt den Klingelknopf.

Bald wird von einem kleinen Mädchen die Tür geöffnet. Es ist etwa sechs Jahre alt, hält eine angebissene Marmeladenstulle in der Hand, kaut und ist ziemlich altklug.

> Jakob
> Guten Morgen, Carmen. Ist der Pappa da?
>
> Carmen
> Die Sprechstunde fällt heute aus.
>
> Jakob
> Du weißt aber wieder mal gut Bescheid.

Im folgenden versammeln sich hinter Carmen noch viele andere kleinere und größere Kinder, offenbar auch Spielkameraden von Gutekunsts vielköpfiger Kinderschar, alle mit angebissenen Marmeladenstullen in der Hand.

> Jakob
> Ist denn der Pappa zu Hause?
>
> Carmen
> Die Sprechstunde fällt heute aus.
>
> Jakob
> Möchtest du ein Himbeerbonbon?
>
> Carmen
> Ja, aber schnell.

Jakob sucht in seiner Tasche, hält Carmen dann die Bonbontüte hin. Sie nimmt aber nichts.

> Jakob
> Hier, nimm.
>
> Carmen
> Nee, von Toten nehm ich nix.

Jakob wendet sich an die andern Kinder.

> Jakob (lachend)
> Und ihr? Ihr nehmt doch sicher ein Himbeerbonbon?

Die Kinder starren ihn an, keines nimmt eins.

> Gutekunst (*off*, ruft)
> Carmen, mach die Tür zu und komm her.

Carmen schlägt Jakob die Tür vor der Nase zu.

Schnitt auf

69. Bar Innen / Nacht

Zwischen Schwimmbad und Dachrestaurant ist die Bar nachts am längsten geöffnet, aber trotz ihres Panorama-Ausblicks über das großstädtische Lichtermeer meist recht schlecht frequentiert.

Zur Zeit sitzen nur zwei Gäste an der Theke: Ekkehard Pape und Esteban der Chilene. Pape ist bereits ziemlich betrunken.

Raffaele, der italienische Barkeeper, spült Gläser, macht die Abrechnung, bereitet seinen Dienstschluß vor.

Ekkehard malträtiert seinen Bierdeckel.

Die Kamera konzentriert sich von der Totalen auf die beiden Gäste, dann lange nur auf Ekkehard, bisweilen auch auf den sehr introvertierten Esteban.

Ekkehard Pape (nach langer Pause)
– Du hast doch alles verstanden, oder? Ich meine, so viel Deutsch kannst du doch, oder?

Esteban
Und wie.

Ekkehard
Ist auch egal. Wie die geheult hat, du, das war –

Raffaele
Wollen die Erren noch was trinken, wir machen sonste Feierabende.

Ekkehard
Noch 'n Bier.

Raffaele
Und Sie?

Esteban (über seiner Neige Coca-Cola)
Schon voll.

Ekkehard
Nee, paß auf. Wie die geheult hat, das war wie eine Erlösung, du. Egal. Das hat bisher noch keiner geschafft, in acht Jahren nicht. Harte Frau, du, verstehst du? Cool. Cool bis sonstwohin. Knallhart. Hat auch Erfolg, muß der Neid ihr lassen. Eigentlich bin ich Dramaturg, verstehst du? Nee, gibt es nicht in Chile, ist auch besser so. Läßt sich ja doch keiner was sagen, na egal. Und dann acht Jahre Wiebke, verstehst du? Toll. Ich sage dir: toll. Harte Frau. Harte Zeit. Knallhart. Eiskalt. Viel zu gutmütig, natürlich: schwach – schwach. Mein Vater zum Beispiel – hab ich nie gesehen, russische Gefangenschaft, Typhus, aus. Das weiß man in Chile nicht, was der Zweite Weltkrieg war.

Esteban
Eintausendneunhundertneununddreißig, eintausendneunhundertfünfundvierzig.

Ekkehard
Geschenkt. Was das bedeutet hat, für jeden einzelnen: böhmische Dörfer in Chile. Aber Wiebke? Keine Probleme. Immer Erfolg. Erfolg, verstehst du? Nee, is auch egal. Das absolute Zauberwort in dieser Gesellschaft. Sesamstreet-öffne-dich. Und dann plötzlich sowas. Geheult wie ein Wolkenbruch. Mußte verstehn: mitten in dieser Aktion, Aktion verstehst du doch? Wiebke die Tolle, Wiebke die Einfallsreiche, Kindergeld für die Kinderlosen, einfach toll. Super.

Raffaele
Eine Bier, bitteschönn.

Ekkehard
Ja los, stell hin.

Der Barkeeper stellt ein Bier vor Ekkehard, wechselt den Aschenbecher.

Im folgenden beginnt er, die Stühle auf die Tische zu stellen. Die Kamera folgt ihm, verliert den weitersprechenden Ekkehard zeitweise aus dem Auge, berücksichtigt aber das Außenpanorama.

> Ekkehard (teils *on*, teils *off*)
> Also ... Alle haben Schiß vor Wiebke, verstehst du, machen sich in die Hosen vor Wiebke: Rudi Augstein, Henri Nannen, alle, ich auch, klar, acht Jahre lang, ist auch egal – und jetzt plötzlich sowas, letztendlich. Zweitausend Unterschriften, dreitausend Unterschriften, jeder macht mit, ganz toll, bis plötzlich dieser Typ, noch halbtot, aber eine power, du ... mußt du dir mal vorstellen, ein Toter: aus, Schluß, finito – aber steht wieder auf, April-April, kauft sich ein paar riesige Gummibäume, und Wiebke die Tolle, die absolut Einmalige, die ganz und gar Unwiderstehliche – bringt dem Mann einen läppischen Fragebogen, und zack: ein totaler break down, Heulkrämpfe wie die Sintflut, Fieber, Bettruhe, eine Erlösung, letztendlich. Jedenfalls für mich. Muß man erst mal schaffen. Hut ab vor dem Toten, ein Lebenskünstler. Verstehst du nicht, oder? Böhmische Dörfer, egal. In Chile habt ihr andre Probleme, oder? Hört nicht zu. In Chile, Junge. Probleme!
>
> Esteban
> Ja. Es geht.
>
> Ekkehard
> Is auch egal, oder?

Schnitt auf

70. See-Ufer   Außen / Tag

Durch die Optik eines Feldstechers sieht man Jakob, wie er durch üppige Busch- und Wiesenlandschaft schnellen Schrittes auf einen idyllisch im frühen Morgenlicht daliegenden See zuschreitet. An jeder Hand führt er angeleint ein ganzes Rudel freudig erregter Hunde.

Zuerst sind Jakob und Hunde nur unscharf zu sehen, dann wird offenbar am Feldstecher gedreht, und man sieht sie besser, aber noch immer unscharf.

>Henriëtte Spörhase (*off*)
>"Ein Bruder der Schakale ist er geworden und ein Genoß der Strauße."

Der Feldstecher wird von den Augen genommen.

Schnitt auf

71. Wohnung Spörhase   Innen / Tag

Henriëtte putzt mit einem Läppchen die Gläser des Feldstechers.

>Henriëtte
>"Das Geschick der Menschenkinder ist gleich dem Geschick des Tieres ...

Sie hebt den Feldstecher wieder an die Augen.

>... Ein Geschick haben sie beide ...

Sie blickt durchs Fenster hinaus.

>...Der Mensch hat vor dem Tier keinen Vorzug."

Schnitt auf

72. See-Ufer   Außen / Tag

Durch das scharfsichtig gewordene Fernglas sieht man, daß Jakob sich inzwischen nackt ausgezogen hat. Er läßt die Hunde von der Leine.

Jakob und Hunde stürzen sich Hals über Kopf in den See und spielen im Wasser miteinander.

>Henriëtte (*off*)
>"Schönheit und Anmut erlaben das Auge."

Zoom.

Schnitt auf

73. Wohnung Gutekunst   Innen / Tag

Hausmeister Gutekunst sitzt an seinem Schreibtisch unter dem Bild eines prominenten Gewerkschaftsfunktionärs, das zwischen vielen Kinderbildern hängt.

Ihm gegenüber, zunächst noch unsichtbar, sitzt Jakob.

Zunächst also nur Gutekunst, groß.

>Gutekunst
>So, Herr Jakob, das wären die Personalien. Käme Punkt zwei der Tagsordnung. Ach nee, bei Ihnen muß man ja auch die Todesursache angeben. Was war noch mal schnell die Todesursache?

>Jakob (*off*)
>Herzstillstand.

>Gutekunst (nach einer Pause)
>– Herzversagen, gut.

Gutekunst notiert.

>Jakob (*off*)
>Nein, Stillstand.

Schnitt auf Jakob, groß.

Jakob (*on*)
Versagen klingt so geringschätzig: "Versagen". Dabei ...

Gutekunst (*off*)
Herzstillstand ist zu lang. Das geht hier nicht rein.

Schnitt auf das Detail eines Fragebogens und auf Gutekunsts Hand, die mit einem Filzstift die für die betreffende Antwort vorgesehenen Buchstabenfelder abzählt, und zwar mehrfach.

Jakob (*off*)
Dann machen Sie hier ein Kreuzchen, und schreiben Sie HERZSTILLSTAND an den Rand.

Schnitt auf Gutekunst.

Gutekunst
Das ist verboten, das nimmt der Computer nicht an.

Jakob (*off*)
Und ein Zettelchen anheften? Hier ist 'ne Büroklammer.

Jakob hält Gutekunst eine Büroklammer hin.

Gutekunst
Um Gottes Willen, das spuckt er sofort wieder aus. Da krieg ich Ärger.

Gutekunst zählt wieder die Buchstabenfelder.

Jakob (*off*)
Aber falsche Angaben, die spuckt er nicht wieder aus?

Gutekunst
Weiß ich nicht. Weiß er ja nicht.

Jakob (*off, lachend*)
Dann schreiben Sie irgendwas, mir ist es völlig egal. Hauptsache er spuckt nichts aus.

Schnitt auf Fragebogen und Gutekunsts Hand: sie schreibt HERZVERSAGEN hin.

Gutekunst (*off*)
Das input muß einwandfrei sein, sonst krieg ich Ärger mit der Hausverwaltung, deshalb. Sie haben übrigens Glück:

Schnitt auf beide Männer, Totale.

Gutekunst (*on*)
Wiederbelebte zählen vor dem Gesetzgeber als vollgültig lebende Personen, ich habe mich extra erkundigt.

Kinderstimme (*off*)
Pappa! Der Helmut hat mir 'n Vogel gezeigt.

Gutekunst
Dann zeig ihm auch einen. Laß dir nichts gefallen.

Gutekunst hält eine Liste hoch.

So, Herr Jakob: zweitens. Die Verstöße, die Sie sich hier schon in den ersten zehn Tagen haben zuschulden kommen lassen. – Hören Sie?

Jakob
Ja. Warum nicht?

Gutekunst
Alles klar. Ich lese mal vor:

Großaufnahme Gutekunst.

Erstens: Ungesetzliche Nutzung des Fahrstuhls zu Umzugszwecken während unvorschriftsmäßiger Uhrzeit. Siehe HO.

Jakob (*off*)
Wieso HO?

Gutekunst
HO heißt HAUSORDNUNG, die Abkürzung ist üblich und genehmigt.

Zweitens: Stundenlanges Parken Ihres Fahrzeugs zu Umzugszwecken im Halteverbot vor dem Hauseingang.

> Jakob (*off*)
> Ach, sind Sie von der Polizei?
>
> Gutekunst
> Nein, das gebe ich weiter an die Polizei. Drittens: Mutwillige Zerstörung von Beleuchtungskörpern im Hauseingang, im Fahrstuhl, im Treppenhaus, im Flur 19. Stock und im Swimming-Pool. Siehe HO, Ziffer römisch Sieben Strich fünf. Sagten Sie was?
>
> Jakob (*off*)
> Nein.
>
> Gutekunst
> Viertens: Verdacht auf Vortäuschung einer andern Person. Dem Vermieter war nicht bekannt, daß Sie Ihr eigner Zwillingsbruder sind.

Gutekunst blickt fragend zu Jakob.

Schnitt auf Jakob, groß.

> Jakob
> (schweigt.)

Als Gutekunst weiterliest, beginnt Jakobs Blick umherzuwandern. Die Kamera zeigt, was er sieht:

Der Raum ist ein Bastard aus Büro und Guter Stube: voller Zierkissen, Sporttrophäen, Vereinswimpel, eingerahmter pseudo-humoriger Kalendersprüche, Aktenböcke, Rollschränke, Leitzordner *et cetera*, ferner etliche Monitore für die Übertragung von den diversen Hauskameras.

Die Tür zum Nebenraum steht offen: Küche oder Kinderzimmer mit spielenden Kindern im Hintergrund. Ein *circa* dreijähriges Kind steht marmeladenverschmiert in der Tür und flirtet mit Jakob, der den Flirt erwidert (Gegenschnitte).

> Gutekunst (*off*, während alldessen)
> Fünftens: Begünstigung der haustypischen Kriminalität durch hartnäckiges Offenlassen der Wohnungstür trotz

schriftlicher Hinweise auf die Einbruchsstatistik in diesem Hause. – Warum machen Sie das eigentlich?

Jakob (*off*)
Damit die Katzen rein und raus können.

Gutekunst (*off*)
Sechstens: Unerlaubtes Halten von Haustieren ohne Genehmigung, siehe HO Ziffer römisch Drei Strich fünfzehn.

Siebtens: Diebstahl eines Staubsaugers des Mieters Rudolf Jacke.

Achtens: Verspäteter Antrittsbesuch beim geschäftsführenden Hausmeister Bernhard Gutekunst, siehe HO Ziffer römisch Fünfzehn Strich neun.

So. – Was haben Sie als Angesprochener hierzu zu sagen?

Jakob
Eigentlich nichts.

Gutekunst
Sie geben also diese Verfehlungen zu?

Jakob
Keineswegs. Aber ich finde das alles so unwichtig – blöde und langweilig. Weiter.

Ein wütendes Kind kommt hereingerannt.

Das Kind
Pappa, die Anja hat mir meinen Radiergummi weggenommen.

Gutekunst
Dann nimm ihr auch was weg. Laß dir nichts gefallen.

Das Kind will tatendurstig hinausgehen.

Jakob (zum Kinde)
Guck mal, hier.

Das Kind bleibt stehen.

> Das ist auch ein Radiergummi, der ist schon über zehn Jahre alt. Willst du den haben?

Das Kind nickt.

> Hier, ich schenk ihn dir.

Das Kind rührt sich nicht.

> Dann kannst du der Anja deinen schenken.

Andere Kinder sind gefolgt. Alle starren Jakob an.

> Das Kind
> Pappa, ich hab Angst vor dem Mann.
>
> Gutekunst
> Ja, dann geh jetzt raus. Der Pappa hat Sprechstunde.

Jakob steckt dem Kind den Radiergummi in die Tasche. Das Kind lächelt Jakob an, rennt dann mit den andern hinaus.

> Gutekunst
> So, Herr Jakob, ich hab das mal alles zusammengerechnet – also, die gesetzlichen Strafgebühren – , und dabei schon berücksichtigt, daß Sie ein sozialer Fall sind, irgendwie.
>
> Jakob
> Na, wer ist das nicht?
>
> Gutekunst
> Eben.

Jakob nimmt von Gutekunsts Schreibtisch einen Zettel und einen Kugelschreiber.

> Gutekunst
> Macht alles zusammen 543, 16 DM. In bar.
>
> Jakob
> Wieviel, sagen Sie?

Gutekunst reicht Jakob den Zettel mit seiner Rechnung.

>Gutekunst
>543 Mark, 16. Das ist tariflich.

Jakob schreibt etwas auf seinen Zettel

>Jakob
>Na, das ist aber ein Zufall. Das ist genau der Betrag, den Sie mir schuldig sind: 543 Mark, 16. Aber in Naturalien.

Jakob reicht Gutekunst den Zettel mit seiner Rechnung.

>Gutekunst
>Ich Ihnen, wieso?

>Jakob
>Na, für das Beantworten Ihrer Computerfragen, vorhin. Computerfragen beantworte ich grundsätzlich nur gegen Gebühren, das ist gesetzlich. Gebührenordnung Ziffer Sechzehn Berta. Herr Gutekunst, ich habe den Eindruck, Sie kennen sich mit den neuen gewerkschaftlichen Bestimmungen zur Rettung von Arbeitsplätzen vor Computern nicht gerade gut aus. Hm?

>Gutekunst
>Doch, natürlich. Aber diese Rechnung, meine ... also, ich meine, die ist ja nun mal drin im Computer, die krieg ich doch nicht wieder raus. ...

>Jakob
>Tun Sie doch meine dazu. Also, wenn Ihr Computer dann keinen Kontoausgleich zuwege bringt, sollten Sie ihn sowieso gleich verschrotten lassen.

Die Kinder rücken wieder an: alle ganz auf Jakob fixiert. Es sind jetzt noch mehr.

>Gutekunst (herrscht die Kinder an)
>Ihr sollt hier rausgehen, verdammt nochmal! Wenn ihr jetzt nicht sofort rausgeht, kommt die Mama wieder.

Als Gutekunst aufspringt, um sie zu verscheuchen, weichen sie unter seinen Drohungen zurück.

>Raus, raus, sonst setzt es was!

>Jakob
>Sie sind nervös.

Jakob erhebt sich.

>Gutekunst
>Na, haben Sie mal sechs Kinder ohne Frau!

Gutekunst läuft nervös im Zimmer herum.

>Gutekunst
>Und alle wollen dauernd was wissen, alle wollen beschäftigt werden, alle haben Probleme. Wollen essen, wollen trinken, wollen aufs Klo.

Jakob geht ruhig in den Nebenraum zu den Kindern. Er betrachtet sie, streichelt einige, beschäftigt sich mit ihnen, nimmt ein Kleines auf den Arm *et cetera*.

Gutekunst folgt ihm, läuft zwischen den verschreckten Kindern herum.

>Gutekunst (währenddessen, teils *on*, teils *off*)
>Alle brauchen Kleider, brauchen Spielzeug, brauchen Erziehung, Schulbildung, Berufsausbildung ... Und alles von mir! Für alles muß ich sorgen. Immer nur ich, ich, ich! Und da fallen Sie nun plötzlich vom Himmel und verlangen eine Revolution gegen den Computer. Der Computer ist mein Arbeitgeber, mein Brötchengeber, er hat mich in der Hand, ich bin abhängig von ihm, total abhängig. Lassen Sie meine Kinder in Ruhe!

>Jakob (zu den Kindern)
>Wollt ihr mal einen kleinen Ausflug mit mir machen? Sagen wir mal – an die Nordsee, wie wär's?

>Gutekunst (*off*)
>Kommt gar nicht in Frage.

Jakob
Ich hab ein ganz großes Auto, da paßt ihr alle rein, ich nehme auch meine Hunde mit, auch die Katzen, falls die das mögen, und dann fahren wir alle zusammen ans Meer: baden, im Sand spielen, würdest du mitkommen, Carmen?

Carmen
Nein, ich hab Angst vor dir.

Jakob (fragt die andern Kinder, einzeln)
Gut. Und du? Du? Du?

Die Kinder (nach der Reihe, jedes)
Nein. – Nein. – Ich habe Angst. – Ja. – Nein. – Ja. – Ja. – Ja. – Nein. – Ja. – Ja. – Ich habe Angst vor den Hunden.

Gutekunst (zwischendurch)
Haben Sie überhaupt eine Insassenversicherung?

Die Kinder (noch)
Ja. – Wenn der Pappa mitfährt. – Ja. ...

Gutekunst (*off*)
Moment mal, Herr Jakob. Und Ihre ...

Schnitt auf Gutekunst.

Gutekunst (*on*)
Darf ich Sie nochmal ins Büro bitten ...

Jakob
Aber gern.

Gutekunst läßt Jakob den Vortritt, beide gehen ins "Büro".

Jakob
Also, Kinder, nächste Woche, wenn das Wetter gut ist, alles klar?

Die Kinder (schreien)
Ja, alles klar!

Bei den Kindern setzt sich jetzt große aufgeregte Unruhe fort.

> Gutekunst
> Genau wie Ihr Bruder, ganz genau ...
>
> Jakob (lacht.)

Gutekunst schließt die Tür, bietet Jakob einen Platz auf dem Sofa an, setzt sich selbst daneben.

> Gutekunst
> Um ganz ehrlich zu sein, Herr Jakob ... einen freien Tag, ohne Kinder ... Sie haben richtig bemerkt, ich bin gewerkschaftlich nicht mehr ganz ... und ich brauch die Gewerkschaft, schon finanziell – haben Sie mal sechs Kinder ohne Nebentätigkeiten, was es auch sei, ich bin da durchaus ansprechbar – bloß: ich meine ... bei so einem Ausflug, unterwegs ... ob Sie da nicht auf einmal wieder ... zum Beispiel am Steuer ... Ich meine, vielleicht ist das ja so eine Veranlagung von Ihnen, erblich? Oder ansteckend? Grade bei Kindern ...
>
> Jakob
> Ich verstehe Sie nicht.
>
> Gutekunst
> Die Leute hier im Hause ... obwohl sich Ihr Leumund in den letzten Tagen durchaus verbessert hat, doch-doch ... die Stimmung im Hause ist jetzt ganz positiv für Sie, schon aus Piëtät, Sie verstehen, ich habe da Umfrage-Ergebnisse ... trotzdem haben manche Angst, daß sich das mit Ihnen wiederholt: und dann hier bei uns im Hause ...
>
> Jakob
> Was?
>
> Gutekunst
> Nunja, diese ... wie nennt man das? Rein medizinisch ... Das möchte niemand ...

Jakob
Was haben Sie vorhin von meinem Bruder gesagt? – Mochten Sie ihn?

Gutekunst
Mein Gott, natürlich: wie alle meine Mieter.

Jakob
War er ein guter Mieter? – Ob er ein guter Mieter war?

Gutekunst
Ja. Schon.

Jakob
Was meinen Sie, wo er geblieben ist?

Gutekunst
Wie soll ich das wissen. Sie sind sein Bruder.

Jakob
Und könnte sein Verschwinden was mit den Vorgängen in diesem Hause zu tun haben? Mit dem Leben in diesem Hause?

Gutekunst
Das halte ich für ausgeschlossen. Aber das sollten Sie lieber Dr. Engelhard fragen, bei dem saß er doch dauernd in der Sprechstunde – nicht bei mir! Ich bin gut zurecht gekommen mit ihm. Ich bin ja nicht Psychiater, ich bin Hausmeister. Ich könnte Ihnen Videofilme zeigen, von Ihrem Bruder und mir, als Beweis: alles okay. Ich weiß nix.

Jakob
Und Ihr Computer? Weiß der auch nix?

Gutekunst
Weiß ich doch nicht. – Ohne input kein output, oder? – Doch, Moment mal: der weiß, daß Herr Jacke, der Lottokönig vom 4. Stock, daß der immer die Wohnung von Ihrem Bruder haben wollte – also, als sie so lange leer-

> stand. Der hat mir ganz nette Summen geboten, Herr
> Jakob, bloß daß ich ihm mal die Wohnung aufschließe,
> für seine Weibergeschichten. Aber Granit, Herr Jakob,
> und wenn ich achtzehn Kinder hätte. Also, wenn man-
> che verreisen, da gieße ich ja gern mal die Blumen –
> Ihr Bruder wollte das nicht: egal – , manchen besorge
> ich auch die Genehmigung für die Tierhaltung, bitte,
> das ist keine Anspielung, Herr Jakob, das kann jeder
> halten, wie er will, – aber in solchen Sachen, da bin ich
> durchaus ansprechbar, haben Sie mal sechs Kinder oh-
> ne Frau. Aber fremde Wohnungen zwischenverleihen,
> sowas mach ich ungern, Herr Jakob, nur sehr, sehr un-
> gern ...

Jakob holt einen Scheck aus seiner Brieftasche und füllt ihn aus.

> Kinderstimme (*off*, plärrt, heult.)

Gutekunst steht auf, geht zur Tür, öffnet sie und schreit ins Nebenzimmer.

> Gutekunst
> Ruhe, Ramona! Wenn du jetzt nicht gleich still bist,
> darfst du nicht mit ans Meer!

Das Kind hört auf zu heulen.

Gutekunst schließt die Tür zu den Kindern, wendet sich an Jakob.

> Gutekunst
> Ja, Herr Jakob, sonst ...

Jakob steht auf.

> Jakob
> Ja, ich gehe. Hier – das ist für Sie.

Er reicht Gutekunst einen unterschriebenen Blankoscheck.

> Gutekunst
> Tut mir leid. Trinkgelder darf ich nicht annehmen: das
> ist gesetzlich.

> Jakob
> Das ist auch kein Trinkgeld, das ist ein Blankoscheck.

Schnitt auf den Blankoscheck in Jakobs Hand.

> Gutekunst (*off*)
> Wieso denn, wofür ...
>
> Jakob (*off*)
> Für die weiteren Neonröhren, die ich abknallen werde. Bis alle weg sind.

Gutekunsts gierige Hand nähert sich tastend dem Scheck.

> Jakob (*off*)
> Und für die Umstellung der gesamten Hausbeleuchtung auf andere Beleuchtungskörper. Nun nehmen Sie schon.

Gutekunsts Hand ergreift den Scheck.

> Jakob (*off*)
> Auch alle Drohungen, Mahnungen et cetera sollen damit abgegolten werden. Verschonen Sie mich damit.

Aufziehen auf Gutekunsts fassungsloses Gesicht, das wechselnd auf den Scheck und auf Jakob starrt.

> Jakob (*off*)
> Ich mache hier, was ich will, und Sie tolerieren es. Einverstanden?
>
> Gutekunst
> Ja, aber ein Blankoscheck ... Was ich damit alles machen kann ...
>
> Jakob
> Ich weiß es:

Aufziehen, so daß beide im Bild sind.

> nie wieder vom Blumengießen sprechen oder von Tiergenehmigungen oder sogenannten Strafgebühren oder

sonstigen Erpressungen, Bestechungen und Korruptionsversuchen.

Gutekunst
Ich müßte Sie jetzt rausschmeißen.

Jakob
Mit einem Blankoscheck in der Hand? Sie haben doch Angst vor finanziellen Sorgen. Ich nicht. Und nun brauchen Sie sie auch nicht mehr zu haben.

Gutekunst
Aber ist denn der Scheck auch ... ich denke, Sie sind kaufmännischer Angestellter ohne festes Einkommen ... Wie ...

Jakob
Richtig, ich habe meine Lebensversicherung verkauft. Unter Verlusten natürlich, wir leben unter Verbrechern. Aber eine Lebensversicherung, sowas braucht man wirklich nicht, das weiß ich jetzt. Auf Wiedersehen.

Jakob geht zum Kinderzimmer.

Gutekunst
Und wenn das Geld alle ist, ich meine ...

Jakob bleibt stehen.

Jakob
Keine Angst. Dann gründe ich eine Firma für Computerverschrottung und Aktenvernichtung.

Jakob öffnet die Tür zum Kinderzimmer, geht hinein. Gutekunst folgt ihm.

Jakob (zu den Kindern)
Wer ein Katapult hat, der sollte es mitnehmen an die Nordsee. Für die andern machen wir welche unterwegs. Also, bis nächste Woche, tschüs.

Die Kinder (*off* oder *on*)
Tschühüs!

Jakob verläßt die Wohnung, Gutekunst starrt auf den Blankoscheck.

Schnitt auf den Blankoscheck mit mehrfacher Überblendung der eingetragenen Geldbeträge, die immer höher werden, bis ins Astronomische gesteigert.

Schnitt auf

74. Jakobs Wohnung   Innen / Tag oder Nacht

Jakob sitzt nackt im Lotossitz auf dem Fußboden. Seine Augen sind geschlossen. Er atmet tief und regelmäßig. Lange Einstellung.

Eine Katze geht durchs Bild.

Dann Schnitt auf

75. Wartezimmer Praxis Dr. Engelhard   Innen / Tag

Großaufnahme: eingerahmter Trostspruch "AUCH IHR MÜSST GEDULD HABEN. Jak. 5, 7-8".

Dann Aufziehen auf die geduldig und schweigend wartenden Patienten, darunter Rudi Jacke, Frau Spörhase, Jutta Rosenlöcher, Ralf Paschke und Brigitte Zilinski.

Hüsteln, Zeitschriftenblättern, Kreuzworträtsel, Stricknadeln.

    Claudia (*off,* durch den Lautsprecher)
    Nummer sechzehn bitte ins Sprechzimmer.

Eine Frau erhebt sich, streicht den Rock glatt, faßt sich ins Haar und geht ab durch die beschriftete Tür zum Sprechzimmer. Alle andern beobachten sie, bis sie weg ist.

Eine andere Tür geht auf: Jakob tritt von außen ein.

> Jakob
> Guten Morgen.

Keine Antwort (oder eine einzelne knappe). Rudi Jacke "macht sich unsichtbar", "übersieht" Jakob.

> Jakob
> Oh, Entschuldigung, mein alter Fehler: ich grüße immer zu leise. (Sehr laut:) Guten Morgen.

> Patienten (vielstimmig, mürrisch, murmelnd)
> Guten Morgen.

Jakob steht mitten im Wartezimmer, wendet sich an alle, im Kreis.

> Jakob (nach allen Seiten)
> Ich heiße Jakob. Jakob ist mein Name. Jakob.

Jakob setzt sich auf einen der wenigen freien Stühle.

Pause.

Jakob betrachtet die Gesichter der seelenkranken Patienten dieses Psychiaters.

Die Kamera zeigt diese betrachteten Gesichter.

> Jakob (*off*, nach einer Weile)
> Die alten Chinesen, also vor Urzeiten, nicht?, die bezahlten ihren Arzt immer nur, solange sie gesund blieben.

Nach und nach blicken die Patienten leicht amüsiert zu Jakob.

> Wenn sie krank wurden, kriegte er kein Geld mehr.

Schnitt auf Jakob.

> Jakob (*on*)
> Ich nehme an, die alten Chinesen waren fast immer alle gesund.

Einige Patienten lächeln.

Pause.

> Ach, Verzeihung, hat jemand von Ihnen vielleicht meinen Bruder gekannt? Er war ebenfalls Patient von Dr. Engelhard und muß auch oft stundenlang in diesem Wartezimmer gesessen haben. Er sah genau so aus wie ich. Kann sich jemand von Ihnen an ihn erinnern?

Die Kamera wandert über die Patientengesichter.

> Die Patienten (schweigen.)

> Jakob (wendet sich nacheinander an einzelne)
> Sie vielleicht? – Sie? – Und Sie? – Sie auch nicht? – Sie? ...

> Patienten (einzeln, nacheinander)
> Nein. – Leider nicht. – Tut mir leid. – Nicht, daß ich wüßte. – Ich habe gar kein Personengedächtnis. – (*et cetera*)

> Jakob (zu Frau Spörhase)
> Aber Sie?

> Henriëtte Spörhase
> (tut, als hätte sie ihn nicht gehört.)

> Jakob
> Sie, Frau Spörhase?

> Henriëtte Spörhase
> Bitte? Nein.

Claudia kommt herein.

> Claudia
> Frau Plakitte, kommen Sie schon mal mit?

Eine Patientin erhebt sich und verschwindet durch Claudias Tür.

Auch Rudi Jacke hat sich sofort erhoben, ist dicht an Claudia herangetreten und redet gedämpft auf sie ein.

> Rudi Jacke
> Bitte, Fräulein Claudia, ich muß Sie dringend sprechen, unter vier Augen, ich schwebe in Lebensgefahr, vertraulich ...
>
> Claudia (laut)
> Das müssen Sie alles dem Doktor sagen, Sie sind ja gleich dran.
>
> Rudi
> Nein, Fräulein Claudia, nur Sie ...

Claudia geht ab, Rudi setzt sich wieder.

Pause.

Kamera schwenkt durch den Raum, verharrt auf einem anderen eingerahmten Trostspruch an der Wand. "ES IST GUT, IN STILLE ZU HARREN AUF DIE HILFE DES HERRN. Klag. 3, 26".

> Jakob (*off*, nach einer Weile)
> Langweilig. Wir sollten uns ein bißchen die Zeit vertreiben – alle zusammen.
>
> Patienten
> (schweigen.)

Schnitt auf Jakob.

> Jakob (*on*)
> Wie wäre es, wenn jeder sein größtes Geheimnis erzählt? – Wer schon am längsten wartet, fängt an.
>
> Patienten
> (schweigen eisig.)

Alle blicken zu einer Patientin, die reglos vor sich hin starrt und schweigt.

> Jakob (*off*)
> Hm. Oder was jeder besonders erotisch findet.

Alle blicken zu Jakob. Schnitt auf Jakob.

Jakob (*on*)
Wer am kürzesten wartet, fängt an: also ich. Also, erotisch finde ich ... in höchstem Maße ... einen bestimmten Frauentyp – einen bestimmten Männertyp – junge Mädchen – junge Burschen – Kinder eigentlich alle – Tiere: die mit Fellen oder mit trockener glatter Haut, aber nur, wenn sie nicht zu klein sind – dann Bäume, na, überhaupt große Blattpflanzen, ist ja klar – außer Kakteen – aber große glatte Steine – feuchte Ackererde, so in Schollen – auch Sand – alle glatten Hölzer – Glasscheiben – Stahlrohre, Eisenplatten, aufgezogene Großfotos, Buchseiten, Korbmöbel, Kachelöfen, Badewannen, Sonnenlicht natürlich – Wasser – und je nach Stimmung manchmal fast alles. Manchmal finde ich überhaupt nichts unerotisch. – So, der nächste. Was finden Sie erotisch?

Jakobs Nachbar
Nichts.

Jakob (nacheinander)
Und Sie? – Sie? – Sie? – (*et cetera*)

Kamera zeigt einzelne Patientengesichter.

Patienten (nacheinander, einzeln)
Das ist meine Sache. – Ich bin verheiratet. – Das ist privat. – Ich bespreche das mit dem Doktor. – (*et cetera*)

Pause.

Zwischenschnitt auf einen weiteren gerahmten Trostspruch an der Wand: "NUTZT DIE ZEIT IN DER RECHTEN WEISE. Eph. 5, 16".

Jakob (*off*)
Oder jeder erzählt, was er heute nacht geträumt hat, ja, das finde ich sehr interessant. Wer fängt an? – Auch keiner. Gut. Dann erzähle ich Ihnen, was ich heute nacht geträumt habe. ...

Schnitt auf Jakob, groß.

Jakob läßt seinen Blick schweifen. Schnittsequenz auf die Gesichter von Frau Spörhase, Rudi Jacke, Brigitte Zilinski und Jutta Rosenlöcher.

> Jakob (*off*)
> Ich habe geträumt, wie mein Bruder – den Sie ja leider alle vergessen haben – wie er ...

Schnitt wieder auf Jakob, groß.

> Jakob (*on*)
> ... eines Abends nach Hause kam ... Ich glaube, von der Arbeit. Er betrat das Haus, also dieses Hochhaus hier, und da war gerade ...

Überblendung auf

76. Hauseingang (Vestibül)　　　　　　　　Innen / Nacht

Ton: Musikeinsatz.

Im Vestibül steht Gutekunst mit einem Wasserschlauch und spritzt quasi reinigungshalber den Fußboden.

> Jakob (*off*)
> Seltsamer Weise floß das Wasser aber nicht ab. Es stand schon knöchelhoch.

Jakob kommt und stapft durch das knöchelhohe Wasser. Er grüßt Gutekunst, der nicht antwortet, sondern mit dem Wasserstrahl auf Jakob zielt.

Jakob rettet sich in den Fahrstuhl.

Überblendung auf

77. Im Fahrstuhl   Innen / Nacht

Ton: Musik spielt weiter.

Jakob steht im Fahrstuhl, der auch bereits unter Wasser steht. Das Wasser steigt schnell und reicht Jakob bereits bis zum Bauch.

> Jakob (*off*)
> Auch im Fahrstuhl stieg das Wasser, und zwar so schnell, daß mein Bruder sich Hals über Kopf in Sicherheit bringen mußte.

Jakob drückt auf einen Knopf, der den Fahrstuhl zum Stehen bringt. Die Türen öffnen sich.

Überblendung zu

78. Flur / Wohnungstür Spörhase   Innen / Nacht

Ton: Musik spielt weiter

Jakob hastet durch einen Flur, in dem auch bereits wadenhohes Wasser steht.

> Jakob (*off*)
> Auch im Treppenhaus und in den Fluren stieg das Wasser mit angsterregender Geschwindigkeit. Mein Bruder wollte sich in die nächstbeste Wohnung retten

Jakob bleibt vor einer Wohnungstür stehen und klingelt Sturm.

Frau Spörhase öffnet, läßt ihn eintreten und schließt die Wohnungstür.

Schnitt auf

79. Wohnung Spörhase   Innen / Nacht

Ton: Musik spielt weiter.

In der Wohnung Spörhase steht Jakob auf einem dicken roten Teppich. Er ist ganz trocken.

> Jakob (*on*)
> Hier ist es trocken. Und warm und weich.
>
> Henriëtte Spörhase (*on*)
> Wie in Abrahams Schoß.

Henriëtte lächelt gütig und betätigt den (drehbaren) Lichtschalter. Sofort strömt Wasser von oben auf Jakob. Er schaut hoch und blickt in eine Lampe, die zugleich Dusche ist.

Schnitt auf

80. Flur / Wohnungstür Jacke   Innen / Nacht

Ton: Musik spielt weiter

Jakob hastet durch den Flur. Das Wasser steht kniehoch.

Das Minutenlicht geht aus. Seine Schalter glühen rot im dunklen Flur.

Jakob klingelt an der nächstbesten Tür.

Die Tür wird geöffnet. In der offenen Tür steht Klara Jacke und reicht dem durchnäßten Jakob ein riesiges flauschiges blaues Badetuch zum Abtrocknen.

Als Jakob sich damit zunächst das Gesicht trocknet, springt Rudi Jacke, der sich bisher hinter Klara versteckt hatte, hervor und schüttet Jakob einen Eimer Wasser über den Kopf.

Schnitt auf

81. Wohnungstür Zilinski   Innen / Nacht

Ton: Musik spielt weiter.

Jakob steht triefend vor der geschlossenen Wohnungstür, die sich aber sofort öffnet. Dahinter stehen Eltern und Tochter Zilinski, jeder mit einem Eimer Wasser bewaffnet, den sie Jakob sofort ins Gesicht schütten.

Schnitt auf

82. Wohnungstür Rosenlöcher   Innen / Nacht

Ton: Musik spielt weiter.

Jakob steht triefend vor der geschlossenen Wohnungstür, die sich sofort öffnet. Dahinter steht die ganze Familie Rosenlöcher mit einem Feuerwehrschlauch, aus dem sie einen dicken Wasserstrahl auf Jakob richtet.

Schnitt auf

83. Flur   Innen / Nacht

Ton: Musik spielt weiter.

Jakob hastet durch das Hochwasser im Flur auf eine Tür zu, an der man das Praxisschild DR. ENGELHARD erkennt (und deutlich lesen kann).

Es regnet jetzt auch im Flur.

Jakob reißt die Tür zur Praxis auf.

Schnitt auf

84. Praxis Dr. Engelhard   Innen / Nacht

Ton: Musik spielt weiter.

Im Wartezimmer sitzen dieselben Patienten wie in Szene 75, nur daß ihnen allen jetzt das Wasser bis zum Hals steht. Sie sitzen ganz ruhig da, als gäbe es das Wasser nicht.

Claudia öffnet die Tür zum Sprechzimmer, lächelnd.

> Claudia
> Bitteschön, Herr Jakob.

Jakob watet hinein und sieht Dr. Engelhard hinter seinem Schreibtisch ebenfalls im hohen Wasser sitzen, das ihm bis zum Kinn reicht.

> Jakob (*off*)
> Hilfe! Herr Dr. Engelhard! Das Wasser ! Hilfe! Hilfe!
>
> Dr. Engelhard
> Können Sie denn nicht schwimmen? Na, dann schwimmen Sie doch einfach.

Schnitt auf Jakob, groß.

Ton: Ende der Traum-Musik von Seite 403.

> Jakob (*on*)
> Ja, und mein Bruder schwamm denn auch los, und er schwamm einfach durchs Fenster hinaus und ins Freie und war tatsächlich gerettet. Nur daß es draußen natürlich kein Hochwasser gab, so daß er aus dem 16. Stock einfach abstürzte ...

> Dr. Engelhard (*off*)
> Bravo bravissimo.

Schnitt auf Dr. Engelhard, groß – jetzt ohne Wasser.

> Dr. Engelhard (*on*)
> Ein klassischer Traum. Und seine Deutung ist besonders leicht für mich. Ihrem Bruder stand das Wasser bis zum Hals, und ich – als einziger – , ich habe ihm den rettenden Ausweg gezeigt.

> Jakob (*off*)
> Ach so. Das ist ja eine tolle Deutung.

Dr. Engelhard lächelt süffisant.

Schnitt auf Jakob, groß.

> Jakob (*on*)
> Darauf wäre ich nie verfallen. Ja – aber dann der Absturz?

Schnitt auf Dr. Engelhard.

> Dr. Engelhard
> Na, sein plötzliches Verschwinden, ganz einfach. Er ist doch verschollen. Oder wissen Sie, wo er geblieben ist?

> Jakob (*off*)
> Nein, darum komme ich ja zu Ihnen.

Dr. Engelhard zündet sich eine Zigarette an. (Eventuëll Zwischenschnitt auf Jakob.)

> Jakob (*off*)
> Sie meinen nicht, daß sein Verschwinden und mein Traum von seinem Absturz ... irgenwie tödlich ...

> Dr. Engelhard
> Mein Lieber, ich sehe, Sie haben da ... in fortgeschrittenem Stadium ... eine schwer neurotische Fixierung auf den Tod, das sehe ich genau ...

Schnitt auf Jakob.

> Jakob (*on*)
> Wie haben Sie das bloß gemerkt?

Schnitt zurück auf Dr. Engelhard.

> Dr. Engelhard
> Ich sehe noch mehr. Sie haben auch die fixe Idee, daß Sie schon mal klinisch tot waren ...
>
> Jakob (*off*)
> Stimmt haargenau. Das ist ja wirklich toll.
>
> Dr. Engelhard
> Und Sie bilden sich ein, Sie sind aus dem Tod in dieses Leben zurückgekehrt.
>
> Jakob (*off*)
> (fängt an zu lachen.)
>
> Dr. Engelhard
> Da gibt es nichts zu lachen. Davon sind Sie ganz besessen: eine Manie.
>
> Jakob (*off*)
> Herr Dr. Engelhard, ich lache aus Freude.

Schnitt auf Jakob.

> Jakob (*on*)
> Ich bin tief beglückt von Ihrer Diagnose. Ich sehe, daß mein Bruder bei Ihnen wirklich in den allerbesten Händen war. Jetzt bin ich sicher, daß er noch lebt. Mit einem solchen Therapeuten!

Jakob erhebt sich.

> Dr. Engelhard (*off*)
> Moment, Moment, das ist noch nicht alles!

Schnitt auf Dr. Engelhard

> Dr. Engelhard (*on*)
> So einfach ist es nun doch nicht, mit der menschlichen Psyche. Bei Ihnen, zum Beispiel, kommt erschwerend

hinzu, daß Sie Ihre schwere Todesneurose auch noch manisch auf Ihren Bruder übertragen, wo sie sich mit einer ganz andersartigen zweiten Neurose gleichsam überschneidet. Das ist diese manische Fixierung auf Ihren Bruder – das gefällt mir gar nicht. Ich bin sicher, daß sich dahinter ein zumindest latentes Inzestbegehren verbirgt, natürlich aus Angst.

Jakob (*off*)
Inzest mit meinem Bruder?

Dr. Engelhard
Naja, vielleicht nicht vollzogen. Wahrscheinlich liegt da sogar der Hase im Pfeffer: besser, Sie hätten. Das habe ich auch Ihrem Bruder schon immer gesagt.

Jakob (*off*)
Ach, hat mein Bruder Ihnen von mir erzählt?

Dr. Engelhard
Er sprach von Ihnen ebensoviel wie Sie von ihm.

Schnitt auf Jakob:

Jakob (*on*)
Das glaube ich. Ja, und was soll ich nun tun dagegen?

Schnitt auf Dr. Engelhard.

Dr. Engelhard
Na, den Inzest vollziehen, natürlich! So schnell wie möglich und so oft wie möglich. Begleitet natürlich von meiner therapeutischen Betreuung, aber die wird langwierig, unter zwei Jahren ist da nichts zu hoffen.

Schnitt auf Jakob.

Jakob
Das ist ja wunderbar, Sie machen mich glücklich. Übrigens, haben Sie eine Ahnung, wo mein Bruder stecken könnte?

Schnitt auf Dr. Engelhard, der mit überlegener Miene, aber schweigend die nächste Zigarette anzündet.

> Jakob (*off*)
> Damit ich gleich mit ihm ...
>
> Dr. Engelhard
> Da müssen Sie andre Leute hier im Hause fragen. Hier war er immer verschlossen, verstockt – ein schwerer Fall, permanent suïzidgefährdet. Ich nehme an, daß er nicht mehr lebt.
>
> Jakob (*off*)
> Ja, das glaube ich auch. Vielen, vielen Dank, Herr Doktor.

Dr. Engelhard erhebt sich, reicht Jakob flüchtig die Hand.

Schnitt (oder Aufziehen) auf beide.

> Jakob (*on*)
> Bei Ihnen fühle ich mich richtig gut aufgehoben.

Dr. Engelhard führt Jakob zur Tür, halb schiebend.

> Dr. Engelhard
> Dann lassen Sie sich von Claudia gleich die nächsten Termine geben.
>
> Jakob
> Oh, vielen Dank, Herr Doktor.

Dr. Engelhard öffnet die Tür.

Schnitt auf

85. Sandstrand an der Nordsee   Außen / Tag

Jakob spielt mit Gutekunsts Kindern und deren Freunden am Strand. Seine Hunde sind mit von der fröhlichen Partie.

Sandburgen, Eingraben, Ballspiel, Toben in der Brandung, Gerenne, Gelächter, Balgereien.

Schnitt auf

86. Gutekunsts Wohnung   Innen / Abend

Gutekunst, halb entblößt, versucht ungestüm, Klara Jacke zu umarmen, die ihn aber abwehrt.

> Wiebke Hecht (*off*)
> ... ich Ihnen das Wahlergebnis bekanntgeben.

Klara wird zunehmend auf den Monitor aufmerksam.

> Wiebke Hecht (*off*)
> Von 72 anwesenden Wahlberechtigten wurden insgesamt 63 gültige Stimmen abgegeben, das ist eine Wahlbeteiligung von 87,5 Prozent.

Ton: Applaus.

Klara löst sich von Gutekunst, deutet auf den Monitor.

> Klara Jacke
> Jetzt bin ich gespannt.

Schnitt auf den Monitor, in dem Wiebke Hecht zu sehen ist, die in ihrer Funktion als Schriftführerin bei der Vollversammlung der *"Nachbarschaftsinitiative Hochhaus C"* im Dachgarten-Restaurant das Ergebnis der soeben vollzogenen Vorstandswahl verliest. Neben ihr sitzen Gotthard Zilinski und Gabi Oberlack.

> Wiebke (im Monitor)
> Davon entfielen auf den Nachbarn Gotthard Zilinski 59 Stimmen ...

Ton: Applaus.

Zilinski erhebt sich und verbeugt sich lange. Zoom auf den Monitor.

> Gutekunst (*off*)
> Was hast du denn heute? Los, komm ins Bett.
>
> Klara (*off*)
> Nur wenn du mir dann den Staubsauger holst. Der Rudi hat mir erzählt, daß du in Jakobs Wohnung rein kannst. Also: Ehrenwort?
>
> Wiebke (im Monitor)
> Damit ist Nachbar Zilinski als Vorsitzender des Vorstands der *"Nachbarschaftsinitiative Hochhaus C"* mehrheitlich wiedergewählt. Nachbar Zilinski, nehmen Sie die Wahl an?

Schnitt auf

87. Dachgartenrestaurant   Innen / Abend

Gotthard Zilinski, groß im Bild.

> Zilinski
> Frau Schriftführerin, ich nehme die Wahl an.

Schnitt auf

88. Jakobs VW-Bus unterwegs   Außen / Abend

Jakob am Volant seines VW-Bus. Hinter ihm die Kinder und Hunde. Der Wagen ist total überfüllt. Die Kinder lachen, spielen, toben mit den Hunden.

Jakob lacht.

Schnitt auf

89. Dachgartenrestaurant Innen / Nacht

Vollversammlung der Nachbarschaftsinitiative.

An Einzeltischen sitzen die Mieter familien- oder grüppchenweise vor Bier- oder Limonadengläsern.

Aber an sehr vielen Tischen sitzen auch einzelne Mieter allein: so Frau Spörhase, Ekkehard Pape, Lydia Radelmann, Rudi Jacke, Ralf Paschke, Esteban und andere.

Raffaele, der Barkeeper, fungiert als Kellner und serviert Getränke.

Am Vorstandstisch sitzt Gotthard Zilinski zwischen Wiebke Hecht und Gabi Oberlack sowie einigen bisher noch nicht bekannten Männern.

Im Plenum unter anderen alle bisher in Erscheinung getretenen Personen außer Gutekunst, Klara Jacke, Kai und Michael Rosenlöcher sowie Jakob.

Die Kamera schwenkt wiederholt über die Teilnehmer dieser "Vollversammlung", konzentriert sich zwischendurch auf die Redner, verfolgt bisweilen auch den Kellner und hat oft die Silhouette der Stadt als Hintergrund im Visier.

Während der Reden auch viele Gegenschüsse auf angesprochene, zuhörende oder gerade nicht zuhörende Versammlungsteilnehmer.

> Peter (stehend)
> ... Tut mir leid, aber ich finde, also echt, daß so ein, so ein, so ein ... also so ein Straßenfest eigentlich sowieso ein Stadtteilfest sein müßte, aber egal, das liefe auf jeden Fall bloß, wenn das Komitee nur aus Frauen bestünde. Ich meine, ich würde da schon irre gern mitmachen, aber man sollte doch überlegen, ob man nicht überhaupt lieber nur ein Frauenfest machen sollte, aber

das sollen die Frauen selbst entscheiden. Auf jeden Fall muß die Bettina ins Festkomitee.

Gabi Oberlack
Herr Präsident.

Zilinski
Frau Kassenwart?

Gabi
Ich finde die Ausführungen von Herrn Schmidt so fundamental bedeutend, daß ich die Wortmeldungen gern unterbrechen und als Vorstandsmitglied sofort ein kurzes Statement dazwischenschieben möchte.

Zilinski
Oh, das geht leider nur, wenn der gesamte Vorstand einverstanden ist. Ich bitte den Vorstand um Handzeichen, ob ich der Frau Kassenwart außer der Reihe das Wort erteilen darf. – Dankeschön. Der Vorstand stimmt Ihrem Antrag zu. Frau Schriftführerin, halten Sie das Abstimmungsergebnis bitte im Protokoll fest. Das Wort hat jetzt die Kassenwartin – -wärtin – -wärterin? ...

Ein Amateurfotograf schleicht umher und blitzt Präsidium und Einzelredner.

Gabi
Herr Präsident, meine Damen und Herren! Lieber Nachbar Schmidt: ich als Frau kann Ihre Ansicht in keiner Weise teilen, sie macht mir Angst. Daß Frauen auch ein Straßenfest – und erst recht ein Stadtteilfest – besser zu organisieren vermögen als Männer, das darf den Männern jetzt nicht zum Vorwand dienen, sich aus der Verantwortung zu stehlen und uns Frauen – wieder mal! – die ganze Arbeit machen zu lassen. Ich finde, es ist höchste Zeit, daß auch mal Männer in so ein Gremium gewählt werden sollten – das allerdings unter allen Umständen von einer Frau geleitet werden muß – das ja. Wenn auch nicht ausgerechnet von der vorge-

schlagenen sogenannten Bettina aus Ihrer Wohngemeinschaft, Herr Schmidt. Das muß nicht sein.

Ob nun, zweitens, Männer überhaupt am Straßenfest teilnehmen dürfen, ist eine schwierigere Frage, die in den einzelnen Ausschüssen, die wir noch wählen müssen, ausdiskutiert werden sollte.

Vielen Dank, Herr Präsident.

Zilinski
Vielen Dank für dieses besonders informative Statement. Weitere Wortmeldungen – Frau Schriftführerin?

Wiebke
Ja, Herr Dr. Rosenlöcher, dann Herr Schleginsky, dann Frau Radelmann.

Zilinski
Sehr schön. Herr Dr. Rosenlöcher, bitte.

Dr. Rosenlöcher erhebt sich bedeutend.

Zilinski
Schön, daß Sie sich für uns freimachen konnten.

Dr. Rosenlöcher knöpft seine Jacke zu.

Dr. Rosenlöcher
Herr Präsident, verehrte Damen und Herren des Vorstands, liebe Mitglieder der *"Nachbarschaftsinitiative Hochhaus C"*!

Ich habe den bisherigen Verlauf der Diskussion mit großer Anteilnahme, aber auch mit tiefer Erschütterung verfolgt. Was ein Politiker wie ich, der es gewohnt ist, seinen Mitbürgern zuzuhören und ihre geheimsten Wünsche in machbare Wirklichkeit umzusetzen, – was ein solcher Politiker, zumal aus meiner Partei, hier und heute, besonders in einem Wohnhaus wie diesem Hochhaus C leider allzu oft feststellen muß, ist die erschreckende Isolation der einzelnen Mietparteien, ist

das Gefühl der Einsamkeit, des Zwanges, ja, der Angst.
Liebe Nachbarinnen und Nachbarn, machen wir uns
nichts vor: wir alle haben vor irgendetwas Angst, ob es
nun einfach die vielzitierten Einbrecher hier im Hause
sind – oder das Gespenst des Null-Wachstums – oder
die Ölkrise – oder das Altwerden – oder, oder und-und-
und. Jeder von uns hat Angst. Sogar ich habe Angst, ja,
ich gebe es ganz offen zu. Und aus Ängsten entstehen
Neurosen, Psychosen, Phobiën, Frustrationen undsoweiter, undsoweiter et cetera pp. Herr Dr. Engelhard
wird mir da zustimmen.

Dr. Engelhard
Allerdings.

Überblendung zu

90. Wohnung Gutekunst　　　　　　　　　　Innen / Nacht

Auf einem Stuhl und auf dem Fußboden (neben Gutekunsts Bett) liegen seine und Klaras Kleidungsstücke in wilder Verschlingung umher.

Dr. Rosenlöcher (*off*, aus dem Monitor, nicht allzu laut, aber hörbar)
Ich als Politiker und als Mitglied gerade meiner Partei
scheue mich nun nicht, hier und heute unser aller Ängste beim Namen zu nennen und Ihnen ganz offen und
ehrlich zu bekennen, was ich glaube. Ich glaube, ein
wichtiger Schritt im Kampf gegen Einsamkeit und Isolation, gegen Ängste, Neurosen, Psychosen, Phobiën
undsoweiter undsoweiter et cetera pp. – ein wichtiger
Schritt gegen alles das wäre unbedingt ein Straßenfest.

Klara Jacke (*off*, in Rosenlöchers Rede hinein, aber erst nach einer Weile)
Jetzt mußt du mir aber auch den Staubsauger holen.

> *Ton: Stürmisches Klingeln an der Wohnungstür und aufgeregte Kinderstimmen aus dem off.*

> Gutekunst (*off*)
> Die Kinder. – Die haben mir jetzt grade gefehlt.

Gutekunsts nackte Beine schwingen sich aus dem Bett und in Pantoffeln hinein.

> Dr. Rosenlöcher (*off, gleichzeitig, hat unentwegt im Hintergrund weitergesprochen*)
> Nein, kein globales Stadtteilfest, Herr Schmidt, sondern ein ganz intimes, ganz konkretes kleines Straßenfest dieses unsres Hochhauses C.

Schnitt auf

91. Dachgartenrestaurant　　　　　　　　　　Innen / Nacht

Dr. Rosenlöcher redet noch immer.

> Dr. Rosenlöcher (noch, jetzt *on*)
> Ich selbst würde nur allzugern im Organisationskomitee mitarbeiten, meine Freunde, glaube aber, daß es tatsächlich in Frauenhänden besser aufgehoben ist. Außerdem stehe ich dann auch im Wahlkampf. Aber meine liebe Frau Jutta, mit der mich in allen Fragen des praktischen Lebens eine ungetrübte Harmonie und Herzensübereinkunft verbindet, würde sich, wenn ich sie bitte und falls Sie es wünschen, sicherlich gern für den Vorsitz des Organisationskomitees zur Verfügung stellen.

Langanhaltender Applaus.

Dr. Rosenlöcher deutet auf seine Frau Jutta, die sich überrascht erhebt und nach allen Seiten verbeugt, auch zum Präsidiumstisch, wo ihr lebhaft zugeklatscht wird.

Dr. Rosenlöcher küßt seine Frau auf den Mund und setzt sich.

Der Applaus verebbt.

Jutta, leicht verlegen, will gerade das Wort ergreifen, da öffnet sich geräuschvoll die Eingangstür. Alle schauen hin.

Jakob tritt ein.

> Jakob
> Guten Abend.

Eisiges Schweigen.

> Zilinski
> Bitte schön?
>
> Jakob
> Mein Name ist Jakob. Ich bin der neue Mieter aus dem 19. Stock.

Jakob, offensichtlich noch in die Freizeitkluft seiner Nordsee-Exkursion gekleidet und leicht derangiert, hält Ausschau nach einem geeigneten Sitzplatz und steuert schließlich auf den Tisch zu, an dem – allein – Esteban sitzt. Jakob fragt ihn, ob er sich zu ihm setzen dürfe. Esteban stimmt zu. Jakob setzt sich.

> Zilinski
> Sie kommen ziemlich spät, fast anderthalb Stunden zu spät. Und darf ich fragen, ob Sie überhaupt eine Eintrittsplakette haben?
>
> Jakob
> Leider nicht. Ich soll sie erst bekommen, wenn Sie wiedergewählt worden sind. Aber ich brauche die Plakette gar nicht. Ich stecke sie mir sowieso nicht an. Herr Ober – ich möchte gern was essen, ich habe einen wahnsinnigen Hunger.

Raffaele tritt zu Jakob, reicht ihm die Speisekarte, die Jakob im folgenden studiert.

> Zilinski
> Also, Moment mal, ohne Plakette sind Sie nicht berechtigt, an dieser Versammlung teilzunehmen.
>
> Jakob
> Dann geben Sie mir doch eine. – Oder sind Sie nicht wiedergewählt worden?
>
> Zilinski
> Doch-doch, o ja. Aber ...

Wiebke tuschelt mit Zilinski. Dann stecken alle Vorstandsmitglieder die Köpfe zusammen und tuscheln. Auch an den einzelnen Tischen löst sich die bisherige Erstarrung und beginnen gedämpfte Unterhaltungen.

> Jakob (zu Raffele)
> Ich hätte gern eine Doppelte Kraftbrühe, dann ein Stroganoff und nachher einen Obstsalat. Dazu eine Flasche Beaujolais. –

Zu Esteban: Du hast doch sicher auch noch nicht gegessen, oder?

> Esteban (schüttelt den Kopf)
> Nein, aber ...
>
> Jakob (zu Raffaele)
> Dann das Ganze zweimal, bitte.

Raffaele geht bestellen.

> Jakob (zu Esteban)
> Oder magst du lieber was andres?

Esteban schüttelt den Kopf.

Zilinski klingelt mit der goldenen Präsidentenglocke.

> Zilinski
> Meine Damen und Herren, der Vorstand bedauert die Unterbrechung durch den Mieter Jakob – Entschuldigung, Frau Rosenlöcher. Der Vorstand ist der Meinung, das Plenum solle darüber abstimmen, ob der Mieter Jakob eine Eintrittsplakette zur weiteren Teilnahme an

unserer Sitzung erhalten soll oder nicht. Ich bitte um Handzeichen: wer ist für eine solche Abstimmung?

Sehr viele Hände gehen hoch.

> Zilinski
> Wer ist dagegen?

Nur Jakob hebt die Hand.

> Zilinski
> Wie denn: Sie selbst sind dagegen, Herr Jakob?
>
> Jakob
> Ja, weil ich auf jeden Fall hier bleibe. ich habe mir ja auch grade was zu essen bestellt. Sie können sich die Mühe sparen, wirklich.
>
> Zilinski
> Ich glaube, darüber entscheiden nicht Sie. – Weiter: Stimmenthaltungen?

Fünf Hände gehen hoch.

> Zilinski
> Dankeschön.

Die Hände senken sich.

> Was sagt das Protokoll?
>
> Wiebke
> Der Antrag ist angenommen.
>
> Zilinski
> Aha. Wie ich soëben höre, kann der Antrag des Vorstands als angenommen gelten.
>
> Jakob
> (lacht laut.)
>
> Zilinski
> Warum lachen Sie? – Was gibt es denn hier zu lachen?

> Jakob
> Sie sind so komisch.
>
> Zilinski
> Wer?
>
> Jakob
> Sie. Ja, Sie. Sie sind so wahnsinnig komisch.

Jakob biegt sich vor Lachen. Das Lachen steckt an. Das ganze Plenum beginnt zu lachen.

Zilinski klingelt hektisch mit seiner Präsidentenglocke.

> Zilinski
> Wir schreiten nunmehr ... zu einer Abstimmung ... einer geheimen, schriftlichen Abstimmung ... ob der Mieter Jakob eine Eintrittsplakette bekommen soll oder nicht –

Überblendung auf

92. Jakobs Wohnung   Innen / Nacht

Jakobs Wohnung erweckt zunächst den Eindruck, leer zu sein.

Aber ein Kameraschwenk offenbart dann, daß auf dem Sofa nebeneinander zwei junge Männer sitzen. Ihre Gesichter sind vermummt.

Sie haben *walkmen* aufgesetzt und hören offenbar (unhörbare) Musik. Dabei geht ruhig ein *joint* hin und her. Die beiden sind sehr ruhig, fast reglos.

(Es handelt sich um Kai und Michael Rosenlöcher, aber das soll noch niemand wissen.)

Schnitt auf

93. Dachgartenrestaurant   Innen / Nacht

Noch immer Vollversammlung, aber in aufgeräumter Stimmung, während am Vorstandstisch emsig und wichtigtuërisch die Stimmzettel gezählt werden.

Im Saal hat sich die steife Sitzordnung aufgelöst, man ist an andere Tische herangetreten, geht umher, plaudert von Tisch zu Tisch *et cetera*.

Draußen ist es inzwischen dunkel geworden.

Bei Jakob stehen oder sitzen Peter, Andreas und Klaus. Das zeigt die Kamera nach einem Schwenk über den ganzen Raum.

>Klaus
>... Das hat die Bettina auch gesagt.

>Andreas
>Die Bettina findet auch unheimlich gut, wie du diesen Zilinski anmachst, diesen alten Nazi.

>Peter
>Die Bettina möchte auch, daß du mal zu uns in die WG kommst: weil-weil-weil ... ich glaube, Frauen haben da ein besonders starkes feeling für so einen Fall wie deinen – schon wegen-wegen-wegen ... also, ihre permanente Schwangerschaftslatenz, also seitenverkehrt hat das natürlich unheimlich toll auch was mit Sterben zu tun. Ich glaube, die Bettina könnte dir wahnsinnig viel helfen bei deiner Resozialisierung ...

>Jakob
>Ach ja?

>Andreas
>Ja, komm doch morgen abend einfach mal zum Tee.

Zilinski läutet vehement mit seiner goldenen Präsidentenglocke und stellt die Ruhe im Saal wieder her. Alle setzen sich auf ihre Plätze.

<u>Zilinski</u>
Meine Damen und Herren? Nachbarinnen und Nachbarn! Liebe Nachbarinnen und Nachbarn! Das Abstimmungsergebnis lautet 36 zu 35, das heißt, die Vollversammlung ist mit einer Stimme Mehrheit dafür, daß der Antragsteller Jakob die Eintrittsplakette <u>nicht</u> erhält.

Schwacher Applaus.

Nachbar Jakob, ich darf Sie nunmehr bitten, den Versammlungsraum unverzüglich zu verlassen.

Jakob erhebt sich langsam.

<u>Jakob</u>
Es tut mir leid um die viele Mühe, die Sie sich alle gemacht haben. Aber ich habe Ihnen schon vorher gesagt, daß ich ganz bestimmt hierbleiben werde. Zumal nun auch noch ein Mehrheitsbeschluß vorliegt. Ein Beispiel. Gesetzt den Fall, Adolf Hitler hätte damals das deutsche Volk über die geplante Judenverfolgung abstimmen lassen, und gesetzt den Fall, das deutsche Volk hätte sich mit seiner Mehrheit dafür ausgesprochen. Sind Sie der Meinung, daß damit der Massenmord in Ordnung gewesen wäre: legitim?

Eisiges Schweigen.

Verehrte Anwesende? ... Liebe Nachbarinnen und Nachbarn? ...

Eisiges Schweigen.

Herr Präsident?

Schnitt auf

94. Wohnung Gutekunst   Innen / Nacht

Großaufnahme Zilinski im Monitor.

> Zilinski (aus dem Monitor)
> Wie bitte? –
> Das steht doch gar nicht zur Debatte.

Die Kamera zieht langsam auf und zeigt Gutekunst inmitten seiner überdrehten und übermüdeten Kinder, die er füttert, wäscht, auszieht, auf den Topf setzt *et cetera*.

Klara Jacke, noch nicht wieder vollständig angekleidet, sitzt auf dem Sofa und raucht eine Zigarette.

> Zilinski (währenddessen unausgesetzt im Monitor)
> Ich glaube, Sie nehmen sich etwas zu wichtig. –
> Wir wollen doch lieber beim Thema bleiben. –
> Bitte verlassen Sie jetzt den Raum. –
> Sie sollen den Raum verlassen. –
> Herr Jakob, bitte verlassen Sie den Raum. –
> *(et cetera et cetera ...)*

Klara Jacke drückt dem Monitor den Ton weg.

> Klara Jacke
> Wenn du mir jetzt nicht sofort den Staubsauger holst, erzähle ich dem Rudi, was du mit mir gemacht hast. Der macht Kleinholz aus dir.

Gutekunst nimmt einen Schlüssel von einem riesigen Schlüsselbrett.

> Gutekunst
> Carmen, komm mal her. Hier, nimm den Schlüssel, geh in die Wohnung vom Onkel Jakob, die kennst du ja, und hol seinen Staubsauger runter.

Carmen blickt skeptisch drein.

> Nun geh schon, ich soll ihn reparieren.

Carmen greift nach dem Schlüssel.

Schnitt auf

95. Dachgartenrestaurant　　　　　　　　　　　　　　　Innen / Nacht

Jakob steht noch immer an seinem Platze.

> Zilinski (*off*)
> Herr Jakob, wollen Sie jetzt bitte den Raum verlassen.
>
> Jakob
> Außerdem muß ich hier auch noch meinen verschollenen Bruder zur Sprache bringen. Darf ich fragen, ob sich unter den Anwesenden jemand als Freund oder ehemaligen Freund meines Bruders bezeichnet?

Eisiges Schweigen.

Die Kamera wandert suchend umher, verharrt, kaum zufällig, bei Gabi, Lydia, Dr. Rosenlöcher, Bettina, Lutz, Rudi Jacke: alle schauen "weg".

> Jakob (*off*)
> Da dies nicht der Fall ist, wüßte ich gern, was Sie an ihm auszusetzen hatten.

Allgemeines permanentes Schweigen.

> Inwiefern hat er Ihnen mißfallen?

Zilinski läutet immer wieder als Protest. Als es ihm endlich zu bunt wird, nimmt Jakob ihm seine Glocke wortlos weg.

> Jakob
> Was hat er falsch gemacht?

Henriëtte Spörhase wühlt in ihrer Handtasche.

Schnitt auf

96. 19. Stock: Flur / vor und in Jakobs Wohnung   Innen / Nacht

Carmen Gutekunst verläßt den Fahrstuhl.

Mit dem Schlüssel in der Hand wandert sie den langen Flur entlang auf Jakobs Wohnung zu.

Die Wohnungstür steht offen.

Carmen bleibt stehen und schaut in Jakobs Wohnung hinein. Sie klingelt. Keine Reaktion.

Das Minutenlicht geht aus. Der rote Lichtschalter leuchtet im Dunkeln. Aus Jakobs Wohnung fällt ein Lichtschein heraus. Carmen betätigt den roten Lichtknopf: es wird wieder hell.

Carmen geht in Jakobs Wohnung hinein, das erzeugt Geräusche.

Schnitt auf die vermummten Rosenlöcher-Zwillinge auf dem Sofa. Sie sitzen jetzt in Hochspannung da, und Kai zieht langsam eine Pistole aus der Jackentasche.

Schnitt auf

97. Dachgartenrestaurant   Innen / Nacht

Frau Spörhase wühlt noch immer in ihrer Handtasche.

> Jakob (*off*)
> Ich soll Sie nämlich alle von meinem Bruder grüßen.

Frau Spörhase blickt zu Jakob auf.

Schnitt auf Jakob.

> Jakob (*on*)
> Ich habe einen Brief von ihm bekommen. –
> Aus der DDR, aus Gera. –

Während des Folgenden kurze Zwischenschnitte auf

Dr. Engelhard,
Dr. Rosenlöcher,
Zilinski,
Ekkehard Pape,
Lydia,
Lutz,
Gabi,
Rudi Jacke,
Wiebke,
Bettina;
jeder starrt fassungslos Jakob an.

Nach jedem Zwischenschnitt wieder kurz zurück zu Jakob.

> Jakob (*on*)
> Er hat sich dort das Leben genommen. –
> Seinen Abschiedsbrief habe ich erst jetzt erhalten. –
> Aus diesem Hause hier ist er geflohen. –
> Weil er hier nicht atmen konnte, schreibt er. –
> Wegen der Kälte und Bosheit vieler Menschen in diesem Hause. –
> Er nennt mir viele Namen. –
> Alle Genannten befinden sich zur Zeit in diesem Raum.
> Er ist aus diesem Hause in die DDR geflohen. –
> Einzelheiten fehlen in seinem Brief. –
> In der DDR hat er vier Monate lang einen Neuanfang versucht. –

Schnitt auf

98. Jakobs Wohnung   Innen / Nacht

Carmen steht ratlos im Flur von Jakobs Wohnung.

Sie schaut sich um und öffnet dann den Besenschrank. Dort findet sie Rudi Jackes Staubsauger. Sie ergreift ihn und rollt ihn hinaus.

Schnitt auf die beiden Vermummten. Kai steht auf und entsichert die Pistole.

Schnitt auf

99. Dachgartenrestaurant   Innen / Nacht

Jakob steht noch am selben Platz. Alle starren ihn an.

> Jakob
> Kann mir jetzt vielleicht jemand nähere Auskunft darüber geben, was sich zwischen Ihnen und meinem Bruder hier abgespielt hat?

Eisiges Schweigen.

> Ich meine, eine Liste mit den hineinverwickelten Personen habe ich bei mir.

Raffaele kommt mit dem Essen für Jakob und Esteban. Er serviert.

> Jakob
> Ach, da kommt ja mein Essen. Das ging ja wirklich sehr schnell.

Jakob setzt sich und entfaltet die Serviette.

> Jakob (zu Esteban)
> Ich habe jetzt wirklich einen Bärenhunger. Guten Appetit. Wie sagt man da in Chile?

> Esteban
> Buen provecho.

> Jakob
> Buen provecho.

> Esteban
> Buen Provecho.

Sie beginnen, die Suppe zu löffeln.

Vom Nebentisch reicht Henriëtte Spörhase einen beschriebenen Zettel herüber.

Jakob (und die Kamera) lesen den Zettel:

Bitte kommen Sie morgen um 17 Uhr zu mir zum Tee. Henriette Spörhase

        Zilinski
        Liebe Nachbarinnen und Nachbarn, wir setzen nun unsere Diskussion über das geplante Straßenfest fort. Frau Dr. Rosenlöcher, bitte.

Schnitt auf

100. Flur 19. Stock / Jakobs Wohnung   Innen / Nacht

Jakob kommt aus dem Fahrstuhl oder aus dem Treppenhaus und schlendert müde durch den Flur auf seine Wohnung zu.

Er betritt sie durch die offenstehende Wohnungstür, die plötzlich hinter ihm zugemacht wird. Er hört das Geräusch und dreht sich um: vor ihm steht eine vermummte Person (Kai), die sich offenbar hinter der offenstehenden Wohnungstür versteckt gehalten hatte und die jetzt eine Pistole auf Jakob richtet.

        Jakob
        Oh! Guten Abend. Wie geht's?

        Kai
        Hände hoch.

        Jakob
        Gern, warum nicht.

Jakob hebt die Hände.

        Aber warum?

> Michael (*off*)
> Halt die Schnauze.

Jakob dreht sich um und erblickt Michael.

Gegenschnitt auf den vermummten Michael, der in der offenen Wohnzimmertür steht (auch mit gezückter Pistole?).

> Jakob (*off*, zu Kai)
> Oh, Sie haben Ihren Freund mitgebracht. Das ist ja nett.
>
> Michael
> Komm rein.
>
> Jakob (*off*)
> Vielen Dank.

Jakob geht auf "Michael" zu.

> Jakob (*on*)
> Sind noch mehr da?

Alle gehen ins Wohnzimmer. Kai schließt die Tür zum Flur.

Michael tastet Jakob nach Waffen ab.

> Jakob
> Nicht! Nicht! Hör auf, ich bin so kitzlig.

Kai gibt Jakob eine Ohrfeige.

> Kai
> Ruhe.
>
> Jakob
> Aber wollen wir uns nicht setzen?

Jakob setzt sich.

> Bitte, nehmen Sie doch Platz. Also, seien Sie nicht böse, aber ich nehme jetzt die Hände wieder runter, das ist mir auf die Dauer zu anstrengend.

Jakob nimmt die Hände herunter.

> Darf ich Ihnen was zu trinken anbieten: Sherry? Rotwein? oder Bier?

Kai und Michael fesseln mit mitgebrachten Stricken Jakobs Hände auf seinem Rücken, dann auch seine Füße.

> Was ist denn jetzt los? Ach so, fesseln – das mag ich gern. Das kann ja erotisch ungeheuer stimulieren. Macht ihr es etwa deshalb?
>
> Kai
> Halt die Fresse. Sonst kriegst du noch 'n Knebel rein.

Kai zeigt Jakob einen Knebel, den er dann akzentuiert auf den Tisch legt.

> Jakob
> (schweigt zunächst; fängt dann an, vor sich hin zu pfeifen.)

Das Fesseln dauert seine Zeit.

> Jakob (nach einer Weile)
> Sie machen sich unnötig so viel Mühe, Sie können alles von mir haben. Bargeld in der Brieftasche, hier in der Jacke, können Sie sich rausnehmen, auch Schecks und Scheckkarte, ich unterschreibe auch alle, gar kein Problem. Oder wenn Sie auf meinen Paß scharf sind. Oder Möbel, Bilder – nehmen Sie sich alles, was Sie wollen.

Die Brüder sind mit dem Fesseln fertig, setzen sich mit gezückter Pistole Jakob gegenüber aufs Sofa.

> Jakob
> Ich hänge an gar nichts. Im Gegenteil.
>
> Michael
> Bloß daß wir keine Diebe sind. Wir sind Mörder.
>
> Kai
> Wir bringen dich jetzt um.
>
> Jakob
> (fängt an zu lachen.)

Schnitt auf

101. Wohnung Jacke   Innen / Nacht

Rudi Jacke sitzt vor dem Fernseher und sieht die Sportschau.

> *Ton: Fernseh-Fußballreportage;*
> *Ton dazu: Staubsaugergeräusch aus dem* off.

Rudi Jacke wendet sich erschreckt um und sieht Klara, die demonstrativ um ihn und den Fernseher herum Staub saugt.

Rudi greift zum Fernbedienungsgerät und schaltet den Fernsehton so laut, daß er den Staubsauger überdröhnt.

Klara tritt beim Staubsaugen vor den Fernseher, so daß sie für Rudi das Bild abdeckt.

Rudi steht auf, geht zur entsprechenden Steckdose und zieht den Stecker des Staubsaugers aus der Steckdose.

Klara schaltet den Fernseher aus.

Schnitt auf

102. Jakobs Wohnung   Innen / Nacht

Jakob, Kai und Michael sitzen wie vorher. Aber die Pistole liegt jetzt auf dem Tisch.

Alle drei schweigen eine Weile.

Jakob
Tja. Und das Ganze war wirklich unbeschreiblich angenehm – Wärme, Wohlbehagen, Friede. Totale Bejahung, unvorstellbar, wirklich.

Michael
Und seitdem haben Sie keine Angst mehr?

Jakob
Wovor denn? –
Ich habe festgestellt, daß man – ja, was? Daß man nicht herausfallen kann, überhaupt nicht.

Kai
Wenn das so schön war: warum bringen Sie sich dann nicht um?

Jakob
Warum sollte ich? Es gibt keinen Tod, also.

Eine Katze durchquert das Zimmer.

Michael (zu Kai)
Der verarscht uns. Aber ich fall auf diesen Spinnkram nicht rein.

Michael greift zur Pistole.

Kai
Laß. – Das hat keinen Zweck mehr. – Wir haben verloren.

(Zu Jakob:) Wissen Sie, wer wir sind?

Jakob
Nein, leider nicht. Ihre Vermummung ist wirklich perfekt. – Wer sind Sie denn?

Kai und Michael ziehen sich die Vermummung vom Gesicht.

Jakob
Aber nein!

Schnitt auf

103. Wohnung Rosenlöcher Innen / Nacht

Ehepaar Rosenlöcher sitzt sich beim Abendbrot gegenüber. Eisiges Schweigen.

> Jutta (nach langer Pause)
> Könntest du mir denn eventuëll behilflich sein, bei diesem dämlichen Festkomitee?
>
> Dr. Rosenlöcher
> Ausgeschlossen. Ich habe Wahlkampf.
>
> Jutta (pikiert, ironisch)
> Ja, natürlich. Entschuldige.
>
> Dr. Rosenlöcher
> Ich denke, du willst immer was Selbständiges. Nun ist es auch wieder nicht recht.

Eisiges Schweigen. Lange Pause.

> Wo sind eigentlich die Jungs?
>
> Jutta
> Die haben doch Seminar.
>
> Dr. Rosenlöcher
> So spät abends noch?
>
> Jutta
> Ja, in Psychologie.
>
> Dr. Rosenlöcher
> Ach so.

Schnitt auf

104. Jakobs Wohnung Innen / Nacht

Kai und Michael, nunmehr entlarvt, aber noch auf denselben Plätzen, trinken mit Jakob Rotwein und hören Branduardi-Musik.

>Jakob
>(singt mit der Musik mit.)

Schmusende Katzen und schlafende Hunde sind mit von der Partie.

Jakob trägt keine Fessel mehr und tanzt ein bißchen.

Die Zwillinge sind blaß und wirken abgespannt, erschöpft.

>*Ton: Telefonklingel*

Jakob greift nach dem Hörer.

>Jakob
>Jakob.

Schnitt auf

105. Telefon-Sequenz Innen / Nacht

Zilinski (Großaufnahme) telefoniert.

>Zilinski
>Also, dieser Jakob: das können wir uns nicht von ihm gefallen lassen.

Schnitt auf: Dr. Engelhard, groß, telefoniert.

>Dr. Engelhard
>Den Zilinski hat er ja regelrecht ausgelacht.

Schnitt auf: Schiwelbein, groß, telefoniert.

>Schiwelbein
>... und bei Dr. Engelhard ist er einfach nicht mehr zur Behandlung erschienen. Hat Termine geschwänzt.

Schnitt auf: Jutta Rosenlöcher, groß, telefoniert.

>Jutta Rosenlöcher
>Unglaublich, ja. Zu Pastor Schiwelbein hat er gesagt: wer Bescheid weiß, der braucht keinen Glauben.

Schnitt auf: Gabi Oberlack, groß, telefoniert.

>Gabi Oberlack
>Eine Unverschämtheit. Bei Dr. Rosenlöcher soll er sich sogar über die deutsche Familie lustig gemacht haben.

Schnitt auf

106. Jakobs Wohnung   Innen / Nacht

Jakob telefoniert noch.

>Jakob
>(lacht ins Telefon.)

Die Zwillinge sitzen eng beieinander auf dem Sofa und beobachten Jakob.

>Michael (nach einer Weile, leise, zu Kai)
>Der hat eine Macke.

>Kai (ebenso zu Michael)
>Typisch elterngeschädigt.

>Michael (ebenso)
>Eskapismus ins Jenseits.

>Kai (ebenso)
>Schwere Neurose.

> Jakob (ins Telefon)
> Ja, klar.

Schnitt auf

107. Telefon-Sequenz (Fortsetzung)   Innen / Nacht

Lydia Radelmann, groß, telefoniert.

> Lydia
> Ich glaube, der Kerl hat Angst. Die Frau Oberlack, ne?, die hatte ihn eingeladen, und er ist einfach nicht erschienen.

Schnitt auf: Lutz Schleginsky, groß, telefoniert.

> Lutz
> Das ist typisch. Die Lydia Radelmann, die hatte seinem Bruder Geld geliehen. Meinst du, das hat er zurückgezahlt? Keinen Pfennig.

Schnitt auf: Astrid Gleitzsch, groß, telefoniert.

> Astrid
> Das ist typisch. Der junge Herr Schleginsky von der Lufthansa, der ist so allergisch gegen ihn, daß er einen Ausschlag bekommen hat und einen Flug nach Kuala Lumpur absagen mußte.

Schnitt auf: Wiebke Hecht, groß, telefoniert.

> Wiebke
> Nee du, diese Gleitzsch, ja: aus der DDR, die hat dann noch einen Heulkrampf bekommen, weil du von ihrem Gera gesprochen hast. Neenee du, das Ganze wird böse Folgen haben. Warum lachst du?

Schnitt auf

108. Jakobs Wohnung Innen / Nacht

Jakob telefoniert noch.

> Jakob (lachend ins Telefon)
> Nur so: ist doch lustig. Ja, find ich gut. –

Die Zwillinge kuscheln sich auf dem Sofa aneinander, schmusen ein bißchen.

> Jakob (ins Telefon)
> Ja, tschüs du, grüß deinen Ekkehard, tschüs.

Jakob legt den Hörer auf, geht dann ruhig zum Sofa.

> Jakob (zu den Zwillingen)
> Eine Macke, also ... elterngeschädigt ... eine schwere Neurose ... : meinetwegen. Kommt, laßt mich mal zwischen euch.

Er setzt sich zwischen die Zwillinge, faßt sie im Folgenden auch an.

> Und Terror machen in fremden Wohnungen: was ist das?
>
> Kai
> Na, wir sind natürlich völlig neurotisch.
>
> Michael
> Und wahnsinnig elterngeschädigt.
>
> Kai
> Das ist ja klar.
>
> Jakob
> Also macht ihr das oft?
>
> Michael
> Wir müssen.
>
> Kai
> Leider.

Michael
Sonst ist ja nichts los hier.

Kai
Sonst erleben wir ja nichts.

Michael
Ja, wir brauchen es wirklich.

Kai
Psychisch.

Michael
Nach so einer Kindheit.

Jakob
Was?

Kai
Daß andre mal Angst vor uns haben.

Michael
Oder so.

Jakob
Dann war das heute wohl ein flop?

Kai
Das ist noch nicht raus. Heute geht es uns ja nur um die Wohnung.

Michael
Sie haben nämlich gar kein Anrecht auf die Wohnung Ihres verstorbenen Bruders – rein juristisch.

Kai
Diese Wohnung brauchen wir.

Jakob
Na, könnt ihr doch haben. Ich bin sowieso nur hier, um sie aufzulösen. Ende des Monats ist sie frei.

Michael
– So spät?

> Kai
> Gentlemen's agreement: wir deponieren schon jetzt ein paar Sachen hier.
>
> Michael
> Bloß die Strumpfmasken, Stricke, Knebel und sowas.
>
> Jakob
> Also, dafür braucht ihr die Wohnung.
>
> Kai
> Ja: als Umkleidekabine.

Die Zwillinge lachen.

Schnitt auf

109. Schwimmbad   Innen / Tag

Zuerst sind nur sehr stark zerstörte Neonröhren im Bild.

Aufziehen: Gutekunst zeigt einigen Elektrikern die zerstörte Neon-Beleuchtungsanlage an der Decke des Schwimmbades, hinter dessen Fenstern ein strahlender Sommervormittag und das Panorama der Stadt zu sehen sind.

Die Uhr des Schwimmbads zeigt auf elf.

> Jakob (*off*)
> Halloh!

Gutekunst blickt ins Schwimmbecken.

Schnitt auf den schwimmenden Jakob.

> Jakob (*on*)
> Alles klar?
>
> Gutekunst
> Jaja: alles klar.

Schnitt auf

110. Wohnung Rosenlöcher   **Innen / Tag**

Eine stark beringte Damenhand führt eine Kaffeetasse zu einem geschminkten mittelalterlichen Frauenmund, der aus der Tasse trinkt.

Die Kamera wandert langsam weiter und zeigt nacheinander mehrere andere stark beringte Damenhände, die jeweils eine Kaffeetasse aus demselben Service an einen jeweils anderen geschminkten mittelalterlichen Frauenmund führen, der dann aus der Tasse zu trinken beginnt:

das Organisationskomitee für das Straßenfest tagt unter der Leitung von Jutta Rosenlöcher.

> Gabi Oberlack (*off*)
> Eine Tombola.
>
> Brigitte Zilinski (*off*)
> Eine Wahrsagerin.
>
> Magda Zilinski (*off*)
> Eine Tanzkapelle.
>
> Astrid Gleitzsch (*off*)
> Erbsensuppe mit Bockwurst.
>
> Jutta Rosenlöcher (*off*)
> Sackhüpfen.
>
> Wiebke Hecht (*off*)
> Eine Versteigerung.
>
> Magda Zilinski (*off*)
> Eine Polonaise.
>
> Gabi Oberlack (*off*)
> Ein Tischtennistournier.

>Brigitte Zilinski (*off*)
>Ein Töpferkurs.
>
>Astrid Gleitzsch (*off*)
>Eine Hitparade.

Schnitt auf

111. Wohnung Spörhase　　　　　　　　　　　　　Innen / Tag

Eine dezent beringte Frauenhand gießt Tee in eine Tasse aus offensichtlich anderem Service. Sie gibt etwas Süßstoff in den Tee, führt die Tasse zum Munde.

Die Kamera offenbart, daß es sich um Henriëtte Spörhase handelt, die da in ihrer eigenen Wohnung Tee trinkt. Sie setzt die Tasse ab.

>Henriëtte Spörhase
>Ich weiß natürlich, daß Sie der wahre Jakob sind. Ich wußte es sofort. Da können Sie sich noch so sehr verkleiden.

Schnitt auf Jakob, der mit Jeans, T-shirt und Ohrring Henriëtte gegenübersitzt und deren Tee trinkt.

>Henriëtte (*off*)
>Sie haben gar keinen Zwillingsbruder. Sie sind es selbst.
>
>Jakob
>(lacht.)
>
>Henriëtte (*off*)
>Bitte lachen Sie hier nicht. Ich bin in Trauer.

Schnitt auf Henriëtte. Hinter ihr der Papagei, der ab und zu Zwischenrufe macht.

                    Jakob (*off*)
                    Ja, das weiß ich. Aber so lange?

                    Henriëtte (*on*)
                    Ich werde in Trauer sein, so lang ich lebe.

Schnitt auf beide.

                    Jakob
                    Aber Stalingrad ist jetzt über vierzig Jahre her.

                    Henriëtte
                    Ich trauere nicht nur um meinen Mann.

Sie trinkt Tee.

                    Jetzt sage ich Ihnen etwas, worüber ich sonst niemals
                    spreche. Die Bolschewiken haben auch meinen Sohn
                    getötet. Am letzten Kriegstag. Er war neunzehn Jahre
                    alt.

Sie trinkt Tee.

                    Siebzehn Jahre später kam ein Mann zu mir, der sagte,
                    in seinen Armen sei mein Sohn gestorben. Er brachte
                    mir die letzten Grüße meines Sohnes, siebzehn Jahre
                    später, wie gesagt. Er sagte, Jakob war schon tot und
                    sollte verscharrt werden, da schlug er plötzlich noch
                    einmal die Augen auf und sagte, lachend, "Sag ihr, es
                    ist schön". Dann war er tot, noch immer lachend. Mein
                    Sohn hieß Jakob, übrigens. Ich glaube, daß mich dieser
                    Mann belogen hat.

Sie trinkt Tee.

                    Ich weiß, was Ihnen zugestoßen ist in Gera. Sagen Sie
                    mir bitte, ob das stimmt, was dieser Mann mir da er-
                    zählt hat.

                    Jakob
                    Schwer zu sagen. Ich kann auch nicht erzählen, was Ihr
                    Sohn erlebt hat. Nur von mir, was mir passiert ist.

Jakob führt die Teetasse zum Mund:

Überblendung auf

112. Wohnung Wohngemeinschaft   Innen / Nacht

Ton: Indifizierte Musik.

Eine andere Männerhand hält ein Glas, aus dem ein Männermund gerade Tee trinkt, setzt es dann vom Munde ab und arretiert in halber Höhe.

> Jakob (*off*)
> Guten Abend.

Die Kamera zieht auf und zeigt Peter, Andreas und Klaus, die alle Gläser mit grünem Tee vor sich halten. Sie sitzen auf dem Boden oder auf dem Hochbett und haben Besuch von mehreren anderen Gleichaltrigen jeglichen Geschlechts.

Alle starren auf den noch unsichtbaren Jakob.

> Peter
> Hallo.
>
> Andreas
> Hallo, Jakob. Trinkst du auch 'n Tee?

Schnitt auf Jakob, der mitten im Zimmer steht. Er ist in einen Smoking gekleidet und hält einen großen Blumenstrauß in der Hand.

> Jakob (*on*)
> Oh, vielen Dank, das wäre sehr liebenswürdig. – Falls noch einer übrig ist. Keine Umstände, bitte.

Andreas gießt Tee in ein Glas für Jakob (Zeremonie?). Langsamer Zoom auf das Tee-Eingießen. Lange Gesprächspause.

Zwischenschnitte auf skeptisch dreinschauende Augen.

> Klaus
> Willst du dich nicht hinsetzen?
>
> Jakob
> Oh doch, sehr gern, vielen Dank. Ist die Bettina gar nicht da?
>
> Klaus
> Doch. Wieso denn?
>
> Jakob
> Wegen der Blumen.

Jakob packt die Blumen aus ihrer Zellophanhülle aus. Die andern lachen.

> Andreas (erklärt das Lachen)
> Die Bettina mag nämlich keine abgeschnittenen Blumen. Hier.

Andreas gibt Jakob den Tee.

> Jakob
> Vielen Dank. Sehr nett.

Er trinkt.

> Oh, das tut gut. Eine interessante Teesorte.

Die andern lachen. Jakob lacht auch.

> Peter
> Zieh doch erst mal die Schuhe aus.
>
> Jakob
> Warum denn?

Die andern lachen.

> Ich weiß, Sie sitzen alle ohne Schuhe da. Aber ich behalte meine lieber an. Mit Schuhen fühle ich mich einfach wohler.

Nach einer Pause steht Peter auf und zieht sein T-shirt aus. Auf dieses Zeichen hin fangen auch alle andern an, sich langsam auszuziehen.

Peter
Du, Bettina?

Bettina (*off*, aus dem Nebenzimmer)
Was denn?

Peter
Du, dieser tote Typ, ja?, der hat unwahrscheinliche Angstsymptome. Wir machen erst mal bißchen Sex mit ihm, Roger?

Bettina (*off*)
Kommt gar nicht in Frage. Ich komme gleich. Wartet so lange.

Peter
Okay.

Alle ziehen sich langsam wieder an.

Andreas (zu Jakob)
Entschuldige bitte. Weil wir nämlich noch nicht richtig ausdiskutiert haben, was sexuëll das Optimale ist, darum.

Jakob
Noch nicht?

Klaus
Der Andreas meint: Zweierkisten oder Kollektive, was da definitiv besser ist.

Andreas
Und bis das ausdiskutiert ist, machen wir im Prinzip erst mal gar keinen Sex. Das ist ein Mehrheitsbeschluß, darum.

Jakob
Ach, wie schön.

Bettina kommt aus dem Nebenzimmer herein und geht auf Jakob zu, der ihr die Blumen entgegenstreckt, und küßt ihn auf den Mund.

Bettina
Hallo, Jakob. Entschuldige bitte, aber ich war grade am Onanieren. Peter, die Blumen kommen in die Badewanne.

Peter steht auf, ergreift den Blumenstrauß und bringt ihn ins Bad.

Bettina
Die nimmst du nachher wieder mit und klebst sie da an, wo du sie abgeschnitten hast. So, Jakob, komm, leg dich hin, und zieh erst mal die Schuhe aus.

Bettina zieht Jakob zu einer Matratze auf dem Fußboden, zieht ihm die Jakke aus und nötigt ihn, sich hinzusetzen.

Bettina
Meine Therapie fängt an mit einer Fußmassage. Das steigert sich dann langsam. Kommst du von einer Beërdigung? Komm, zieh aus.

Jakob lacht schallend.

Warum lachst du? Los, lach noch mehr. Ja, sehr gut. Das sind alles Ängste, die sich da lösen.

Bettina zieht ihm die Schuhe aus und beginnt mit einer Fußmassage.

Ich finde, die Musik ist zu leise. Findet ihr auch, daß die Musik zu leise ist?

Die andern
Ja. Klar. Logo. Lauter.

Bettina (zu Jakob)
Und du? Was findest du?

Jakob
Das ist mir ziemlich egal.

Bettina
Nee, Jakob, verweigern, das gibt es nicht bei uns. Hier herrscht totale Basis-Mitbestimmung. Also, sag schon.

Jakob
Nee. Tatsache ist, daß ich ziemlich ungern mitbestimme.

Schweigen.

Ihre Topfpflanzen müssen auch alle dringend mal in die Badewanne.

Gegenschnitt auf halb verdorrte Pflanzen in Blumentöpfen.

Bettina (*off* oder *on*)
Und was stört dich an der Mitbestimmung?

Jakob
Daß ich da an der Macht beteiligt werde. Das mag ich nicht.

Bettina
Und was magst du? Ohnmacht?

Jakob
Ja. Ziemlich.

Bettina
Alles bloß Angst.

Die andern lachen.

Paß mal auf. Als deine Therapeutin verordne ich dir jetzt erst mal die volle Teilnahme an allen unseren Abstimmungen. Keine Gegenrede. Klaus, mach mal die Musik lauter.

Klaus steht auf, geht zum *recorder*, macht die Musik lauter. Lange wortlose Fußmassage bei lauter Musik.

Jakob (nach einer Weile)
Hab ich Ihnen schon von meinem Sterben erzählt?

Bettina
Was ist los?

> Jakob
> Ob ich Ihnen schon von meinem Sterben erzählt habe?
>
> Bettina
> Brauchst du nicht, das bringt nichts. Vergiß es lieber. So, jetzt zieh mal die Hose aus. Andreas, bring mir mal 'ne Zigarette.

Andreas steht sofort auf und kommt mit Zigaretten und Feuer, bedient Bettina.

Jakob steht auf, steigt in seine Schuhe, zieht dann die Jacke an.

> Bettina (zu Jakob)
> Was ist denn, gepinkelt wird erst nach der Behandlung.
>
> Jakob
> Nee, ich geh jetzt nach Hause. Sie können ja darüber abstimmen, ob Sie das gut finden oder nicht. Ich wünsche Ihnen noch einen schönen Abend. Tschüs.

Jakob geht hinaus. Die andern starren ihm nach.

> Peter
> So schafft er das nie, mit seiner Resozialisierung.

Schnitt auf

113. Ladenstraße   Außen / Tag

> *Ton: Musik aus mehreren diversen und diffusen Quellen.*

Straßenfest der Hochhausbewohner. Sie haben ihre Wohnzimmermöbel auf der Straße zu einer Gasse formiert und allerlei Krimskrams zum Anschauen, Spielen oder Verkaufen aufgebaut. Ein unkommerzieller Flohmarkt.

Dazwischen Angebote von selbstgebackenem Kuchen, Kaffee und Kakao, Bier und Wein zu symbolischen Preisen.

Auch allerhand rührende, vielfach selbstgebastelte Geduldspiele und Zeitvertreibe werden ausgestellt, zum Beispiel Jojos und dergleichen.

Brigitte Zilinski hat sich als wahrsagende "Zigeunerin" verkleidet und sagt die Zukunft aus Karten, Handlinien oder Kaffeesatz.

Astrid Gleitzsch hat eine Art Feldküche etabliert und offeriert Erbsensuppe mit Bockwurst.

Gabi Oberlack spielt Tischtennis mit Gutekunst.

An Sackhüpfen und Stelzenlaufen beteiligen sich nicht nur Kinder, sondern auch Jutta Rosenlöcher, Ekkehard Pape, Ralf Paschke, Esteban und Raffaele, der Barkeeper.

Dr. Rosenlöcher sitzt hinter einem Informationsstand, an dem er auf Wunsch Auskunft über alles gibt ("Hier berät Sie Dr. Gerhard Allwissend").

Natürlich gibt es eine Musikkapelle, eine Tombola, einen Crêpe-Stand und eine Eisbude.

Lutz Schleginsky und Lydia Radelmann betätigen sich als Maskenbildner und schminken Kindern und Erwachsenen abstruse Malereien ins Gesicht.

Quer über die Ladenstraße sind Transparente, Lampions und Glühbirnenketten gespannt.

Der Besuch des Straßenfestes ist mäßig, die Stimmung teils gedrückt, teils forciert lustig. Besonders Rudi und Klara Jacke erzählen ihrer Umgebung ständig Witze und lachen selbst überlaut und schrill, nehmen selbstverständlich die zentrale Repräsentationsrolle des (Lotto-) Königspaares in Anspruch.

Peter verteilt Handzettel gegen die Unterdrückung der Frau in der Dritten Welt.

Schnitt auf

114. Jakobs Wohnung Innen / Tag

Jakob sitzt nackt im Lotossitz auf dem Teppich seiner sonst leergeräumten Wohnung und spricht ins Diktafon.

> Jakob
> ... lebe ich eigentlich immer lieber. Seitdem ich denen auch noch die ganze Wohnungseinrichtung geschenkt habe, hält mich nunmehr das ganze Haus für einen gemeingefährlichen Spinner. Ich spüre, wie sich ihre Aggressionen gegen mich stauen. Ach, Friedel, ich glaube, im Grunde wollen die alle aus ihrer Misere überhaupt nicht heraus.

Schnitt auf

115. Ladenstraße (Straßenfest) Außen / Nacht

Unter nunmehr erleuchteten Lampion- und Glühbirnenketten steht Bernhard Gutekunst erhöht inmitten von Möbeln und Hausratsgegenständen, die man aus Jakobs Wohnung kennt.

Viele Menschen – Hausbewohner und andere – scharen sich um diese abendliche Veranstaltung des Straßenfestes.

> Gutekunst
> Und nun, liebe Kolleginnen und Kollegen, habe ich die große Freude, den Hausstand unseres Miteinwohners Jakob, seine Möbel, seine Gebrauchsgegenstände, ja, seine gesamte Einrichtung meistbietend zur Versteigerung zu bringen.

Starker Applaus bei allen Umstehenden.

> Gutekunst
> Der Mieter Jakob hat mir sein Mobiliar mit der Maßgabe überlassen, den Erlös für wohltätige Zwecke insbesondere innerhalb der Gewerkschaftsarbeit zu verwenden, das ist absolut gesetzlich ...

Überblendung zu

116. Jakobs Wohnung   Innen / Nacht

Jakob noch immer im Lotossitz mit Diktafon.

> Jakob
> Ich muß eingestehen: alle meine Versuche, ihnen wenigstens ein bißchen die Augen zu öffnen: schon die sind fehlgeschlagen. Weißt du, Friedel, was mir gestern einer sagte? "Angst ist besser als gar nichts".

Schnitt auf

117. Ladenstraße (Straßenfest)   Außen / Nacht

Das Straßenfest hat sein spätabendliches Finale erreicht.

Zu den etwas kärglichen Klängen einer Amateurkapelle wird zaghaft getanzt. Viele der Tanzenden und der Umstehenden tragen trophäenartig Gegenstände im Arm, die man aus Jakobs Wohnung kennt.

Das Ehepaar Jacke ist betrunken.

Esteban sitzt allein auf einem Stuhl.

Viele der Hausbewohner sitzen, wie jeden Abend, auf ihren Sofas und Sesseln, halten sich an Bierflasche und Zigarette fest und starren, wie sonst aufs Fernsehen nun auf die Passanten oder auf ihr Vis-à-vis.

Gespräche finden nicht statt.

Die geschminkten Gesichter sind inzwischen stark verschmiert.

Geschminkte Kinder schlafen auf Sofas, in Sesseln, auf Liegestühlen.

Lange langsame Fahrt, lange langsame Schwenks.

Schnitt auf

---

118. Wohnungstür Zilinski (Flur)   **Innen / Nacht**

Zilinski tritt aus seiner Wohnungstür.

Davor stauen sich den Flur entlang beträchtliche Menschenmengen einschließlich Jakobs und fast aller bereits bekannter Hauseinwohner.

> <u>Zilinski</u>
> Liebe Nachbarinnen und Nachbarn, ich muß Sie leider enttäuschen. Es handelt sich heute abend nicht um eine Veranstaltung unserer Nachbarschaftsinitiative, sondern um einen Rotarischen Kaminabend in kleinstem Kreise. Ich danke Ihnen allen für Ihr Interesse und darf Sie jetzt bitten, nach Hause zu gehen. Nur eine Frage: befindet sich unter Ihnen auch der Herr Jakob?
>
> <u>Jakob</u>
> Ja. Hier.
>
> <u>Zilinski</u>
> Ah, gut. Kommen Sie, bitte, Herr Jakob. Kommen Sie herein, wir warten schon sehr auf Sie. Lassen Sie den Herrn Jakob bitte kurz mal durch.
>
> <u>Jakob</u>
> Nein, danke. Ich komme nur, wenn Sie auch alle andern hereinlassen.

Zilinski
Aber für so viele ist doch gar kein Platz, gar nicht genügend Sitzgelegenheit ... und die Bewirtung, meine Frau ... bitte, haben Sie Verständnis ...

Jakob
Gut. Ich gehe jetzt zurück in meine Wohnung. Da ist Platz genug, auch Sitzgelegenheit und Bewirtung. Also, wer mich was fragen will, ist herzlich eingeladen. Auch Sie und Ihre rotarischen Freunde.

Schnitt auf

119. Treppenhaus   Innen / Nacht

Die Menschenmenge aus dem Flur hastet jetzt treppauf.

Schnitt auf

120. Fahrstuhl   Innen / Nacht

Zilinski mit Frau und Tochter, Dr. Engelhard, Pastor Schiwelbein, Dr. Rosenlöcher mit Frau und Söhnen sowie Astrid Gleitzsch fahren dichtgedrängt nach oben in den 19. Stock.

Brigitte Zilinski
Aua. Das war mein Fuß.

Dr. Engelhard
Entschuldigung. Aber das muß es uns wert sein. Wir müssen den Burschen endlich zur Rede stellen.

Zilinski
Zur Strecke bringen.

Schnitt auf

121. Jakobs Wohnung — Innen / Nacht

Die Wohnung ist leergeräumt. Nur die Pflanzen sind noch da.

Die Rotarier und die Menschenmenge aus dem Flur haben auf dem Fußboden Platz genommen. In der Mitte stehen eine geöffnete Sardinenbüchse und ein Zahnputzbecher mit Salzstangen, von denen sich aber allenfalls Jakob gelegentlich eine nimmt.

Ton: ab und zu bellt im Nebenraum ein Hund.

Die Kamera beginnt mit einer Großaufnahme von Dr. Engelhard, zieht dann auf und schwenkt über die ganze Versammlung, verharrt immer wieder auf einzelnen skeptisch, ironisch oder gar wütend dreinblickenden Gesichtern, um dann für kurz oder lang zu Dr. Engelhard zurückzukehren, der, erhöht, auf einem Fensterbrett sitzt.

> Dr. Engelhard (teils *on*, teils *off*)
> ... und damit, liebe Zuhörer, komme ich zur Zusammenfassung und zum Schluß meiner Darstellung. Die einschlägige Literatur der Autoren Moody, Hampe, Wiesenhüter, Kübler-Ross und anderer beruft sich, wie gesagt, auf zahllose glaubwürdig erwiesene Patientenaussagen, aber auch auf die Bibel, auf Platon, auf das Tibetanische Totenbuch und diverse theosophische Schriften. Diese ganze Literatur, sage ich, kommt dabei einstimmig zu folgendem Ergebnis:
>
> Der modernen Medizin ist es zu verdanken, daß in den letzten Jahren zahllose Patienten, die bereits klinisch tot waren, durch erfolgreiche ärztliche Bemühungen wieder ins Leben zurückgerufen werden konnten. Aus den Berichten vieler dieser zurückgerufenen Patienten geht Folgendes hervor:

Wer im klinischen Sinne tot ist, erlebt bisweilen bei vollem Bewußtsein den Austritt aus seinem soeben verstorbenen Körper. Er hört, wie der Arzt ihn für tot erklärt. Er bewegt sich durch einen langen dunklen Tunnel. Ein überwältigendes Licht kommt auf ihn zu. Ein unbeschreibliches Glücksgefühl überkommt ihn. Es vermittelt ihm Geborgenheit, Frieden, Wärme und grenzenlose Erleichterung. Er ist ganz frei von Furcht und empfindet nur Wohlbehagen. Er fühlt sich geliebt und begegnet früher verstorbenen Anverwandten und Freunden. Er sieht überirdisch schöne Landschaften in unbeschreiblich reizvollen Farben. Er will dort bleiben. Wenn die Ärzte ihn zurückholen, empfindet er seine Rückkehr in den irdischen Körper als unangenehm und schmerzhaft.

<u>Zilinski</u>
Entschuldigung, Freund Engelhard. Eine Zwischenfrage an Herrn Jakob: haben Sie das alles auch so erlebt und empfunden?

<u>Jakob</u>
Ja.

<u>Zilinski</u>
Sie könnten das also alles unterschreiben?

<u>Jakob</u>
Wieso unterschreiben?

<u>Zilinski</u>
Gut, also bestätigen?

<u>Jakob</u>
Ja.

<u>Zilinski</u>
Nun ja. – Entschuldigung, Freund Engelhard.

Dr. Engelhard
Bitte. Aber die Diskussion ist dann erst im Anschluß. – Was nun jedoch die medizinische Bewertung dieser subjektiven Eindrücke eines klinisch toten Patienten betrifft, so stehen wir natürlich keineswegs vor Rätseln.

Meist handelt es sich ganz einfach um halluzinatorische Geisteszustände, die durch ein dissoziatives Anästhetikum, also ein betäubendes Medikament wie zum Beispiel Ketamin oder Cyclohexanon hervorgerufen werden.

Aber wo diese pharmakologischen Anlässe nicht gegeben sind, haben wir es mit psychologischen oder neurologischen Symptomen zu tun, die einem erfahrenen Arzt natürlich längst vertraut sind. Entweder diese Pseudo-Wahrnehmungen des klinisch toten Patienten sind durch die unterbrochene Versorgung des Gehirns mit Sauerstoff zu erklären, was natürlich solche halluzinatorischen Phänomene zur Folge hat. Oder aber es handelt sich einfach um die sogenannten hetauskopischen Halluzinationen, die von Lukianowicz beschrieben wurden und bei denen der Kranke ein realitätsgetreues Abbild seiner selbst leibhaftig vor sich zu sehen glaubt. Eine Erklärung dieser letzteren Art von Halluzinationen gibt es zwar zur Zeit noch nicht, aber sie ist der Medizin schon lange bekannt und absolut vertraut.

Sie sehen, meine Damen und Herren, Sie brauchen keine Angst zu haben. Die Halluzinationen klinisch toter Patienten lassen sich mühelos medizinisch erklären und auf beruhigende Weise als Täuschungen des durch Medikamente oder sonstige Sterbevorgänge beeinträchtigten Gehirns entlarven. Vor dem Jenseits aber braucht keiner von Ihnen sich zu fürchten, und wenn Herr Jakob sich bei seinem vermeintlichen Sterben auch noch so wohl gefühlt hat.

Gelächter in der Runde.

Dr. Engelhard
Damit möchte ich nun die allgemeine Diskussion eröffnen, indem ich gleich selbst an Herrn Jakob die Frage richte, ob er meinen Erklärungen vielleicht etwas entgegenzusetzen hat.

Jakob
O nein.

Dr. Engelhard
Nicht? So. Na, bitte.

Zilinski
Sie stimmen also mit Dr. Engelhards fachmännischer Erklärung Ihrer Halluzinationen überein?

Jakob
Nein, wieso? Ich habe ja gar keine Halluzinationen gehabt.

Zilinski
Sondern was?

Jakob
Ich bin gestorben und kann mich erinnern, wie das war. Weiter nichts.

Schiwelbein
Ja, aber was sagen Sie denn dazu, wie ein medizinischer Experte diese Phänomene erklärt?

Jakob
Gar nichts. – Wirklich nicht. Weil ich von diesen Dingen gar keine Ahnung habe.

Dr. Engelhard
Also, Moment mal: Sie reden doch andauernd und überall von Ihren angeblichen Sterbe-Erlebnissen. Nicht wahr?

Jakob
Nein, andauernd und überall wirklich nicht. Aber wenn mich jemand fragt, dann erzähle ich, was ich erlebt habe. Das ist alles.

Gabi Oberlack
Sie weichen aus, Herr Jakob. Warum weichen Sie denn immer aus?

Rudi Jacke
Weil das alles Spinnkram ist. Wenn es da drüben so schön war, warum sind Sie dann nicht da geblieben?

Klara Jacke
Oder gehen wieder hin? Aber dalli-dalli.

Gelächter.

Ekkehard Pape
Mal eine Frage, Herr Jakob: seit diesem vermeintlichen subjektiven Erlebnis – da müßte sich doch eigentlich Ihr ganzes Leben irgendwie verändert haben, danach. Oder gar nicht?

Rudi Jacke
Doch, natürlich. Früher hat er mit Badehose gebadet, heute ohne.

Gelächter.

Klare Jacke
Früher hat er keine Staubsauger geklaut, jetzt klaut er welche.

Gelächter.

Gutekunst
Früher hat er auch keine Neonröhren zerstört.

Astrid
Die Himbeerbonbons sollen giftig sein.

Brigitte Zilinski
Warum machen Sie eigentlich so zwielichtige Ausflüge mit kleinen Kindern?

Magda Zilinski
Und darf ich mal fragen, was die vielen Tiere sollen? Was machen Sie jetzt eigentlich mit den vielen Tieren?

Gotthard Zilinski
Sind die überhaupt versichert?

Lutz Schleginsky
Wie halten Sie bloß den Gestank aus?

Peter Schmidt
Gib es doch zu, Mann. Deine ganze Libido ist Scheiße, aber total. Da könnt ihr die Bettina fragen, aber ehrlich.

Jutta Rosenlöcher
Sind Sie eigentlich verheiratet?

Jakob
Ja.

Magda Zilinski
Ach, und wo ist Ihre Frau, wo steckt die?

Jakob
Nicht in diesem Hochhaus.

Gabi Oberlack
Ach, und warum denn wohl nicht?

Lydia Radelmann
Ja, warum denn dieses Doppelleben?

Astrid Gleitzsch
Wir sind wohl nicht fein genug für die Frau Gemahlin.

Jakob
So ist es. Genau.

Schweigen.

> Dr. Rosenlöcher
> Ich möchte der Versammlung mitteilen, daß Herr Jakob sich mir gegenüber als Gegner eines harmonischen Familienlebens bezeichnet hat.
>
> Ekkehard Pape
> Aber an Wiebke Hecht wollte er sich vergreifen. Sie hatte einen Nervenzusammenbruch, einen schweren.
>
> Claudia
> Bei uns im Wartezimmer hat er mit Zoten und Pornografie unsere Patienten vertrieben.
>
> Lutz Schleginsky
> Mir hat er gedroht, daß ich bald abstürze.
>
> Gutekunst
> Mich hat er zu bestechen versucht: mit einem Blankoscheck, der nicht gedeckt war.
>
> Lydia
> Ich kriege auch noch Geld von ihm. Und nicht zu knapp.

Kai und Michael Rosenlöcher verlassen ruhig den Raum.

> Gabi Oberlack
> Ich habe bei der Versteigerung zwei Küchenstühle von ihm erstanden: da wackeln beide Lehnen, und ein Bein ist schon ab.
>
> Bettina
> Bei uns in der WG hat er sich total negativ über die Mitbestimmung geäußert.
>
> Dr. Rosenlöcher
> Aber natürlich, was erwarten Sie. Wer so wie er gegen Mehrheitsbeschlüsse polemisiert, ist sowieso ein Feind von freien Wahlen.
>
> Wiebke Hecht
> Und sowas dulden wir in unserm Hause.

Brigitte Zilinski
Ich darf auch daran erinnern, daß er meinen Vater mit Hitler und der Judenentsorgung in Verbindung gebracht hat.

Ekkehard Pape
Ich frage mich im Ernst, ob wir uns das alles gefallen lassen müssen.

Gabi Oberlack
Nein, das müssen wir überhaupt nicht. Ich verlange, daß dieser Mann aus unserer Hausgemeinschaft ausgeschlossen wird.

Zilinski
Aber mindestens. Es gibt Elemente, die müssen kurzer Hand selektiert werden: zum Wohle des Ganzen. Pakken wir es an.

Rudi Jacke
Bravo: schmeißen wir ihn raus!

Kai und Michael kehren zurück.

Kai Rosenlöcher
Schauen Sie mal, was wir hier grade in seinem Besenschrank gefunden haben.

Michael Rosenlöcher
Zwei Strumpfmasken, Stricke, Knebel und eine Pistole.

Michael hält die erwähnten Gegenstände einzeln hoch.

Eisiges Schweigen.

Gutekunst (ins Telefon)
Ja, hier Gutekunst, Hausmeister Hochhaus C, Rosenstraße. Ich möchte eine Meldung machen. Ich habe soeben unsern Einbrecher gefaßt: den schon lange gesuchten. – Ja, im 19. Stock, bei Jakob. – Ja, ich erwarte Sie. – Vielen Dank, bis gleich.

Er legt auf.

Schweigen.

Jakob
Ich wünsche euch allen, daß ihr mal 'ne Weile klinisch tot seid. Wirklich. Das wünsche ich euch allen von ganzem Herzen.

Schweigen.

Wiebke Hecht
Jetzt wird er auch noch zynisch.

Zilinski
Ich habe das vielmehr als offene Morddrohung aufgefaßt.

Jakob
Bitte, gehen Sie jetzt alle nach Hause. Bitte.

Höhnisches Gelächter.

Gutekunst
Nein, Herr Jakob. Die Anwesenden werden allesamt als Zeugen benötigt. Das ist gesetzlich. Aber Ihren Arbeitgeber, den möchte ich dann auch persönlich informieren, gleich morgen früh. Sagen Sie mir bitte die Telefonnummer.

Jakob
Gern. Das ist Bonn – die Vorwahl wissen Sie sicher. Und dann ... o Gott: die Nummer! Also, es ist das Bundesinnenministerium.

Dr. Rosenlöcher
Wie bitte? – Was haben Sie denn damit zu tun?

Jakob
Ach, das ist so ein Forschungsauftrag vom Bundesinnenminister. Eine Feldstudie oder Meinungsumfrage und Auswertung, wie die Bevölkerung im Allgemeinen

                    dazu stünde, wenn wieder so Lager eingerichtet würden
                    ... also Arbeitslager ... Wegen der Arbeitslosigkeit.

Schweigen.

<u>Zilinski</u>
Ach, das ist ja interessant.

<u>Jakob</u>
Möchte noch jemand eine Salzstange?

Ton: näherkommendes Martinshorn.

Überblendung auf

122. Straße vor dem Hochhaus   **Außen / Tag**

Aus der Perspektive eines der Hochhaus-Fenster, vielleicht auch durch Henriëtte Spörhases Feldstecher, sieht man Jakobs VW-Bus wieder vor dem Hochhaus im Halteverbot stehen.

Der VW-Bus ist mit Pflanzen und Tierkörben voll beladen.

Jakob kommt mit einem letzten Blumentopf und zwei angeleinten Hunden aus dem Hause, geht zum VW-Bus, stellt die Pflanze hinein, hilft den Hunden in den Wagen, schließt die Wagentür und setzt sich selbst ans Steuer.

Ton: Musik-Einsatz.

Jakob fährt mit seinem VW-Bus davon. Lange Einstellung.

Wenn der Wagen verschwindet:

Umschnitt auf die Fassade des Hochhauses. An allen Fenstern stehen Personen und sehen dem VW-Bus nach.

Zoom an ein bestimmtes Fenster: Henriëtte Spörhase schaut hinaus und hat Tränen in den Augen.

Langsamer Schwenk über die Fassade und über die recht betroffen dreinschauenden Gesichter der bekannten Hauseinwohner. Auch andre haben Tränen in den Augen, einige betätigen ein Taschentuch. Manche lächeln vielleicht verklärt.

Hierüber läuft bereits der Nachspann.

VERLAG >ORPHEUS UND SÖHNE<
www.orpheus-und-soehne.de

Moritz Pirol
STERNGUCKER ODER DAS IDYLL EINES OBDACHLOSEN
Prosanetze auf den Spuren von Schelmenroman und Schillerlegende
Band 1: PURPURFLÜGEL   ISBN 978-3-938647-00-4
Band 2: DOPPELSONNEN   ISBN 978-3-938647-01-1
Band 3: KRANICHRUFE   ISBN 978-3-938647-02-8 (in Vorbereitung)

Willi Schmidt
DIE KINDERRASSEL
Briefe mit Reden und Essays zum deutschen Theater 1953-1974
Mit Fotos und Erläuterungen herausgegeben von Hanno Lunin
ISBN 978-3-938647-09-7

Moritz Pirol
LIEBESBRIEF AN FREMDEN KÖNIG
ODER GANZ ANDRE MÄNNER
66 Männerporträts aus Thailand
mit Fotos von Nohng Noh
ISBN 978-3-8311-0959-3

Moritz Pirol
HAHNENSCHREIE
oder
HINTERMÄNNER, SCHAUSTELLER, HIRTENTROMPETEN, MAN-
GROVEN, URZEIGER, MÄNNERNETZE, SCHICHTEN UND BLÖSSEN,
SALAMANDER AM WEGE UND MENSCHEN, DIE GEHEN
Band 1: ISBN 978-3-8311-0822-8
Band 2: ISBN 978-3-8311-0823-5

www.ingramcontent.com/pod-product-compliance
Lightning Source LLC
Chambersburg PA
CBHW071222230426
43668CB00011B/1264